Gerhard Winkler
Ein Komponisten-Porträt

Herausgegeben von Stephan Pflicht

Gerhard Winkler · Ein Komponisten-Porträt
Herausgegeben von Stephan Pflicht
Richard Birnbach Musikverlag, München-Lochham
© 1986 Gerhard-Winkler-Archiv

Bildmaterial: Gerhard-Winkler-Archiv
   Sollten sich in dieser Dokumentation urheberrechtlich geschützte Bild- und Illustrationsbeiträge befinden, bitten wir die Inhaber dieser Rechte, sich mit dem Gerhard-Winkler-Archiv in Verbindung zu setzen.
Druck und buchbinderische Verarbeitung: Hieronymus Mühlberger, Augsburg
Herstellung, Gestaltung, Fotosatz: Peter Weizsaecker, Landsberg a.Lech
ISBN 3-920103-00-9 · Printed in Germany

Gerhard Winkler

Ein Komponisten-Porträt

Herausgegeben
von
Stephan Pflicht

Richard Birnbach Musikverlag

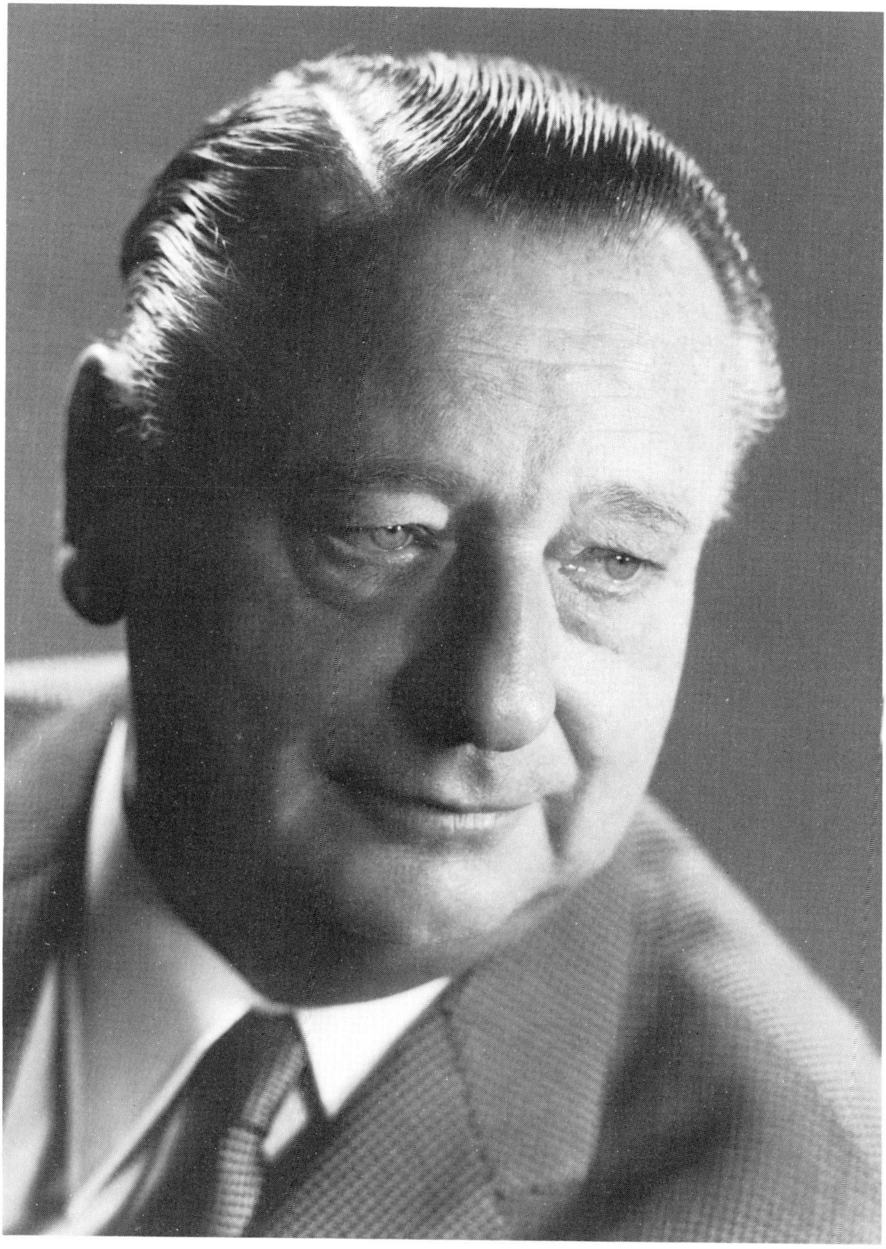

Original-Partitur · Gerhard-Winkler-Archiv

Vorwort des Herausgebers

Bei meiner jahrzehntelangen Beschäftigung mit der Unterhaltungsmusik, deren vielfältige Aspekte ich in zahlreichen Rundfunksendungen sowie Buchpublikationen und Fachartikeln dargestellt habe, konnte es nicht ausbleiben, sich auch mit dem Œuvre von Gerhard Winkler eingehender auseinanderzusetzen. Daraus ergab sich zwangsläufig ein Kontakt zu dem von Traudl Winkler und Gerhard Riethmüller betreuten Gerhard-Winkler-Archiv. Diese Verbindung gestaltete sich im Laufe der Zeit immer enger und schließlich zur persönlichen Freundschaft.

Nach meinen wissenschaftlich-chronologischen Werkverzeichnissen von Robert Stolz und Franz Grothe entwickelte sich wie von selbst eine Fortsetzung dieser bibliographischen Grundlagenforschung auf dem Gebiet der Unterhaltungsmusik durch die eingehende Beschäftigung mit dem außerordentlich umfangreichen Gesamtwerk von Gerhard Winkler.

Der bevorstehende 80. Geburtstag von Gerhard Winkler und der Wunsch von Traudl Winkler, aus diesem Anlaß eine Festgabe vorzulegen, führten zu diesem Buch, in das erstmals Ergebnisse der grundlegenden bibliographischen Systematik eingebracht sind. In diesem Sinne soll das vorliegende Buch das Leben und Schaffen von Gerhard Winkler dokumentieren und darüber hinaus eine wichtige Epoche der deutschen Tanz- und Unterhaltungsmusik neu ins Bewußtsein bringen, die untrennbar mit dem Namen von Gerhard Winkler verbunden ist.

Das Buch soll mithelfen, die für das Genre der Unterhaltungsmusik noch immer typischen Klischees und Vorurteile abzubauen, die sich vor allem daraus ergeben, daß Unterhaltungskomponisten allgemein lediglich nach einigen wenigen Hits, die oft genug nicht einmal charakteristisch oder gar maßstäblich für das Gesamtschaffen des betreffenden Komponisten sind, beurteilt werden. Mögen auch Vorurteile manche Musikwissenschaftler davon abhalten, sich mit dem Gesamtschaffen eines Komponisten der Unterhaltungsmusik zu beschäftigen, so sind es doch vor allem auch die fast unüberwindlichen Schwierigkeiten, die selbst unvoreingenommene Wissenschaftler davor zurückschrecken lassen, sich intensiver der

Unterhaltungsmusik zu widmen. Bedingt durch Kriegs- und Nachkriegswirren, ist es heute fast unmöglich, auch nur die gedruckten Werke eines Unterhaltungskomponisten komplett zu erfassen, geschweige denn, ungedruckte Werke zu ermitteln, chronologisch einzuordnen und entsprechend in das Gesamtschaffen zu integrieren. An der Zementierung des Ausschnitthaften sind nicht zuletzt die modernen Massenmedien beteiligt. So verdienstvoll beispielsweise die Konservierung und Popularisierung der Unterhaltungsmusik durch die Schallplatte auch ist, beschränkt sie sich doch weitgehend auf immer die gleichen Erfolgstitel und behindert damit eine umfassende Retrospektive auf das Gesamtschaffen. Zudem können in vielen Fällen heute nur noch Zeitgenossen bei der Aufarbeitung der inzwischen entstandenen Informationslücken helfen. In dieser Hinsicht war neben vielen anderen vor allem Traudl Winkler eine echte Hilfe. Ohne ihre Detailkenntnisse und ihre engagierte Anteilnahme hätte dieses Buch nicht entstehen können.

Bis zur Fertigstellung des Gesamtverzeichnisses aller gedruckten Werke von Gerhard Winkler, von denen hier nur eine repräsentative Auswahl getroffen wurde, soll dieses Buch nicht nur dem interessierten Laien, sondern auch allen mit der Unterhaltungsmusik befaßten Persönlichkeiten und Institutionen gesichertes dokumentarisches Material und eine Fülle von Anregungen liefern, am Beispiel von Gerhard Winklers Leben und Schaffen der Unterhaltungsmusik die Beachtung und Anerkennung zu verschaffen, die sie verdient.

München, im Mai 1986   Dr. Stephan Pflicht

Übersicht

Vorwort des Herausgebers	9
Stephan Pflicht **Die Gerhard-Winkler-Chronik** Leben und Werk	13
Heinz Becker **»Musik für aller Gattung Leute«** Gedanken zur Unterhaltungsmusik	65
Lutz Kuessner **»Ja, ja, der Chiantiwein ...«**	83
Gerhard Winkler **Episoden aus meinem Leben**	93
Erinnerungen an Gerhard Winkler Zu seinem 80. Geburtstag	123

Prof. Dr. Erich Schulze 123 · Richard Birnbach 124 · Günther Schwenn 125 ·
Fred Rauch 127 · Curth Flatow 129 · Rudolf Schröder 130 ·
Prof. Dr. Hans W. Sikorski 132 · Willi Kollo 132 · Ulrich Sommerlatte 133 ·
Wilhelm Stephan 134 · Otto Stenzel 135 · Harald Banter 136 · Erwin Lehn 138 ·
Willy Schneider 138 · Ilse Werner 139 · Kurt Reimann 139 · Rudolf Schock 140 ·
Erika Köth 141 · Johannes Heesters 142 · Sári Barabás 142 · Jimmy Jungermann 143 ·
Christian Bruhn 144 · Heinrich Riethmüller 145

Traudl Winkler **»In meinem Gästebuch, da stehen Namen drin ...«**	147
Stephan Pflicht **Anekdoten zu den Noten** Heiteres aus dem Leben und Schaffen von Gerhard Winkler	171
Stephan Pflicht **Gerhard-Winkler-Werkverzeichnis**	201
Operetten-Führer	349
Filmographie	361
Diskographie	371
Verlagsverzeichnis	409
Abkürzungen und Zeichen	414
Personenregister	415

Erinnerungen eines alten Rixdorfers

In Rixdorf am »Rollkrug« stand dereinst meine Wiege,
im alten Haus mit ausgetretener Stiege.
Die Sorgen gingen drin ein und aus,
mit Blick aus dem Fenster zum Kirchhof hinaus.
An der Ecke standen auf Posten Gendarmen,
zum Schutze der Reichen, zur Raison für die Armen.
Beim Schwofen im »Rollkrug« ging's oftmals hoch her,
mit der Rixdorfer Rieke die Kreuz und die Quer.
Auf dem Hermannplatz haben wir einst getrieselt.
Manche Molle ist über die Lippe gerieselt.
Die Hasenheide war Ausflugsort für alle Berliner:
Eine Weiße mit Schuß und heiße Wiener!
Im Kremser dann vom Wein ein Achtel,
bei Mutter Grün mit viel Gespachtel,
zur Handharmonika-Musike,
Tanz im Freien, einfach schnieke!
Nach harter Arbeit und sauren Wochen,
»Neue Welt« mit buntem Programm und Familien-Kaffeekochen.
Im großen Saal manche Redeschlacht,
denn hier wurde auch Politik gemacht.
Auf dem Dachgarten von Karstadt freiluftig gesessen,
zwei Kapellen gehört und Kuchen gegessen.
Doch seh' ich heut auf mein Rixdorf von oben,
möcht' ich über den Modernisierungswahn toben.
Wie hat sich das alles verändert bis heute,
ein ganz neues Stadtbild und auch neue Leute.
Die Welt wird moderner, und ich werd's noch erleben,
mit dem Fahrstuhl in den Himmel zu schweben!

                                        Emil Bohm

Stephan Pflicht

Die Gerhard-Winkler-Chronik
Leben und Werk
1906-1977

1906 Als einziges Kind des Kunstschlossers Franz Winkler und dessen Ehefrau Emma, geborene Geisler, wird Gerhard Winkler am 12. September in Rixdorf bei Berlin, Münchner Straße 10 - ab 1912 Neukölln; jetzt Berlin-Tempelhof, Flughafenstraße - geboren.

1912 Seine aus Schlesien stammenden Eltern pflegen die Hausmusik; beide verfügen über schöne Gesangsstimmen, der Vater spielt außerdem Zither. Sie fördern das sich früh zeigende musikalische Talent ihres Sohnes und kaufen ihm ein Klavier.

1913 In der Volksschule, die Gerhard Winkler seit 1912 besucht, nimmt sich ein Lehrer des musikliebenden Kindes über den Schulunterricht hinaus besonders an, gibt ihm Privatstunden und spielt mit ihm auf der Hausorgel.

Nach einem selbstverfaßten Text schreibt Gerhard Winkler seine erste Komposition: ein Lied für Zither mit dem Titel *An meinen Buchfink*.

1916 Beim Kindergottesdienst fällt dem Gemeindepfarrer die schöne Sopranstimme des Jungen auf, und so wird Gerhard Winkler Mitglied des Chors der Neuköllner Christuskirche.

Nach einem Vorsingen aus eigener Initiative wird Gerhard Winkler in den von Professor Hugo Rüdel geleiteten Berliner Hof- und Domchor aufgenommen.

Das Geburtshaus

Die Eltern

1918 Der Berliner Hof- und Domchor unternimmt zu Beginn des Jahres eine Konzertreise in die Schweiz. Gerhard Winkler gehört zu den für die Tournee ausgewählten Chorsängern.

1919 In den ersten Nachkriegsjahren singt Gerhard Winkler im Kinderchor des Berliner Opernhauses Unter den Linden und wirkt u. a. in den Opern »Carmen«, »Der Wildschütz«, »Königskinder« und »Der Evangelimann« mit. Hier wird der Grund für seine lebenslange Liebe zur Oper gelegt und zugleich sein Berufswunsch geweckt, Sänger zu werden.

1920-21 Am 22. September 1920 wird Gerhard Winkler in der Berliner Dreifaltigkeitskirche konfirmiert.

Der Stimmbruch beendet seine chorsängerische Tätigkeit, und die Eltern drängen auf Erlernung eines soliden Berufes. Im Hinblick auf seine musikalischen Interessen soll er zunächst zu einem Klavierbauer und Instrumentenhändler in die Lehre gehen. Bei einem Besuch in der Firma sieht der Vater die große körperliche Anstrengung des Klaviertransportes. Da er dies seinem Sohn nicht zumuten will, entschließt man sich zu einer Lehre im Musikalienhandel.

Gerhard Winkler beginnt seine Ausbildung bei dem Berliner Musikverleger Richard Birnbach und wechselt nach einigen Monaten zu dem Berliner Großsortiment und Musikverlag Robert Rühle, wo er vom 1. Oktober 1920 bis zum 30. September 1922 als Lehrling beschäftigt ist.

1922 Ab 1. Oktober arbeitet Gerhard Winkler halbtags als Gehilfe bei seinem Lehrherrn, der ihm mit dieser Regelung die Möglichkeit gibt, nachmittags einem privaten Musikstudium nachzugehen.

Er besucht nun regelmäßig das Englersche Konservatorium in der Zossener Straße 55 und studiert bei Professor Richard Engler Klavier und Violine sowie bei Professor Friedrich Hoyer Musiktheorie und Komposition.

1923   Bei einem Schülerkonzert des Konservatoriums am 14. April in der Aula des Askanischen Gymnasiums in Berlin wird u. a. die kammermusikalische Suite *Im Maien* mit den Sätzen *Springendes Bächlein*, *Blütenduft* und *Abschied* gespielt; das ist die erste öffentliche Aufführung einer Komposition von Gerhard Winkler.

Am 31. August scheidet Gerhard Winkler aus dem Berliner Großsortiment und Musikverlag Robert Rühle aus und widmet sich nun ausschließlich seinem Musikstudium am Englerschen Konservatorium.

Seine Versuche, sich mit Chor- und Klavierwerken als Komponist durchzusetzen, bleiben ohne Erfolg, und so wendet sich Gerhard Winkler der Tanz- und Unterhaltungsmusik zu.

1924-30   Diese Lebensspanne bezeichnet Gerhard Winkler selbst als seine musikalischen Gesellen- und Wanderjahre. Er sucht Bewährung in der Praxis und nimmt jede Gelegenheit wahr, zunächst in Berliner Lokalen sowie bei privaten Gesellschaften zu musizieren und dabei pianistische Erfahrungen zu sammeln. So beschäftigt er sich auch mit der von dem Komponisten und Orchesterleiter Giuseppe Becce herausgegebenen »Kinothek«, einer Motivsammlung zur musikalischen Untermalung von Stummfilmen, und verwendet diese Kenntnisse als Pianist in Stummfilmkinos.

Gerhard Winkler arbeitet dann als Pianist und Dirigent in Kurorchestern, Tanzkapellen, Caféhaus- und Bar-Ensembles, so u. a. im Kurorchester des Ostseebades Binz auf Rügen und bald darauf mit eigener Kapelle im Weinhaus Traube und in der Arcadia-Bar in Essen. Hier lernt er die damals berühmten Tanz- und Show-Orchester Hans Bund und Bernhard Etté kennen und schreibt für sie Arrangements seiner nicht im Druck erschienenen Tanzkomposition *Trance-Blues*.

In Essen ersteht der achtzehnjährige Gerhard Winkler sein erstes Motorrad, eine 350-ccm-Maschine, über die er in seinen autobiographischen Skizzen voller Stolz berichtet.

Es folgen Engagements u. a. auf der Insel Norderney, in Mannheim, Elberfeld, Wiesbaden und Mainz. Als im nahe gelegenen Frankfurt am

Main das Orchester Julian Fuhs gastiert, reist Gerhard Winkler eigens dorthin, um den sogenannten jazzsymphonischen Stil dieses Orchesters kennenzulernen.

Als erste Druckausgaben der Werke von Gerhard Winkler erscheinen 1930 im Mainzer Musikverlag F. Marxen die Walzerlieder *In meinem Herzen klingt ein kleines Lied* und *Heut ist uns alles ganz egal*.

1931 Nachdem sich schon 1930 eine Verbindung zu dem Berliner Musikverleger Ernst Wengraf ergeben hat, für dessen Monopol-Liederverlag er sowohl einige Orchester-Arrangements als auch eigene Kompositionen schreibt, geht Gerhard Winkler wieder nach Berlin zurück. Hier hat er den ersten größeren Erfolg mit dem Studentenlieder-Potpourri im Dreivierteltakt *Es zogen drei Burschen*, das ebenso wie sein Foxtrott *Ein Glas voll mit Wein* beim Monopol-Liederverlag im Druck erscheint.

Außerdem wirkt Gerhard Winkler als Leiter einer eigenen Tanzkapelle sowie als Kabarett-Pianist und Liedbegleiter, wobei er u. a. mit Otto Reutter, Claire Waldoff, Martha Hübner und Hedda Herrnfeld auftritt.

1932-33 Gerhard Winkler setzt sich zunächst vor allem als Arrangeur in Berlin langsam durch und arbeitet dort für so bekannte Orchester wie Paul Godwin, Nitja Nikisch, Ilja Livschakoff und Adolf Ginsburg sowie für verschiedene Musikverlage wie Adolph Fürstner, Efi-Ton-Verlag, Edition Eichler & Tetzlaff und den Wiener Bohème Verlag.

Im Druck erscheinen u. a. seine Kompositionen:
Drum, Kinder, macht's nur so wie ich
Die Rolltreppe
Die Kuckucksuhr
Hildegard
Glücks-Tango
Heimat-Tango
Fritz, was ist mit dir heut los
Unser Rheinländer
Rote Rosen, blauer Flieder

1934-35 Gerhard Winkler schreibt die Musik zu den von Carl Boese inszenierten Filmen »Meine Frau, die Schützenkönigin« mit den Liedern *Bayrischer Dirndl-Walzer* und *Die Liebe müßte wie ein Märchen sein* und »Der Schrecken vom Heidekrug« mit den Liedern *Im Wald, im grünen Wald* und *Mein kleines Frühlingslied*.

Mit dem Langsamen Walzer *Ein Lied ohne Ende*, der von dem bekannten Rundfunk- und Schallplattentenor Herbert Ernst Groh gesungen wird, beginnt die künstlerische Zusammenarbeit und lebenslange Freundschaft mit Ralph Maria Siegel, der als Textdichter an vielen seiner Erfolgslieder beteiligt ist.

Zur Vertiefung seiner musiktheoretischen Kenntnisse besucht Gerhard Winkler vom Oktober 1934 bis zum Februar 1935 eine Sonderklasse des bedeutenden Musikpädagogen Gustav Bumcke am Sternschen Konservatorium in Berlin.

Im Druck erscheinen außerdem die Kompositionen:
Alles wird wieder besser
Bleibe noch ein Weilchen hier
Ein Lied, das einst die Mutter sang
Ein blonder Schlagzeugmann
Schöne Argentina
So lustig wie heut sind wir selten
Wenn der Willi mit der Lilli sonntags tanzen geht
Zigeuner-Tango
Ein bißchen Liebesglück
Spanisches Blut
Eine kleine Frage
Sternennacht
Träumst du von Hawaii, mein Liebling
In Santa Fé
Südseenächte

1936 Im Berliner Musikverlag Paul Schmidt, wo schon 1934 einige Arrangements und Kompositionen von Gerhard Winkler gedruckt wurden, erscheinen aus einer vom Komponisten unter dem Titel »Klänge aus

Gerhard Winkler und Ralph Maria Siegel 1949

aller Welt« konzipierten und bis 1940 auf 15 Werke angewachsenen Serie von kleinen Konzertstücken als Nr. 1 *Wiener Humor*, als Nr. 2 *Spanische Orangen*, als Nr. 3 *Neapolitanisches Ständchen*, das rasch populär und ein Welterfolg wird, sowie als Nr. 4 *Mondnacht am La Plata*.

Mit dieser Serie beweist Gerhard Winkler seine besondere Qualifikation für die konzertante Unterhaltungsmusik und seine spezielle Begabung für folkloristische Wirkungen, insbesondere für das italienische Kolorit.

Im Leipziger Musikverlag Wilhelm Gebauer erscheint ein von Gerhard Winkler geschaffenes SO-Arrangement des in diesem Jahr entstandenen und heute weltbekannten Stimmungswalzers »In München steht ein Hofbräuhaus« von Wiga-Gabriel mit dem Text von Klaus S. Richter und Fritz Reiter.

Einige Gerhard-Winkler-Kompositionen erscheinen in großen italienischen Verlagshäusern, so *Bei Tanzmusik im Strandhotel* und *Mondlicht* im Musikverlag Sterbini & Co. und *El Picador* im Musikverlag Piero Leonardi.

In diesem Jahr beginnt auch die Zusammenarbeit mit dem Sänger Rudi Schuricke, der den Foxtrott *Bei Tanzmusik im Strandhotel*, den Langsamen Walzer *Der Tag geht zur Ruh* und das Tango-Lied *Italienische Nacht* auf Schallplatte singt. Rudi Schuricke macht dann im Laufe der nächsten zwanzig Jahre zahlreiche Kompositionen von Gerhard Winkler populär.

Über Gerhard Winklers spezifisches Wirken für den Werbefilm der dreißiger Jahre berichtet die Zeitschrift »Unterhaltungsmusik«:

Er erhielt eine Aufgabe zugewiesen, die besondere Begabung voraussetzt: den Werbefilm. Das Wesen desselben ist Prägnanz und Überzeugungskraft bei kleinster Meterzahl. Daß da die Musik in hervorragender Weise unterstützend mitwirken kann, ist ohne weiteres einleuchtend.

Im Verlaufe von zwei Jahren schuf Gerhard Winkler die Musik zu über dreihundert Werbefilmen. Darunter war ein für Südamerika bestimmter Film. Winkler mußte hier südamerikanisch gefärbte Musik schreiben. Für den Komponisten bedeutete das eine große Anerkennung seiner Begabung, wenn man ihm zutraute, etwa in Buenos Aires

Rudi Schuricke und Gerhard Winkler 1951

oder Rio zu der dortigen Bevölkerung in einer ihr verständlichen Sprache zu reden.

Der letzte große Auftrag war die musikalische Betreuung des ersten großen abendfüllenden Werbefilms für die Auto-Union »Jahr der Arbeit - Jahr der Erfolge«, der Anfang Dezember in Berlin seine Uraufführung erlebte.

Im Druck erscheinen außerdem die Kompositionen:
Natascha, du schwarzes Mädel aus dem Kaukasus
Kaffeeklatsch
Stilles Tal im Sonnenschein
Träumen, immer nur träumen
El Paraiso
Travesura
Karneval in Sevilla
Immer lustig, Weanerleut
Manon
Spielmanns Lied
Zauberland
Sonnenschein liegt auf Neapel
Don Pedro

1937 Mit dem Tangolied *O mia bella Napoli (Straßensänger von Neapel)*, zu dem Ralph Maria Siegel den Text schreibt, gelingt Gerhard Winkler sein zweiter Hit. Der berühmte französische Chansonnier Tino Rossi begründet den Welterfolg dieses Liedes, mit dem er 1938 in der Berliner »Scala« stürmisch gefeiert wird.

Zu dem von Heinz Helbig inszenierten Film »Monika«, der Anfang 1938 zur Uraufführung gelangt, schreibt Gerhard Winkler die Musik mit den Liedern *Puppen-Parade, Sehnsucht nach der Heimat, Tanze und sing* und *Irgendwo auf Erden*.

In Fortsetzung der Serie »Klänge aus aller Welt« erscheinen als Nr. 5 *Japanisches Teehaus*, als Nr. 6 *Ungarland*, als Nr. 7 *Sizilianisches Ständchen* und als Nr. 8 *Ouverture romanesque*.

Im Druck erscheinen außerdem die Kompositionen:
Zärtlich klingt ein Liebeslied
Spiel, Zigeuner
Donna Chiquita
Bella Pepita
Musik hat mich verliebt gemacht

1938   Am 10. März 1938 heiratet Gerhard Winkler in Berlin-Lichterfelde die 1918 als Tochter eines Möbelschreiners geborene Edith Haase. Er hatte sie im Hause des Berliner Musikverlegers Erwin Paesike kennengelernt, dessen Schwägerin mit einem Bruder von Edith Haase verheiratet war.

Das Schuricke-Terzett nimmt im Juni unter dem Titel *Straßensänger von Neapel* Gerhard Winklers Komposition *O mia bella Napoli* für die Schallplatte auf und begründet damit neben der von Tino Rossi gesungenen französischen Textversion den großen Publikumserfolg dieses Liedes.

Das Konzertstück *Scampolo* entwickelt sich in den folgenden Jahren zu einem Standardwerk der konzertanten Unterhaltungsmusik.

Nach vielen Erfolgswerken erlangt das von dem Barsänger, Pianisten und Komponisten Peter Igelhoff kreierte Chanson *Das Nachtgespenst* von Gerhard Winkler ebenfalls große Popularität. Auch zu diesem Lied schrieb Ralph Maria Siegel den Text.

In Fortsetzung der Serie »Klänge aus aller Welt« erscheinen als Nr. 9 *Holländischer Holzschuhtanz*, als Nr. 10 *Toulouse*, als Nr. 11 *Andalusischer Tanz* sowie als Nr. 12 *Schottischer Dudelsack*.

Im Druck erscheinen außerdem die Kompositionen:
Vergangene Zeit
Rätsel der Liebe
Dorita
Stelldichein im Wienerwald
La Tarentina

Der Geige Liebeslied
Blumen aus Florenz
Senkt sich die Nacht übers Tal
Al fine
In einer kleinen Winzerstube
Hinter einer Düne
Wenn im Tanzcafé Musik erklingt
In Portugal
Im Herbst (Suite)
Treue Liebe
Ja, das Tempo von heut
Schlittenfahrt

1939 Nach einem Text von Ralph Maria Siegel komponiert Gerhard Winkler das dem italienischen Melos nachempfundene Lied *Wenn in Florenz die Rosen blühn*, das von Herbert Ernst Groh populär gemacht wird. Von Ralph Maria Siegel stammt auch der Text zu dem Lied *Der kleine Postillion*.

Das Konzertstück *Frühling in der Toskana* entwickelt sich in den folgenden Jahren zu einem Standardwerk der konzertanten Unterhaltungsmusik.

Unter dem Titel »Eine Konzertfolge von Gerhard Winkler« beginnt der Komponist im Leipziger Musikverlag N. Simrock analog der Serie »Klänge aus aller Welt« mit *Santa Maria* eine neue Reihe von kleinen Konzertstücken.

Im Druck erscheinen außerdem die Kompositionen:
Don Diego
Vergib
Turnier-Tango
Kieler Sprotten
Española
Buenos Aires
Das Lied der Nacht
Süße kleine Henriett'

Böhmische Bauernhochzeit
Hexentanz
Kleine Sennerin
Georgine
Meisterschafts-Tango
Cuba

1940 Große gemeinsame Erfolge von Gerhard Winkler und seinem Textdichter Ralph Maria Siegel werden das noch heute zum internationalen Tenor-Repertoire gehörende *Chianti-Lied* und der italienisierende Tango-Schlager *Frühling in Sorrent*.

Im Rahmen der Serie »Klänge aus aller Welt« erscheinen als Nr. 13 *Blütenfest in Japan*, als Nr. 14 *Auf einer Südseeinsel* sowie abschließend als Nr. 15 *Portugiesischer Fischertanz*.

Ständchen am Morgen heißt das zweite Werk der Serie »Eine Konzertfolge von Gerhard Winkler«, die jedoch vermutlich aus Kriegsgründen nicht fortgesetzt wird.

Am 1. September wird Gerhard Winkler zur Wehrmacht eingezogen. Durch den ihm wohlgesonnenen Kommandeur des Fliegerhorstes Königsberg in der Neumark wird ihm dort eine Wehrbetreuungs-Planstelle zugewiesen. Gerhard Winkler hatte schon vorher an Unterhaltungsprogrammen für diesen Fliegerhorst teilgenommen und dem damaligen Major und späteren Oberstleutnant Hermann Kuhrt die Marschkomposition *Unser Kommandeur* gewidmet. Nun besteht seine Aufgabe darin, prominente Künstler für die Kameradschafts-Abende der Fliegertruppe zu gewinnen und dabei auch selbst als Pianist und Dirigent mitzuwirken. Diese Position und die Nähe seiner Stationierung zu Berlin ermöglichen Gerhard Winkler die Aufrechterhaltung enger beruflicher Kontakte zum Berliner Musikleben.

Im Druck erscheinen außerdem die Kompositionen:
Ständchen an Colombine
Eine Reise nach Hawaii
Wenn ich Urlaub hab'

Im Kerzenschimmer
Bunte Palette (Suite)
Rot-Weiß-Grün
Optimismus ist die beste Medizin
Faselhans

1941 Nach einem Text von Bruno Elsner, den der Komponist schon einige Jahre zuvor als Dekorateur in einem Berliner Kaufhaus kennengelernt und dabei dessen spezielle Begabung als Liedtexter entdeckt hatte, schreibt Gerhard Winkler für den schwedischen Bariton Sven Olof Sandberg den Langsamen Walzer *Und wieder geht ein schöner Tag zu Ende*. Außerdem entsteht in Zusammenarbeit mit dem prominenten Textdichter Bruno Balz der von der Filmschauspielerin und Sängerin Ilse Werner kreierte Slowfox *So wird's nie wieder sein*. Diese beiden Lieder gehören zu den großen Erfolgsschlagern der vierziger Jahre.

In Erfüllung seiner Wehrbetreuungs-Verpflichtung schreibt Gerhard Winkler nach einem Text von Bruno Balz das Chorwerk *Heiliges Vaterland*, eine »Hymne für Fliegerstimmen und Militärmusik«, die unter seiner Leitung von den Soldaten und dem Musikkorps des Fliegerhorstes Königsberg/Neumark uraufgeführt wird.

Gerhard Winklers Marsch *Unser Kommandeur* wird vom Musikkorps der Fliegerhorst-Kommandantur Königsberg/Neumark unter der Leitung von Fred Fritzlar zusammen mit dem von Friedrich Schröder für dieses Musikkorps komponierten Marsch »Propeller frei« auf Schallplatte aufgenommen.

Darüber hinaus ist Gerhard Winkler im Rahmen der Wehrbetreuung mit der Organisation von Unterhaltungsprogrammen beauftragt, an denen viele bekannte Künstler teilnehmen, darunter Käthe Heidersbach von der Berliner Staatsoper, Ilse Werner, Grethe Weiser, Kirsten Heiberg, Tatjana Sais, Lizzi Waldmüller, Theo Mackeben, Friedrich Schröder, Hilde Seipp, Erwin Bootz, Peter Schaeffers, Bruno Balz, Aldo von Pinelli, Klaus S. Richter, Claire Schlichting sowie Otto Stenzel mit dem Orchester der Berliner »Scala« und Willi Schaeffers mit seinem Berliner »Kabarett der Komiker«.

Von Hermann Frey, der als Berliner Original viele Texte für den Komponisten Walter Kollo geschrieben hat, stammt der Text zu Gerhard Winklers volkstümlichem Lied *Im Goldnen Löwen war's zu Sankt Goar*, das zum Repertoire des noch heute populären Sängers Willy Schneider gehört.

Im Druck erscheinen außerdem die Kompositionen:
Wolken über Samland
So allein, schöne Frau
Es steht ein Schloß im Süden
O mia bella Napoli (OrchFantasie)

1942 Im Mai lernt Gerhard Winkler die damals einundzwanzigjährige Siemens-Angestellte Magda Hain kennen, die als Hobby-Sängerin gelegentlich bei kleineren Veranstaltungen auftritt und auch für verwundete Soldaten singt. Der Komponist ist von ihrer unverbildeten Koloraturstimme so beeindruckt, daß er sie zu einer Laufbahn als Sängerin ermutigt und gemeinsam mit dem Textdichter Ralph Maria Siegel die ersten eigens für ihr Repertoire bestimmten Lieder schreibt.

Nach einem Text von Günther Schwenn, mit dem Gerhard Winkler schon vorher und noch viele Jahrzehnte danach freundschaftlich zusammenarbeitet, entsteht das u. a. von Mimi Thoma und auch von Lale Andersen gesungene Lied *Mach dir um mich doch bitte keine Sorgen (Ein Brief aus der Heimat)*, das als »Der tönende Feldpostbrief vom Belgrader Sender« rasch populär und 1943 in die Liedersammlung »Briefe des Herzens« integriert wird.

Als künstlerischer Förderer und Manager schließt Gerhard Winkler, der inzwischen nach Berlin versetzt wurde und dort bei der Luftwaffen-Filmstelle tätig ist, mit Magda Hain am 10. Oktober einen Exklusiv-Vertrag ab.

Noch im gleichen Monat entstehen unter seiner musikalischen Leitung mit *Die Vöglein im Prater* und dem *Casanova-Lied*, das 1943 im Druck erscheint, Magda Hains erste Schallplattenaufnahmen.

Am 20. Dezember bringt Magda Hain bei einem öffentlichen Konzert im Großen Sendesaal des Berliner Rundfunks unter der Leitung des Komponisten diese Lieder zum Vortrag und hat damit sensationellen Erfolg.

Im Druck erscheinen außerdem die Kompositionen:
Unter blühenden Orangen
Erinnerung an Rheinsberg
Froschkonzert
Hochzeitsreise im Mai

1943-44 Für Magda Hain, die ihre Bürotätigkeit aufgibt, um sich ganz ihrer Gesangskarriere widmen zu können, schreibt Gerhard Winkler die Lieder *Großmütterlein, Lied der Lerche, Liebeslied (Es gibt kein Wort dafür), Alt-Berliner Kremserfahrt, Capri-Fischer, Blau sind die Nächte in Spanien, Läutet, Glocken der Liebe, Melodie meiner Träume, Am Himmel ziehn die Wolken in die Ferne, Hurra, der Zirkus ist da* und *Eine Geige spielt leise von Liebe,* die alle im Laufe der Zeit unter der Leitung des Komponisten auf Schallplatte aufgenommen werden.

Die 1943 enstandene Schallplattenaufnahme der *Capri-Fischer* mit Rudi Schuricke wird in den ersten Nachkriegsjahren zu einem der spektakulärsten Schallplatten-Erfolge.

Gerhard Winkler veröffentlicht die Liedersammlung »Briefe des Herzens« mit den drei Liedern *Mach dir um mich doch bitte keine Sorgen (Ein Brief aus der Heimat), Die alte Laube* und *Liebe Mutter, weine nicht,* die - wie auch das, die verzweifelte Stimmung in den Jahren des »Totalen Krieges« schildernde, von Mimi Thoma auf Schallplatte gesungene Lied *Wer weiß von uns, was morgen ist* - in Zusammenarbeit mit dem Textdichter Günther Schwenn entstanden ist.

Mit Magda Hain geht Gerhard Winkler dann im Rahmen einer großen Truppenbetreuungs-Tournee nach Frankreich, Rußland, Dänemark, Finnland und Norwegen.

Magda Hain und Gerhard Winkler

Unter Gerhard Winklers musikalischer Leitung entstehen im Januar 1944 Schallplattenaufnahmen der von ihm für Magda Hain und Herbert Ernst Groh komponierten Duette *Wenn die Geigen singen* und *Hörst du das Lied der Liebe.*

Im letzten Kriegsjahr arbeitet Gerhard Winkler in Berlin als Programmgestalter am dortigen Soldatensender.

Im Druck erscheinen außerdem die Kompositionen:
Sonne des Südens
Tarantella toscana
Casanova-Lied
Schäferspiel
Das Leben geht weiter

1945 Gerhard Winkler erlebt die Einnahme von Berlin und das Kriegsende in seiner Wohnung Berlin-Wilmersdorf, Nassauische Straße 61.
Schon bald darauf arbeitet er für den Berliner Rundfunk in der Masurenallee, der unter sowjetischer Verwaltung steht. Er schreibt Hörspielmusiken sowie Arrangements für das von Otto Dobrindt geleitete Große Orchester des Berliner Rundfunks, dessen Studio-Aufnahmen und öffentliche Konzerte er gelegentlich auch selbst dirigiert.

Dem während der Zeit des Nationalsozialismus verfolgten Sänger Kurt Reimann, der nach dem Kriege seine unterbrochene Karriere wieder aufzubauen versucht, überträgt Gerhard Winkler erste künstlerische Aufgaben beim Rundfunk und tritt dann auch als Dirigent und Liedbegleiter in vielen seiner Konzerte auf.

Für das Eröffnungsprogramm des von dem Textdichter Hans Fritz Beckmann im Astor-Kino am Kurfürstendamm gegründeten Berliner Nachkriegs-Kabaretts »Tric-Trac«, dessen musikalischer Leiter Gerhard Winkler ist, schreibt er einige Nummern, darunter das Lied *Wenn unsre Träume*. Diese Komposition und auch das nach einem Text von Günther Schwenn geschaffene Lied *Die Sprache der Liebe* erscheinen im Peter Schaeffers Musikverlag und gehören zu den ersten Notenausgaben nach dem Kriege.

Magda Hain und Gerhard Winkler live
im Großen Sendesaal des Berliner Rundfunks
bei einem öffentlichen Konzert 1942

Außerdem wirkt Gerhard Winkler als freischaffender Komponist in Berlin, spielt als Pianist in amerikanischen Offiziers-Clubs und schreibt die Musik zu der Komödie »Herzkönig« von Helmut Weiss, für die Curth Flatow die Liedertexte liefert.

Gerhard Winklers Lieder *Capri-Fischer* und *O mia bella Napoli* stehen auf Platz 17 und 18 der Bestseller-Liste 1945/46.

1946 Bei einem öffentlichen Konzert des Berliner Rundfunks in der Masurenallee am 19. Januar bringt Kurt Reimann mit dem Großen Unterhaltungsorchester des Berliner Rundfunks unter der Leitung des Komponisten Gerhard Winklers Lied *Die Gondeln am Lido* zur Uraufführung.

Im Berliner Schiffbauerdamm-Theater wird am 29. März Gerhard Winklers erstes Bühnenwerk, die Musikalische Komödie »Herzkönig«, mit Rudolf Platte und Lisa Lesco in den Hauptrollen uraufgeführt. Der Vorstellungsbeginn muß wegen der abendlichen Stromsperren auf 17.30 Uhr angesetzt werden. Das Programmheft ist im Hinblick auf die Besatzungsmächte auch in russischer, englischer und französischer Sprache verfaßt.
Das Stück wird ein Serienerfolg und bald darauf auch an vielen anderen deutschen Bühnen gespielt.
Als Einzelausgaben erscheinen im Druck die Ouvertüre zu »Herzkönig« sowie aus diesem Bühnenwerk die Nummern *Einmal etwas Großes erleben, Schweb' ich im Walzer, Was auf dieser Welt passiert, Über allem steht die Liebe* und *Wie kann ein Mann sich so verändern*.

Gerhard Winklers Lied *Capri-Fischer* erobert Platz 1 der Bestseller-Liste 1946/47.

Nach statistischen Ermittlungen der STAGMA, der späteren GEMA, erleben die *Capri-Fischer* in Deutschland während des Zeitraums vom Mai 1945 bis zum Juni 1946 weit über 12.000 Live-Aufführungen. Dazu kommt die nicht überlieferte hohe Zahl der Tonträger-Einsätze dieses Liedes während des gleichen Zeitraums in den vielen deutschen Rundfunksendern.

Im Druck erscheinen außerdem die Kompositionen:
Der erste Sonnenstrahl an deinem Fenster
Der Herr vom Fenster vis-à-vis
Rosmarie

1947 Zur Bereicherung des Repertoires der konzertanten Unterhaltungsmusik veröffentlicht Gerhard Winkler unter dem Titel »Teekonzert« eine Sammlung von 12 kleinen Konzertstücken: *In fröhlicher Gesellschaft, Welke Blätter, Schneeglöckchen, Erinnerung an einen Sommertag, Herbstliche Gedanken, Bildnis der Madonna, Tango der Liebe, Zärtliche Begegnung, Frühlingswind, In Gedanken an dich, Kleine Träumerei* und *Toledo*.

Außer Liedern für Kurt Reimann und Rudi Schuricke schreibt Gerhard Winkler auch neue Kompositionen für Magda Hain, von denen *Möwe, du fliegst in die Heimat* nach einem Text von Günther Schwenn besonders populär wird, sowie auch Duette für gemeinsame Schallplattenaufnahmen mit Magda Hain und Rudi Schuricke.

Das in Zusammenarbeit mit dem Textdichter Ralph Maria Siegel entstandene Lied *Skandal im Harem* gehört zu Gerhard Winklers Hits der Nachkriegszeit.

Aus dem unaufgeführt gebliebenen Musikalischen Lustspiel »So gut wie verlobt« von Gerhard Winkler erscheinen im Druck die als Heft zusammengefaßten Einzelnummern *Tanzmusik, Endlich allein, Wenn bloß nicht die Familie wär', Ich bin nicht reich* und *Jeder Mann tut mir leid*.

Nach dem großen Erfolg von Gerhard Winklers musikalischer Fassung der Komödie »Herzkönig« von Helmut Weiss wird das Stück mit Hans Nielsen und Lisa Lesco in den Hauptrollen verfilmt. Gerhard Winkler schreibt für diesen vom Autor inszenierten Film die Lieder *Ich bin heut so vergnügt* und *Wer denkt in seiner Hochzeitsnacht ans Schlafen*, die zusammen mit den aus der Bühnenfassung stammenden und auch in dem Film verwendeten Nummern *Schweb' ich im Walzer, König deines Herzens* und *Ja, die Gräfin Melanie (Tratsch-Terzett)* als Heft im Druck erscheinen.

Rudolf Platte setzt ab September die En-suite-Aufführungen der Musikalischen Komödie »Herzkönig« in der von ihm als privatem Theaterunternehmer geführten Berliner »Volksbühne« in der Kastanienallee fort.

Um sich nach der Musikalischen Komödie »Herzkönig« weiter als Bühnenkomponist zu profilieren, beginnt Gerhard Winkler mit der Komposition einer großen Operette unter dem Arbeitstitel »Land ohne Musik«, die später unter dem Titel »Premiere in Mailand« herauskommt.

Gerhard Winklers Lied *Capri-Fischer* behauptet sich auf Platz 1 der Bestseller-Liste 1947/48 und entwickelt sich zu einem Welterfolg.

Im Druck erscheinen außerdem die Kompositionen:
Mutterhände
Liebesruf der Amsel
Schenk mir deine Liebe, Signorina
Musik hat mich glücklich und reich gemacht
Flocken im Wind
Wenn die Schwalben ziehn
Und wieder wird es Frühling sein
Der Sommer ging vorbei
Warum läßt du mich so allein

1948 Auf einer Wohltätigkeitsveranstaltung der Zeitung »Telegraf« zugunsten hilfsbedürftiger Heimkehrer, alter Leute und Kinder in Not dirigiert Gerhard Winkler am 30. Mai im Berliner Corso-Theater die Uraufführung seiner Konzert-Ouvertüre *Premierenstimmung*, die 1951 im Druck erscheint.

Ralph Maria Siegel gründet in München einen eigenen Musikverlag, dessen erste Veröffentlichung Gerhard Winklers Foxtrott *Tegernsee* mit einem Text von Ralph Maria Siegel ist.

Gerhard Winkler schreibt die Musik zu dem von Carl Boese inszenierten Film »Beate« mit den Liedern *Ich bin nicht liebeskrank* und

Traum und Wirklichkeit sowie zu dem von Günther Rittau inszenierten Film »Vor uns liegt das Leben«, die der Komponist dann zu seiner ungedruckt gebliebenen *Oceana-Suite* verarbeitet hat.

Unter dem Titel »Auf allen sieben Meeren« erscheint im Druck eine Sammlung mit 5 Seemannsliedern von Gerhard Winkler nach Texten von G. V. Otten: *An der scharfen Ecke von St. Pauli, Auf allen sieben Meeren, Erst einmal ganz sachte, Die »Schwarze Jenny«* und *Heini Bumm*.

Die Gerhard-Winkler-Titel *Capri-Fischer, Skandal im Harem* und *Möwe, du fliegst in die Heimat* stehen auf Platz 3, Platz 10 und Platz 11 der Bestseller-Liste 1948/49.

Im Druck erscheint außerdem die Komposition:
Die Gitarre spielt ein Lied

1949 Von Gerhard Winklers Spitzenreiter *Capri-Fischer* sind inzwischen trotz der großen Papierknappheit der Nachkriegsjahre über eine Million Druckausgaben verkauft, wobei die Dunkelziffer der zusätzlichen Raubdrucke nicht berücksichtigt ist.

Im April erwirbt Gerhard Winkler ein Landhaus in Neuhaus am Schliersee und übersiedelt im September von Berlin nach Oberbayern.
Mit ebenso einfühlsamer wie tatkräftiger Unterstützung seiner neuen Lebensgefährtin Traudl Stridde, die später seine zweite Ehefrau wird, entwickelt sich die sogenannte »Winkler-Alm« zu einem gastfreundlichen Treffpunkt vieler prominenter Künstler des Show-Business.

Am 23. Juli wird in Berlin die Ehe von Gerhard Winkler geschieden. Edith Winkler heiratet dann 1953 den Komponisten und Dirigenten Hans Carste.

Mit dem Tango-Lied *Mandolino, Mandolino (In Santa Lucia)* gelingt Gerhard Winkler und seinem Textdichter Ralph Maria Siegel erneut ein großer Italien-Hit.

Gerhard Winkler schreibt die Musik zu dem von Christian Hallig inszenierten Film »Das Geheimnis des Hohen Falken«, der Anfang 1950 zur Uraufführung gelangt.

Durch Wahl der Mitgliederversammlung wird Gerhard Winkler am 21. Oktober stellvertretendes Mitglied des Beirats der GEMA und übt diese Funktion bis 1950 aus.

Am 27. Dezember wird im Hessischen Rundfunk Frankfurt unter der musikalischen Leitung von Erich Börschel eine Funkfassung der Operette »Premiere in Mailand« von Gerhard Winkler uraufgeführt. Das ursprünglich unter dem Titel »Land ohne Musik« und dann auch unter dem Titel »Glück nach Noten« konzipierte Werk erlebt seine Bühnen-Uraufführung wenige Monate später in Dortmund.

Aus dieser Operette erscheinen im Druck die in einem Heft zusammengefaßten Einzelausgaben der Nummern *Wir leben nur einmal, Es ist nur ein Schritt von hier, Heut kommt es auf den Rhythmus an, Es blühen fremde Blumen, Wenn Liebe spricht, Wenn Mädchen nachts in ihren Bettchen träumen* und *Musik im Blut*.

Im Druck erscheinen außerdem die Kompositionen:
Frühling in Paris
Hochzeit in der Pußta
Eine Geige spielt leise von Liebe
Wenn die Lagune träumt

1950 Nach der Frankfurter Rundfunk-Uraufführung der Operette »Premiere in Mailand« von Gerhard Winkler sendet der NWDR Köln am 24. Januar unter der musikalischen Leitung von Franz Marszalek eine von Kurt Feltz bearbeitete neue Funkfassung.

Am 12. Februar wird dann an den Städtischen Bühnen Dortmund die Bühnenfassung der Operette »Premiere in Mailand« uraufgeführt.
Das Werk wird auch an vielen anderen deutschen Theatern gespielt und erlebt außerdem zahlreiche Rundfunk-Produktionen.

Am 24. März wird Gerhard Winkler Mitglied der Schätzungskommission, der späteren Wertungskommission der GEMA, und verbleibt in dieser Funktion bis 1956. Außerdem wird er ab 11. Juli ordentliches Mitglied des Beirats der GEMA und übt diese Funktion bis 1953 aus.

Fehlender Rechtsschutz der deutschen Urheber nach dem verlorenen Krieg ist der Grund dafür, daß Auslands-Tantiemen für Gerhard Winklers Welthit *Capri-Fischer* nicht gezahlt werden. So erhalten weder der Komponist noch der Textdichter auch nur einen Pfennig für die zahllosen in den USA verkauften Schallplatten mit der amerikanischen Textversion dieses Liedes.

Vom 9. bis 14. Oktober findet in Madrid ein Kongreß der Confédération Internationale des Sociétés d'Auteurs et Compositeurs (CISAC) statt. Es ist der erste internationale Urheber-Kongreß nach dem Kriege, an dem wieder deutsche Vertreter teilnehmen dürfen. Zu den Mitgliedern der GEMA-Delegation gehört auch Gerhard Winkler.

Für neue Schallplattenaufnahmen mit Magda Hain schreibt Gerhard Winkler u. a. nach Texten von Ralph Maria Siegel die Lieder *Der fröhliche Musikant* und *Schäferliebe*, die 1952 auch im Druck erscheinen.

Von den in diesem Jahr veröffentlichten Werken entwickeln sich die Titel *Ich hab' nur ein Hemd*, *Charleston-Charlie* und *Ein kleiner Akkordeonspieler* zu erfolgreichen Schlagern.

Im Druck erscheinen außerdem die Kompositionen:
Liebe und Leidenschaft
Avanti, avanti
Veroneser Ständchen
Ach, Sibylle-bille-bille
Droben bei San Michele
Bimbalo
Wenn ich mit dir im Kino bin

1951 Die schon einige Jahre zuvor entstandenen Konzertstücke *Premierenstimmung* und *Fest der Freude* erscheinen im Druck.

Im Oktober kommt es zu einer ersten Zusammenarbeit mit dem Rundfunkmoderator und Textdichter Fred Rauch, der fortan bis zu Gerhard Winklers Tod zu seinen engsten Mitarbeitern gehört und zumeist unter dem Pseudonym Sepp Haselbach sowie gelegentlich gemeinsam mit Fini Busch zu zahllosen seiner Lieder die Texte schreibt.

Gerhard Winklers neuer Italien-Schlager *Mandolino, Mandolino (In Santa Lucia)* steht auf Platz 16 der Bestseller-Liste 1951.

Im Druck erscheinen außerdem die Kompositionen:
Tango Olivia
Don Alvarez
Mademoiselle, Mademoiselle, Mademoiselle
Teneriffa

1952 Gerhard Winkler heiratet am 2. März in Schliersee in zweiter Ehe seine langjährige Lebensgefährtin Traudl Stridde, geborene Neeße, aus deren erster Ehe mit dem Diplom-Ingenieur Walter Stridde die beiden Töchter Barbara und Beatrix stammen.

Als Vertreter der GEMA nimmt Gerhard Winkler an dem vom 16. bis 21. Juni in Amsterdam stattfindenden CISAC-Kongreß teil.
Anfang Juli reist der Komponist nach Dänemark und Schweden, wo er auf Einladung von Radio Stockholm das dortige Rundfunkorchester dirigiert.
Gerhard Winkler ist in den folgenden Jahren immer wieder als Gastdirigent an den skandinavischen und niederländischen Rundfunkstationen tätig.

Am 22. Juli wird Gerhard Winklers aus der zweiten Ehe des Komponisten stammender Sohn Hans Andreas in Neuhaus am Schliersee geboren.

Gerhard Winkler und Fred Rauch 1952

Gerhard Winkler vollendet das ungedruckt gebliebene, jedoch durch zahlreiche Rundfunkaufnahmen bekannt gewordene Konzertstück *Der Sonne entgegen,* eine Fantasie für Klavier und Großes Orchester.

Mit den Kompositionen *Schütt die Sorgen in ein Gläschen Wein, Wir sind füreinander bestimmt,* dem Themalied für die Hörfunkserie »Das ideale Brautpaar« des NWDR Köln, *Mütterlein, Frauen und Wein (Italienische Eselsfahrt)* und der *Schützenliesl-Polka* gelingen Gerhard Winkler in diesem Jahr fünf neue Hits.

Im Druck erscheinen außerdem die Kompositionen:
Der fröhliche Musikant
Schäferliebe
Herr Mayer wird verlangt
Böhmische Musikanten
Osterfest in Sevilla
Die Sonne ist untergegangen
Die Gratulanten kommen
Festtags-Ständchen
Wenn die Großmama erzählt von alten Zeiten
Hasenjagd
Virtuosen-Polka
Gondoliere
Ich such' für mein Motorrad eine Braut
Tausend Märchen in einer Nacht
Peter-Tango
Schlittenglocken
Fridolin, der Schlagbassist
Mamma mia, du vergißt mich nicht

1953 Auf einer Skandinavien-Tournee singt der farbige Schlagerstar Leila Negra das Lied *Mütterlein* von Gerhard Winkler mit so sensationellem Erfolg, daß es dort bald populärer ist als in Deutschland und die Sängerin unter dem Namen Leila »Mütterlein« Negra zu einem Begriff wird. Viele Interpreten singen daraufhin das Lied in dänischer, schwedischer, norwegischer und finnischer Sprache.

Von Schweden aus gelangt das Lied nach Amerika und wird unter dem Titel *Answer Me* in der englischsprachigen Fassung von Carl

Sigman vor allem durch die Schallplattenaufnahme mit Nat King Cole zu einem Welterfolg.

Gerhard Winklers Musikalische Komödie »Herzkönig« wird mit Ekkehard Fritsch und Lisa Lesco in den Hauptrollen beim NWDR Köln für das Fernsehen produziert und am 12. Juni ausgestrahlt.

Vom 12. bis zum 21. Juni unternehmen Traudl und Gerhard Winkler eine Reise nach Italien, um das Land kennenzulernen, das der Komponist in vielen seiner Werke verherrlicht hat. Sie besuchen den Gardasee, Florenz, Pisa, Livorno, Sorrent, die Insel Capri, Rom und die Adria.

Große Schlager-Erfolge werden das Italien-Lied *Bella, bella Donna* und das unter dem Pseudonym Peter Jan Hansen veröffentlichte volkstümliche Lied *O Heideröslein*, von dem innerhalb kurzer Zeit 200.000 Schallplatten verkauft werden und für das der Komponist eine Silberne Schallplatte erhält. Bald darauf wird Gerhard Winkler für 500.000 verkaufte Schallplatten dieses Titels eine Goldene Schallplatte verliehen.
Das Lied wird auch in Holland und in den skandinavischen Ländern ein Bestseller und entwickelt sich besonders durch die von Vera Lynn unter dem Titel *Now and Forever* gesungene englische Schallplattenversion sowie die von Tino Rossi unter dem Titel *Jolie bruyère* gesungene französische Schallplattenversion zu einem internationalen Hit.

Für den von Robert Adolf Stemmle inszenierten Musikfilm »Südliche Nächte« schreibt Gerhard Winkler die Lieder *Südliche Nächte, Rosen erblühten, als wir uns fanden, Nimm mich mit, mit, mit, Mandolinen der Liebe erklingen, Italienischer Salat* und das Intermezzo *Puppen-Karneval*.

Zur Uraufführung des Films »Südliche Nächte« am 8. September reist Gerhard Winkler nach Essen und feiert dort ein bewegtes Wiedersehen mit einer der wichtigsten Stationen seiner »Gesellen- und Wanderjahre« als blutjunger Musiker.

Gerhard Winklers neuer Schlager *Frauen und Wein (Italienische Eselsfahrt)* erreicht Platz 21 der Bestseller-Liste 1953.

Im Druck erscheinen außerdem die Kompositionen:
Prärieritt
Happy Day
Barcarole d'amore
Intermezzo pastorale
Ganz unter uns
Peppone
Spanischer Pfeffer
Windmühlen-Walzer
Die Dorfmusikanten sind da
Horrido (Der Sonntagsjäger)
Der erste Frühling einer großen Liebe
Ich sende mein Herz auf die Reise
Tanz diesen Walzer, Madeleine

1954 Am 4. Januar wird in Berlin der Deutsche Komponisten-Verband gegründet, in dem Gerhard Winkler dann viele Jahre als Vorstandsmitglied aktiv tätig ist.

Außerdem wird Gerhard Winkler für das laufende Geschäftsjahr Mitglied des Schlichtungsausschusses der GEMA.

Unter dem amerikanischen Titel *Answer Me* gehört Gerhard Winklers Lied *Mütterlein* seit dem Eintritt in die Charts ab 24. Februar zu den Top Twenty Hits USA 1953-55 und erreicht in diesem Zeitraum als höchste Position Platz 6 der US-Hitparade (Billboard).

Nach diesem Erfolg schreibt Fred Rauch für das Lied *Mütterlein* einen an der amerikanischen Textversion orientierten neuen deutschen Text. Unter dem Titel *Glaube mir* wird das Werk nun auch in Deutschland ein Hit. In kurzer Zeit werden 500.000 Schallplatten der Aufnahme des blinden Sängers Wolfgang Sauer verkauft.

In Zusammenarbeit mit dem Textdichter Kurt Feltz entsteht der an Gerhard Winklers erfolgreiche Italien-Lieder anknüpfende Schlager *Nicolo, Nicolo, Nicolino*.

Am 1. Juni gründet Gerhard Winkler gemeinsam mit August Seith in München den Musikverlag Edition Continent und bleibt dort Teilhaber bis Ende 1970.

Im Juni unternehmen Traudl und Gerhard Winkler ihre erste Schiffsreise, die von Bremen nach Genua führt.

Durch die Kinderspiele seines zweijährigen Sohnes Hans Andreas inspiriert, komponiert Gerhard Winkler das Konzertstück *Kreiselspiel*.

Für den von Ernst Marischka inszenierten Sängerfilm »König der Manege« mit Rudolf Schock schreibt Gerhard Winkler die Lieder *Vorhang auf (Artisten-Marsch)* und *Das Leben ist schön, wenn man richtig verliebt ist* sowie für den von Erik Ode inszenierten Film »An jedem Finger zehn« den Song *Das alte Lied von Alabama*.

Gemeinsam mit Peter Schaeffers gründet Traudl Winkler am 4. Dezember in Berlin den Musikverlag Edition Fortuna und bleibt dort Teilhaberin bis 1967.

Gerhard Winklers Italien-Schlager *Bella, bella Donna* erreicht Platz 6 der Bestseller-Liste 1954.

Außerdem erscheinen im Druck die Kompositionen:
Südliches Temperament
Promenade d'amour
Friesenmädel
Wenn du auch nicht mehr der Jüngste bist
Kuß-Polka
Zigeuner, laß die Geige weinen
Startschuß
Kleine Nachtigall
Der Kuckuck ruft
Zwei blaue Sterne
Heimweh nach Hawaii
Spiel'n Sie Schach
Goulaschsuppe
Wenn die Schiffe den Hafen verlassen

1955 Gerhard Winklers neues Lied *Zwei Spuren im Schnee* entwickelt sich zum Erfolgsschlager. Innerhalb kurzer Zeit werden 300.000 Schallplatten der Aufnahme mit Vico Torriani verkauft.

Unter dem Titel »Leckerbissen« veröffentlicht Gerhard Winkler eine Sammlung mit 8 kleinen Konzertstücken für Akkordeon oder Klavier.

Für den von Geza von Bolvary nach dem gleichnamigen Berliner Volksstück von Adolf L'Arronge inszenierten Film »Mein Leopold« schreibt Gerhard Winkler die Musik mit den Liedern *Und das alles geschah in der Nacht* und *So ist es im Leben*.

Das Gerhard-Winkler-Lied *Mütterlein* erreicht in der neuen deutschen Textfassung unter dem Titel *Glaube mir* Platz 4 der Bestseller-Liste 1955.

Im Druck erscheinen außerdem die Kompositionen:
Aus den Augen, aus dem Sinn
Valse Elégie
Boulevard-Bummel
Meine alte Harmonika
Zwei verliebte Italiener
Ein Häuschen mit Garten
Ein weißes Schiff
Am Sonntag ist Kirchweih
Die große Trommel macht bum-bum
Bleib so wie du bist
Wenn die Heide schlafen geht
Schwarzwälder Schlittenfahrt

1956 Gerhard Winkler kauft in Berlin-Grunewald, Lassenstraße 4, eine Villa, die der u. a. durch den Bau des Berliner Kaufhauses Wertheim renommierte Architekt Alfred Messel um die Jahrhundertwende für diese Kaufhaus-Dynastie gebaut hat.

Im Mai übersiedelt dann die Familie Winkler von Neuhaus am Schliersee wieder nach Berlin.

Am 24. Mai gründet Gerhard Winkler in Berlin den Transeuropa Bühnen- und Musikverlag, den 1971 der Richard Birnbach Musikverlag übernimmt.

Gerhard Winkler schreibt in diesem Jahr die Musik zu insgesamt vier Filmen:
zu dem von Geza von Bolvary inszenierten Film »Schwarzwaldmelodie« mit den Liedern *Abschiedsmelodie (Schwarzwaldmelodie), Dort wo die grünen Tannen stehn, Schwarzwald, mein Schwarzwald* und *Schwarzwald-, Schwarzwald-Mädele;*
zu dem von Rudolf Schündler inszenierten Film »Die Rosel vom Schwarzwald« mit den Liedern *Broadway-Melodie, Ein Schwarzwälder Mädel und ein Schwarzwälder Kirsch, Erst wenn du in der Fremde bist, Verliebt zu sein, Die verrückte Blasmusik* und *Wie ein Schwalbenpaar;*
zu dem von Thomas Engel inszenierten Sängerfilm »Die Stimme der Sehnsucht« mit Rudolf Schock die Lieder *Der Liebe Freud und Leid (Liebeslied), Frutti di mare, He, Borro, he (Esel-Ballade), Schenk mir dein Herz, Lucia* und *Sonne Italiens*
sowie zu dem von Rudolf Schündler inszenierten Film »Die schöne Meisterin« mit den Liedern *Alle Verliebten singen, Auch der allerschönste Sommer geht zu Ende, Bier-Walzer, Dulli-dulli-dulliöh, Hummel-Hummel* und *Ich trau' mich gar nicht hinzusehn.*

Am 12. September feiert Gerhard Winkler in Berlin unter großer Anteilnahme der Öffentlichkeit seinen 50. Geburtstag. Er ist zu dieser Zeit auf dem Höhepunkt seiner Popularität. Zahlreiche Rundfunksendungen und Presse-Artikel würdigen das kompositorische Schaffen des Jubilars.

Als besondere Ehrung wird Gerhard Winkler aus diesem Anlaß in Anerkennung seiner großen Schallplatten-Erfolge auf Polydor, zu denen vor allem auch die *Capri-Fischer* gehören, eine Goldene Schallplatte verliehen.

Als Vertreter der GEMA nimmt Gerhard Winkler an dem vom 15. bis 21. September in dem belgischen Seebad Knokke stattfindenden CISAC-Kongreß teil.

Am 29. September wird Gerhard Winkler stellvertretendes Mitglied der Wertungskommission der GEMA und übt diese Funktion bis 1957 aus.

Die neuen Lieder von Gerhard Winkler *Wo, wo, wo liegt Dixieland* und *Das Echo vom Königssee* entwickeln sich zu Schlager-Erfolgen.

Das Gerhard-Winkler-Lied *Mütterlein* in der neuen deutschen Textfassung unter dem Titel *Glaube mir* steht auf Platz 18 der Bestseller-Liste 1956.

Im Druck erscheinen außerdem die Kompositionen:
Bärenjagd in Alaska
Wilde Rose von Arizona
Jeder Tag hat seinen Abend
Wenn nur besser eing'schenkt wär'

1957 Am 2. März wird an den Städtischen Bühnen Nürnberg Gerhard Winklers Operette »Die ideale Geliebte« uraufgeführt.
Das Werk wird dann von vielen deutschen Bühnen gespielt und auch in verschiedenen Rundfunkproduktionen herausgebracht.
Als Einzelausgaben erscheinen 1958 aus diesem Bühnenwerk im Druck die in einem Heft zusammengefaßten Nummern *Pelagua, Ich bin ein Reisender, Caramba, Wir träumen bei singenden Geigen, O Monsieur, Eine Nacht so wie heut, Das Militär, das Militär, Ay, ay, ay, die Sonne brennt sehr (Baumwollpflücker-Lied)* und *Bella, bella Signorina*.

Am 3. April wird Gerhard Winkler Mitglied der Wertungskommission der GEMA und übt diese Funktion bis 1964 aus.

Im Juni/Juli unternehmen Traudl und Gerhard Winkler eine Schiffsreise von Hamburg zum Nordkap.

Gerhard Winkler wird am 3. September in dem Harzer Kurort Hahnenklee mit dem Paul-Lincke-Ring ausgezeichnet. Er ist nach Friedrich Schröder der zweite Komponist, der diese Auszeichnung erhält.

Produktionsleiter Kurt Richter ehrt
den erfolgreichen Komponisten der »Capri-Fischer« 1956
mit einer Goldenen Schallplatte der Polydor

Der Paul-Lincke-Ring würdigt das Schaffen hervorragender Komponisten der Unterhaltungsmusik und wird alle zwei Jahre von der heute zu Goslar gehörigen Harzer Kurortgemeinde Hahnenklee-Bockswiese verliehen, wo der berühmte Berliner Komponist Paul Lincke seine letzten Lebensmonate verbracht hat und auch begraben wurde.
Als Dank für diese Ehrung und in Erinnerung an seine Harz-Reise nach Hahnenklee komponiert Gerhard Winkler die *Kleine Harzer Suite* mit den Sätzen *Rosenhochzeit in Hahnenklee* und *Hexentanz auf dem Bocksberg*, die 1961 im Druck erscheint.

Am 3. Oktober wird Gerhard Winkler stellvertretendes Mitglied des Aufsichtsrates der GEMA und verbleibt in dieser Funktion bis 1963.

Im Druck erscheinen außerdem die Kompositionen:
Die Dicken sind immer gemütlich
Die Schwarzwälder Uhr
Alle Damen fahren gern nach Italien
Auch der Herbst hat seine schönen Tage
Das Glück ist für uns alle da
O Mona, Mona Lisa
Sonny, o Sonny
Die Mondschein-Serenade
Nachtigall

1958 Für den von Geza von Bolvary inszenierten Film »Schwarzwälder Kirsch« schreibt Gerhard Winkler das Lied *Ein armer Musikant*.

Im Februar unternehmen Traudl und Gerhard Winkler eine Schiffsreise nach Westafrika.

Der Komponist verkauft sein Landhaus am Schliersee, die sogenannte »Winkler-Alm«, und wählt Berlin als ständigen Wohnsitz.

Im Druck erscheinen die Kompositionen:
Skandinavien-Expreß
Die Schöne von Aranjuez
Wenn die Kastanien blühn

Der Paul-Lincke-Ring

Für Gerhard Winkler,

dem Träger des Paul Lincke-Ringes,

zum 3. September 1957

„In Rixdorf is Musike"
für die Berliner Ohr'n.
Drum ward hier Gerhard Winkler
als Komponist gebor'n.

Karl May sah nie Indianer
und grub das Kriegsbeil aus.
Die Schweiz sah nie Herrn Schiller;
der schrieb den „Tell" zu Haus.

So schrieb auch Gerhard Winkler,
Chiantiwein-durchglüht,
aus Sehnsucht nach dem Süden
das Caprifischer-Lied.

Heut jagt er durch Europa
mit seinem schnellen Hirsch.
Wenn die Kollegen schlafen,
dann geht er auf die Pirsch.

S e i n Nomen ist k e i n Omen,
denn wenn er filmt und funkt,
steht Winkler nicht im Winkel:
er steht im Mittelpunkt.

Mit einer Hand in Schliersee,
der andern in Berlin,
so spielt er auf zwei Flügeln
gleichzeitig Melodien.

Ein heutiger Paul Lincke,
der jedem etwas gibt, —
der außer Pinkepinke
auch Strauß und Mozart liebt!

So wie sein „Heideröslein"
erblüht, das liebe Ding,
erblüht an Gerhards Finger
heut' der Paul Lincke-Ring.

D e r Ring ist nichts für Ringer:
im Lincke-Ring-Verein
muß man ein Taktstock-Schwinger
mit weißer Weste sein.

Da klingen die Akkorde,
die Sexte und die Terz:
der Winkler macht Musike —
mit Schnauze und mit Herz!

G ü n t h e r S c h w e n n ,
Präsident des Bundes Deutscher Liederdichter
und Librettisten

Zwischen Heidekraut und Heiderosen (Anna-Greta)
Das Glückwunsch-Lied
So schön blühn die Rosen nur einmal im Leben
Alt-Heidelberg
Der alte Kellermeister
Thomas-Polka

1959 Von Ende April bis Anfang Juni unternehmen Traudl und Gerhard Winkler eine Reise auf einem Bananendampfer nach Ecuador.

Die Sommerferien verbringt Gerhard Winkler mit seiner Familie an der Ligurischen Riviera, wo er an seiner neuen Operette »Der Fürst von Monterosso« arbeitet.

Eine Flugreise im Oktober und November führt Traudl und Gerhard Winkler zu den Karibischen Inseln und in die USA.

1960 Am 19. Februar wird an den Städtischen Bühnen Augsburg Gerhard Winklers Operette »Der Fürst von Monterosso« uraufgeführt.
Das Werk wird dann auch an vielen anderen deutschen Bühnen gespielt.
Bei der Uraufführung in Augsburg und dann auch bei Premieren an anderen Theatern dirigiert Gerhard Winkler selbst die Ouvertüre, was er überhaupt bei Aufführungen seiner Bühnenwerke gern tat.
Als Einzelausgaben erscheinen im Druck die Ouvertüre zu »Der Fürst von Monterosso« und das aus dieser Operette stammende *Ballett im alten Stil*.

Im März und April gehen Traudl und Gerhard Winkler auf eine große Ostasienreise, die sie nach Indien, Hongkong, Singapur und Japan führt.

Am 9. Juni wird in Berlin im Theater an der Lutherstraße die Komödie »Drei Mädchen im Bikini (Liebes-Toto)« von Richard Busch mit der Musik von Gerhard Winkler uraufgeführt. Das als »Heiteres Musical« bezeichnete Bühnenwerk wird ein Flop.

Im Druck erscheinen außerdem die Kompositionen:
Harems-Tanz
Du bist meine stille Liebe
Havanna-Blues
Die Primadonna von der Scala di Milano
Alle Wunder der Welt
Micky's Doll Parade

1961-62 Auf Anregung von Bundesverteidigungsminister Franz Josef Strauß komponiert Gerhard Winkler für die deutsche Luftwaffe den *Starfighter-Marsch*, der zum 85. Geburtstag von Bundeskanzler Konrad Adenauer am 6. Januar 1961 im Garten des Palais Schaumburg in Bonn vom Bundeswehr-Lehrmusikkorps uraufgeführt wird.

Im Druck erscheint Gerhard Winklers Lied *0-3-1-1 Berlin, Berlin*. Die ersten Exemplare der Schallplattenaufnahme mit Fred Oldörp überreicht der Komponist in Berlin dem Regierenden Bürgermeister Willy Brandt.

Gerhard Winkler erwirbt in Campione im Tessin ein Sommerhaus, das er jedoch nach drei Monaten wieder verkauft und dafür einen Sommersitz in Morcote am Luganer See erwirbt.

Anläßlich der Verleihung des Paul-Lincke-Ringes am 2. September 1961 an den Komponisten und Dirigenten Hans Carste reist Gerhard Winkler nach Hahnenklee.

Die Eindrücke von Hahnenklee anläßlich der Verleihung des Paul-Lincke-Ringes 1959 an Gerhard Winkler haben in der Komposition *Kleine Harzer Suite* Niederschlag gefunden, die nun im Druck erscheint.

Außerdem erscheinen im Druck die Kompositionen:
Artisten-Ballade (Vorhang auf)
Angélique
Nimm Platz, mein Schatz
Sei doch nicht so pingelig
Jeder braucht jeden Tag Liebe
Rikscha-Kuli
Die Wolken kehren nie zurück
Die Glocken von Rom

Ralph Maria Siegel und Gerhard Winkler 1966

1963 Gerhard Winkler komponiert für die CCC Television GmbH die Musik zu den Fernsehfilmen »Casanova wider Willen«, »Liebeshändel in Chiozza« und »Jenny und der Herr im Frack«.

Gerhard Winkler schreibt das Lied *Caroline* für den von Werner Jacobs inszenierten Film »Denn die Musik und die Liebe in Tirol«, der Anfang 1964 uraufgeführt wird.

Im Druck erscheinen außerdem die Kompositionen:
Der Pinguin
Der Turnier-Reiter
Der letzte Fiaker
Miteinander, füreinander
Geh mit mir durchs ganze Leben
Der fremde Mann vom Montparnasse (King's Alley)
Prinzessin Sonnenschein
Junge Herzen haben Sehnsucht (Gute Reise)
Kerzen-Serenade (Serenade der Liebe)
Whisky und Pferde
Nah bei dir

1964 Im Stadttheater Koblenz wird am 29. November das Märchenspiel »Blütenkind im Schnee« von Kurt Longa mit der Musik von Gerhard Winkler uraufgeführt.

Am 12. Dezember wird Gerhard Winkler ordentliches Mitglied des Aufsichtsrates der GEMA und verbleibt in dieser Funktion bis 1967.

Im Druck erscheinen die Kompositionen:
Immer hübsch bescheiden sein
Drei Schritte weiter
The Merry Old Inn (Das fröhliche alte Gasthaus)

1965 Im Januar gehen Traudl und Gerhard Winkler auf eine Kreuzfahrt in die Karibik und besuchen anschließend Freunde in New York.

Friedrich Schröder, Gerhard Winkler und Franz Grothe
während einer GEMA-Sitzung

Mit dem von Peter Alexander gesungenen Lied *Schenk mir ein Bild von dir* hat Gerhard Winkler wieder einen großen Schlager-Erfolg.

Im Druck erscheinen außerdem die von Sacha Distel gesungene Komposition *Das Gästebuch*, die beiden unter dem Titel *Italienische Impressionen* zusammengefaßten Konzertstücke *Träumendes Fischerdorf* und *In der Osteria* aus der Orchester-Suite *An der blauen Adria* sowie die Konzertouvertüre *Reise nach dem Süden*.

1966 Am 11. Februar wird Gerhard Winkler Mitglied des Tarifausschusses der GEMA und verbleibt in dieser Funktion bis 1967.

Als Vertreter der GEMA nimmt Gerhard Winkler an dem vom 13. bis 18. Juni in Prag stattfindenden CISAC-Kongreß teil.

Im Sommer reisen Traudl und Gerhard Winkler nach Norwegen und Schweden, wo der Komponist in Stockholm das Rundfunkorchester dirigiert.

Am 12. September feiert Gerhard Winkler in Berlin seinen 60. Geburtstag.

Aus diesem Anlaß wird ihm am 14. September »in Anerkennung der um Staat und Volk erworbenen Verdienste« das Bundesverdienstkreuz verliehen.

Zu diesem Jubiläum produziert die Firma Ariola-Eurodisc die Langspielplatte »Gerhard Winkler Welterfolge« mit Kammersängerin Erika Köth und Kammersänger Rudolf Schock sowie den Berliner Symphonikern unter der musikalischen Leitung des Komponisten.

Am 25. Dezember sendet das Erste Programm des Deutschen Fernsehens die im Oktober in München unter der Regie von Fred Kraus produzierte Show »Gerhard Winkler gibt sich die Ehre«. Zu den Mitwirkenden gehören Margit Schramm, Peter Minich, Guggi Löwinger, Peter Kraus, Claudio Nicolai und auch Gerhard Winkler.

Unter Verwendung seiner Erfolgskompositionen *Neapolitanisches Ständchen* und *O mia bella Napoli (Straßensänger von Neapel)* schreibt Gerhard Winkler eine Orchester-Suite in 3 Sätzen mit dem Titel *Ein*

Tag in Neapel. Der neu komponierte 2. Satz trägt den Titel *Napoli bei Nacht.*

Im Druck erscheinen außerdem die Kompositionen:
Ein kleiner Schwips
Dir kann ich doch nicht böse sein
Es stand mal ein Haus irgendwo in Berlin

1967 Mit einem Kreis von Sportkameraden des Berliner Tennis-Clubs »Zehlendorfer Wespen« unternehmen Traudl und Gerhard Winkler vom 6. bis 31. März eine Flugreise nach Südamerika, die u. a. nach Rio de Janeiro, São Paulo, Montevideo, Punta del Este, Buenos Aires, Santiago de Chile und Valparaiso führt.

Im Mai unterzieht sich Gerhard Winkler einer vierwöchigen Kur in Bad Mergentheim. Anschließend unternehmen Traudl und Gerhard Winkler eine Norwegen-Reise.

Am 22. Juni wird Gerhard Winkler stellvertetendes Mitglied des Aufsichtsrates der GEMA und übt diese Funktion bis 1971 aus. Gleichzeitig wird er Mitglied des Programmausschusses der GEMA und verbleibt in dieser Funktion bis 1971.

Am 30. September wird Gerhard Winklers Enkelkind Steffen aus der ersten Ehe seiner Stieftocher Barbara mit Rudolf Mielke geboren, das später von deren zweitem Ehemann Günther Walch adoptiert wird.

1968 Im März unternehmen Traudl und Gerhard Winkler eine Schiffsreise zu den Kanarischen Inseln und nach Nordafrika.

Am 20. Juni wird Gerhard Winkler erneut Mitglied der Wertungskommision der GEMA und verbleibt in dieser Funktion bis 1972.

Im Druck erscheinen die Konzertstücke *Clarina* und *Kreuzfahrt im Mittelmeer.*

1969-70 Gerhard Winkler verkauft seine Berliner Villa und übersiedelt in die Schweiz nach Zollikon bei Zürich. Außerdem wird 1970 in München-Harlaching ein Haus gebaut, das die Familie Winkler als zweiten Wohnsitz vorsieht.

Zu dem von Hans Heinrich inszenierten Film »Klein Erna auf dem Jungfernstieg« schreibt Gerhard Winkler die Musik, mit den Liedern *Jungfernstieg-Marsch* und *Tante Frieda macht das schon*.

Im Druck erscheinen außerdem die Kompositionen:
A Trip in Switzerland
Toreador
Romantica
Rendezvous im Regen
Jeder ist so alt, wie er sich fühlt

1971 Zu Pfingsten bezieht die Familie Winkler als zweiten Wohnsitz ihr neuerbautes Haus in München-Harlaching, das 1977 wieder verkauft wird.

Am 16. Juli treten Gerhard Winkler und Magda Hain in der Sendereihe »Stars von damals« im Fernsehprogramm des Süddeutschen Rundfunks Stuttgart noch einmal gemeinsam auf.

Da sich sein Gesundheitszustand seit der Südamerika-Reise von 1967 zunehmend verschlechtert hat, begibt sich Gerhard Winkler am 13. Oktober in die Mayo-Klinik nach Wiesbaden, wo nach gründlicher Untersuchung eine Cerebralsklerose diagnostiziert wird.

Gerhard Winklers Mitwirken bei einer österreichischen TV-Produktion im Wiener ORF-Studio Ronacher mit Zarah Leander, Ilse Werner, Peter Igelhoff, Hans Fritz Beckmann u. a. ist sein letztes öffentliches Auftreten.

1972-75 Im April und Mai 1972 unternehmen Traudl und Gerhard Winkler eine Flugreise nach New York und Hollywood, wo sie ihre Freunde Lisa Lesco und Henry Koster besuchen.

Am 28. Juni 1972 wird Gerhard Winkler stellvertretendes Mitglied der Wertungskommision der GEMA und verbleibt in dieser Funktion bis 1975.

1974 entsteht das ungedruckt gebliebene Werk *Valse Tanja*. Diese letzte Komposition Gerhard Winklers ist seinem am 14. Januar 1973 geborenen Enkelkind Tanja gewidmet, das aus der Ehe seiner Stieftochter Beatrix mit Bernd Dobler stammt.

Als letzte Druckausgabe seiner Werke erscheint 1977 das bereits früher enstandene und von Thomas Scholl gesungene volkstümliche Lied *Der Meisterjodler von Daxenbach*.

Im Druck erscheinen die Kompositionen:
Ich schließ' mein Lebensbuch noch lang nicht ab
Das muß der Sonnenschein in deinen Augen sein

1976 Im Februar erwirbt Gerhard Winkler ein Ferienhaus im Allgäu, wo der schwerkranke Komponist auf dem Bremberg bei Kempten dann vom Mai bis September 1977 seine letzten Lebensmonate verbringt.

Aus Anlaß seines 70. Geburtstags wird Gerhard Winkler die Silber-Medaille der Kulturabteilung des Italienischen Außenministeriums in Anerkennung seiner besonderen Verdienste auf kulturellem Gebiet verliehen.

In dem von Corrado Orlandi Contucci, dem damaligen italienischen Botschafter in der Bundesrepublik Deutschland, am 4. September unterzeichneten Begleitschreiben heißt es:

»Ihre, von Ihrer großen Zuneigung zu Italien durchdrungenen zahlreichen Kompositionen sind seit nunmehr 40 Jahren zu einem festen Bestandteil der deutschen Musikwelt geworden und haben ganz sicher dazu beigetragen, die Italien-Sehnsucht und Reiselust für das vielbesungene Sonnenland zu vertiefen. Und dafür sind wir Ihnen zu großem Dank verpflichtet.«

Der Komponist an seinem 70. Geburtstag im Kreis der Familie:
Bernd, Trixi und Tanja Dobler
Hans Andreas, Traudl und Gerhard Winkler
Barbarina, Günther und Steffen Walch

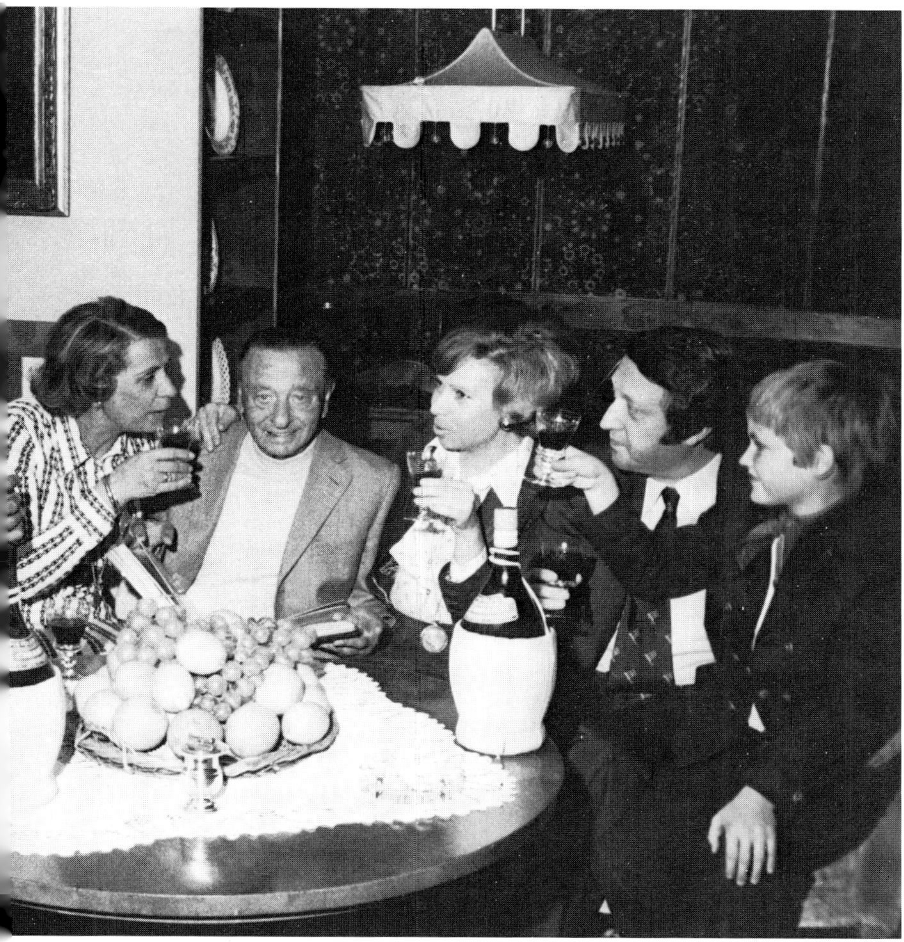

Eine neue Dahlien-Sorte erhält zum 70. Geburtstag des Komponisten den Namen »Gerhard Winkler«. Über die Entstehung dieser neuen Dahlien-Sorte schreibt der Hamburger Züchter Rolf Wagschal:

»Unter Hunderten von Sämlingen des Jahres 1973 fiel besonders eine Pflanze durch ihre hübsche Farbe auf, denn die Blütenblätter der großen kräftigroten Blume zeigten alle eine kleine goldene Spitze. Es handelte sich um die Kreuzung einer holländischen Dahlie und einer eigenen Versuchssorte mit dem Ergebnis, daß eine erhebliche Farbverbesserung im Vergleich zur Muttersorte vorlag.

Als nun meine neue Züchtung alle Prüfungen erfolgreich überstanden hatte, suchte ich für sie nach einem Namen. Ich erfuhr zufällig von dem bevorstehenden 70. Geburtstag von Gerhard Winkler. Da schon während meiner Schulzeit vor dem letzten Krieg die damalige Tanz- und Unterhaltungsmusik, zu deren hervorragenden Vertretern auch Gerhard Winkler gehört, mein besonderes Hobby war, entschloß ich mich, die neue Dahlie dem Jubilar zu widmen.«

1977 Am 13. Mai wird Gerhard Winklers Enkelkind Natalie aus der Ehe seiner Stieftochter Beatrix mit Bernd Dobler geboren.

Nach zwei schweren Lungenentzündungen im Juni und August stirbt Gerhard Winkler - kurz nach seinem 71. Geburtstag - am 25. September morgens 5.25 Uhr in seinem Allgäuer Ferienhaus in Kempten und wird auf dem dortigen Neuen Friedhof unter großer Anteilnahme vieler Freunde und der Fachwelt am 28. September zu Grabe getragen.

In einem Kondolenzschreiben bekundet der Berliner Senat die herzliche Anteilnahme an Gerhard Winklers Tod zugleich auch für die unzähligen Berliner, denen der Komponist mit seinem reichen musikalischen Schaffen durch Jahrzehnte Freude geschenkt hat:

»Berlin war seine Heimat, von hier aus verbreitete sich sein Name als Schöpfer zahlreicher Schlager, die heute längst nicht mehr wegzudenkende Evergreens sind, aber auch als renommierter Komponist im Bereich der leichten Muse über die ganze Welt.
Gerhard Winkler wird in seinen Melodien fortleben.«

Die Gerhard-Winkler-Dahlie

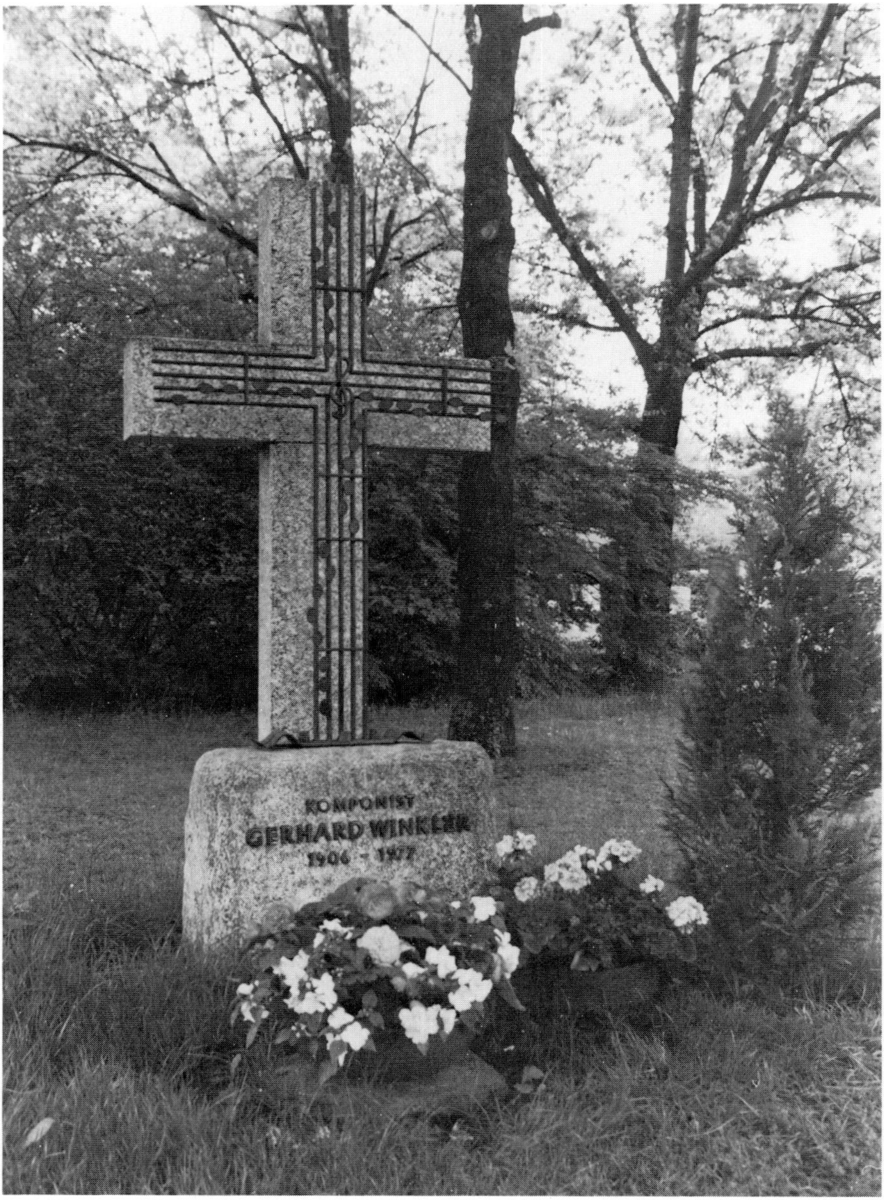
KOMPONIST
GERHARD WINKLER
1906 - 1977

Heinz Becker

»Musik für aller Gattung Leute«
Gedanken zur Unterhaltungsmusik

Als die Primaner der Schadowschule in Berlin-Zehlendorf im Kriegsjahr 1940 ein Unterhaltungsprogramm für einen sogenannten Bunten Abend zusammenstellten, erhob sich die Frage, wie man den Musikstudienrat mit seinem Schulorchester an diesem Programm beteiligen könnte. Jazzmusik war damals verboten und die gängige Schlagermusik wollte man nicht anbieten. Man fand einen Ausweg, der sich auch für die Leistungsfähigkeit eines Schülerorchesters als praktikabel erwies: das »Neapolitanische Ständchen« von Gerhard Winkler, eine Komposition der konzertanten Unterhaltungsmusik, leicht genug, um das bunte Schülerprogramm nicht zu erdrücken, aber hinreichend seriös, um die pädagogische Autorität eines Musikstudienrates nicht zu verletzen. Wohl zum ersten Male wurde für die Schulbibliothek eine Ausgabe für Salonorchester angeschafft - und das mitten im Kriege.

Ein Sakrileg? Gerhard Winklers »Neapolitanisches Ständchen« überwand mühelos in einer kulturpolitisch heiklen Zeit die straffe Ordnung eines scheinbar unumstößlichen Schulsystems. Ein Tabu wurde gebrochen - nicht verletzt.

Es verdient nachgetragen zu werden, daß das Ständchen in Nachbarschaft des »Florentiner Marsches« von Julius Fučik ein strahlender öffentlicher Erfolg für die Schüler wurde, über den der »Zehlendorfer Anzeiger« berichtete.

In Erinnerung an diesen Vorgang klingelte im August 1945 der Autor des Essays, einer der damals Beteiligten, in der Nassauischen Straße 61 in Berlin-Wilmersdorf an der Haustür von Gerhard Winkler. Der erfolgreiche Komponist, der persönlich öffnete, mag verdutzt gewesen sein, als er die Bitte des jungen Kriegsheimkehrers hörte, ihm Kompositionsunterricht zu erteilen. Es entwickelte sich ein freundliches, pädagogisches Gespräch, in dessen Verlauf Winkler den ambitionierten Adepten dorthin verwies, wo er hingehörte: an die Musikhochschule, die allerdings erst im Oktober 1945 den Lehrbetrieb wieder aufnahm.

Es war zwar nur eine kurze Begegnung, buchstäblich zwischen Tür und Angel, aber sie erweist, daß Winkler im Bewußtsein der damaligen Jugend den Rang eines seriösen Komponisten einnahm. Er war eine Kompetenz, die man befragte, an die man sich wandte, an der man sich für den Bereich der Unterhaltungsmusik orientierte.

Das Gespräch blieb haften. Der Ernst, mit dem Winkler über die Unterhaltungsmusik sprach, verfehlte nicht seinen Eindruck. In den folgenden Jahren des Studiums, das den Besucher schließlich in den Bereich der Musikwissenschaft entführte, ist dieses Gespräch seinem Gedächtnis nie entschwunden. Er hatte durch Winkler gelernt, diese Kunst als ehrliche Leistung zu achten, und in den Jahren seiner Praxis als Ensemblemusiker, zunächst in der Tropenbar des Piccadilly-Clubs am Kurfürstendamm, wo damals auch noch die Russen verkehrten, dann im Officer-Club No. 1 in der Hüttenweg-Messe, auf den Privat-Partys von General Clay, brauchte er sich zu dieser Musik nie hinabzubeugen, weil er mit ihr aufwuchs und an ihr erfuhr, was Spontaneität im Musikerberuf heißt, ja, was es bedeutet, ein Musikant zu sein. Verachtet mir die Musikanten nicht! Winkler liebte die »Meistersinger«.

Man kann die Unterhaltungsmusik als ein Stück Alltagskultur begreifen; sie ist die Musik, mit der man lebt, der sich niemand entziehen kann, selbst wenn man es wollte. Unterhaltungsmusik, so wie sie Winkler begriff, im weitesten Spektrum verstanden, ist unsere Alltagswirklichkeit. Sie geht der Sentimentalität nicht aus dem Wege, sie schließt Wehmut, Heimatgefühl, Wunschträume, Sehnsucht nach fremden Ländern und Menschen ein, sie gibt sich gefühlsbetont oder heiter und ausgelassen, läßt aber die Katastrophe nicht zu.

»Ernst ist das Leben, heiter ist die Kunst« schreibt Schiller in »Wallensteins Lager«. Als Goethe das Schauspiel 1798 in Weimar inszeniert, ändert er die Worte ab: »Heiter *sei* die Kunst«, lautet seine Fassung. Goethe versieht Schillers Gedanken mit dem Hauch des Imperativs.

Niemand wird behaupten wollen, daß sich in der Unterhaltungsmusik eine musikalische Gattung im strengen Wortsinne erfüllt. Unterhaltungsmusik ist eher eine Sache der Musikauffassung. Sie bezieht ihre Impulse ebenso aus der Konzertmusik, wie sie für die Volksmusik durchlässig bleibt. Unterschiedlichste Strömungen vermischen sich hier. Unterhaltungsmusik, im weitesten Sinne von der Tanzmusik bis zur volkstümlichen Konzertmusik verstanden, schafft sich keinen speziellen Hörerkreis, sondern stimuliert ein bestimmtes Hörverhalten, das sich ändern kann. Unterhaltungsmusik läßt sich am ehesten aus einer Lebenshaltung heraus begreifen, die alle Gesellschaftsschichten erreicht und berührt. Anders als

Kammermusik, Symphonik oder auch Oper, die sich nur bestimmten Hörerschichten erschließen, gehört die Unterhaltungsmusik allen Menschen.

Er schreibe Musik »für aller Gattung Leute«, beschwichtigt Mozart 1780 seinen Vater, als dieser ängstlich mahnt, der Sohn möge das »Populare« nicht vergessen. Mozart ist dem Publikum zugewendet, seine Zustimmung ist ihm wichtig. Noch leben die Musiker am Ende des 18. Jahrhunderts im Konsens mit ihrer Mitwelt. Das ändert sich später!

Unterhaltungsmusik ist so alt wie die Musik selber. Seit je gab es neben der Musik zum Kultus die Musik, die der Entspannung diente, die Wünsche und Sehnsüchte der Menschen ausdrückte oder nur ihrer Lebensfreude Ausdruck verlieh. Es gab Musik zu festlichen Gelagen, wie zahlreiche Vasenbilder der griechischen Antike oder Darstellungen der ägyptischen Malerei bezeugen. Auch das Arbeitslied, das die Menschen in alter Zeit zur Arbeit sangen, weil sich schwere Verrichtungen im gemeinsamen Rhythmus leichter bewältigen lassen, gehört in den weiten Bereich der Unterhaltungsmusik. Shantys wurden nicht nur bei der harten Arbeit auf Deck gesungen, sondern auch in fröhlicher Runde in der Hafenkneipe.

1681 erschienen zum ersten Male Instrumentalwerke unterschiedlichster Besetzungen im Druck, die als Titel die Bezeichnung »Divertimento« tragen, was nichts anderes heißt als »Unterhaltung«. Mit der sich allmählich verselbständigenden Instrumentalmusik und der Stabilisierung der buntgemischten Instrumentenensembles zum genormten Orchester gewannen diese Unterhaltungsmusiken ihren eigenen geschichtlichen Platz im Repertoire des 18. Jahrhunderts. Auch die Serenaden, Suiten und Ouvertüren rechnen hierzu.

Die Tafelmusik des 18. Jahrhunderts, die den vornehmen Gästen während des opulenten Mahles geboten wurde, diente im wahrsten Sinne des Wortes der Unterhaltung, das heißt dem Gespräch, und fungierte somit als Musik bei der Unterhaltung, als Musik, der man nur flüchtig zuhörte. Aber auch schon der Dudelsackpfeifer, der in alter Zeit an der ländlichen Hochzeitstafel aufspielte, wie uns Breughel so trefflich dokumentiert, blies eine vergnügliche Unterhaltungsmusik.

Die Französische Revolution bewirkte schlagartig eine Änderung der gesellschaftlichen Verhältnisse in Europa. Der Arbeiterstand verschaffte sich Beachtung. Mit der rapide wachsenden Industrialisierung im 19. Jahrhundert und der mit ihr verbundenen Fabrikarbeit, die zu einer Trennung von Häuslichkeit und Arbeitsplatz führte, schaffte sich der Mensch zunehmend einen eigenen Bezirk von Freizeit und Muße. Die hochschnellende Bevölkerungszahl ließ neue Bedürfnisse und Wertnormen entstehen, die vormals der Adel, allenfalls das gehobene Bürgertum bestimmte, die nun aber von einer breiten Bevölkerung geprägt wurden.

Die Vehemenz dieser sozialen Umbrüche führte nicht nur zu einer Umschichtung innerhalb der Öffentlichkeit, die man das Publikum nennt, sie bewirkte auch eine schroffere Differenzierung unter den sozialen Gruppen, um nicht zu sagen eine Entfremdung. 1872 entrüstete sich der Dichter Alfred Meißner in einem Feuilleton der »Deutschen Zeitung«: »Die neuen Industrieverhältnisse haben eine neue Gesellschaft mit rein materiellen Interessen erschaffen, eine Gesellschaft, die nichts erwärmt, als was rechten Profit abwirft. Unmassen ordinärer Menschen sind in unseren Tagen reich geworden und verflachen die besseren Kreise, in die sie durch ihr Geld eingeführt werden. Solche Leute geben den Ton an und füllen die Theater, wo nur der gemeinste Sinnenkitzel, die geistlose Farce und der ordinäre Spaß ihre Anziehung üben. So erklärt sich Jacques Offenbach, der jetzt längst nicht mehr als der einzige in seinem Fache dasteht, und manches Verwandte.«

Der Lebensrhythmus ändert sich von Grund auf. Die Großstädte fressen sich in das Land und gebären mit den neu entstehenden Massenproblemen auch eine neue Form der Unterhaltung, die von der schnell aufblühenden Unterhaltungs-Industrie genutzt wird. Mit den Großstädten entstehen neue Örtlichkeiten menschlicher Begegnung: vornehme Konzert-Cafés, rustikale Gartenrestaurants in den Vorstädten, wo am Sonntag die Kapellen zum Tanz aufspielen, intime Weinlokale und palmengeschmückte Ballhäuser, neue und immer exklusivere Hotels. Sie erst schaffen die Voraussetzungen für die Etablierung größerer und kleinerer Tanz- und Unterhaltungsorchester. Es bedarf des modernen Massenpublikums, um solche Unternehmungen wirtschaftlich zu tragen. Hier entwickelt sich nun das Spezimen einer eigenwertigen Unterhaltungsmusik. Man könnte auch von Stadtmusik sprechen.

Diese Musik, die sich in ihrer unmittelbaren Vorgeschichte bis in die Tafelmusik des 18. Jahrhunderts zurückverfolgen läßt, erlaubt ein Hörverhalten, das dem passiven Zuhörer keine konzentrierte Aufmerksamkeit abverlangt. Ähnliches gilt für die Promenadenkonzerte, bei denen man, wie der Name sagt, promeniert, aber auch für die Platzkonzerte der Militärkapellen und die Darbietungen der Kurorchester, die sich auch bereits im 19. Jahrhundert in den renommierten Badeorten der vornehmen Gesellschaft bilden. Man flaniert, man spricht miteinander, man grüßt sich, man trennt sich.

Musik beim Kommen und Gehen.

Diese nur lockere Zuwendung des Publikums bleibt dem Spezimen der Unterhaltungsmusik als wichtiges Indiz erhalten. Die Unterhaltungsmusik drängt sich nicht in den Vordergrund, sondern bleibt im Hintergrund, unauffällig und in einer dienenden Funktion, die von der Musik seit eh und je erfüllt wurde. Mit der sich abgrenzenden Konzertmusik, die in wachsendem Maße dem Hörer eine konzentrierte Aufnahmebereitschaft abverlangt, gerät die Unterhaltungsmusik somit in die abschätzige Bewertung einer Subkultur. Das abwertende Wort von der »Musikberieselung«, mit der man ein gedankenloses Hörverhalten umschreibt und das vor allem auf die Klangfolie der sogenannten modernen »Kaufhausmusik« zielt, auf eine Musik, die einen nur in vagen Umrissen wahrnehmbaren Stimmungshintergrund schafft, ist erst begreifbar, seitdem es ein modernes konzentriertes Hörverhalten gibt, das bis zur sakralen Andacht einer Bayreuth-Aufführung reicht. Es mutet uns heute fast paradox an, daß man sich in frühester Zeit, zumal in der Kirche, geradezu gegen das aufmerksame Hören der Musik aussprach, denn die Entdeckung, daß sich Musik als bloße Klangfolie nutzen läßt, machten schon die alten Kirchenväter des Mittelalters. Damals verwahrte man sich heftig gegen eine Musik, der man zuhört, weil sie die Betenden in ihrer Andacht störe und vom Wort Gottes ablenke. Nur als Stimmungshintergrund für das Kirchenzeremoniell wurde Musik überhaupt geduldet. Musik sollte nicht erbauen, sondern dem Bibelwort ministrieren. Der Betende soll sich auf das Wort Gottes konzentrieren – nichts weiter.

Als sich der Charakter der Kirchenmusik änderte, als sie sich verselbständigte, gerät sie wieder und wieder ins Zwielicht und wurde reglementiert; als sie im Laufe des 18. Jahrhunderts sogar die Stilelemente der Konzert- und Opernmusik annahm, klagten die Kirchentheoretiker über einen Verfall der Kirchenmusik, wie man bei Padre Martini nachlesen kann. Musik, die gefällt, gehörte ins Souterrain.

Aber auch in den Opernhäusern, sei es in den Hofopern oder Bürgeropern, war man noch im 18. Jahrhundert weit von einem modernen Hörverhalten entfernt. Allein schon die äußeren Umstände lassen diesen Schluß zu: Da sich der kerzenerleuchtete Zuschauerraum nicht verdunkeln ließ, konnten die Blicke der Zuschauer ungehindert umherschweifen; man grüßte, man kokettierte oder musterte ganz ungeniert die neuesten Roben der Damen. Im Parkett gab es zu dieser Zeit keine Sitzplätze - also ging man umher, plauderte, erhielt Erfrischungen, Obst und Gebäck gereicht, wie Gemälde dokumentieren. In den üppig ausgestalteten Vorräumen der Logen konnte man sogar tafeln und sich gegenseitig besuchen. Die Rezitative galten ohnehin als langweilig, nur bei den Arien oder Balletten wandte man den Sängern oder Tänzern einige Aufmerksamkeit zu. Opernmusik als Unterhaltungsmusik!

Während man bei der Opern- und Konzertmusik, wo man sich auch äußerlich im Laufe der Zeit einen anderen Rahmen schuf, allmählich zu konzentrierterer Anteilnahme fand, die auch in der zunehmenden Hörschulung des entsprechenden Publikums gründet, blieb das oberflächliche Hörverhalten der neueren Unterhaltungsmusik zugeordnet. An der moderneren Salonkultur des 19. Jahrhunderts, aus der sich das Genre der Salonmusik herausbildete, eine besondere Spezies der Unterhaltungsmusik, kann man ablesen, daß unaufmerksames Musikhören keineswegs nur als spezifisches Hörverhalten der unteren Bevölkerungsschichten zu werten ist.

Konzentriertes Zuhören bedarf der Schulung und Einstimmung, das ist aber erst eine Errungenschaft der Neuzeit. Das soll natürlich nicht heißen, daß es die konzentrierte Einstimmung in älterer Zeit niemals gegeben hat. Zunächst war das aber die Ausnahme, nicht die Regel.

Wolfgang Amadeus Mozart, der alle Höhen und Tiefen eines Konzertmusikers durchlitt, der den spontanen Beifall, namentlich während des Vortrags, sehr schätzte, kannte bereits den stillen Beifall, wenn sich Ergriffenheit einstellte und die Zustimmung sich plötzlich durch Lautlosigkeit im Raum artikulierte. 1781, als Mozart in Wien konzertierte, schrieb er seinem Vater: »Was mich am meisten gefreut und verwundert hat, war das erstaunliche Silentium - und mitten im Spiel das Bravorufen.«

Die Künstler begannen es als höchste Zustimmung zu empfinden, wenn die Zuhörer aufmerksam wurden und ihr Gespräch mit den Nachbarn einstellten, wenn das Geschepper der Tassen, in denen man Tee und Schokolade reichte, erstarb. Schweigendes Zuhören bedeutet Konzentration, und Mozart empfand sehr wohl, daß ihm hier der wahre Beifall entgegenschlug.

In der Unterhaltungsmusik muß man mit dem Geschepper der Tassen leben, auch weiterhin. Die modernen Vergnügungs-Etablissements, die im Laufe des 19. Jahrhunderts mit wechselndem Glück gegründet wurden, dienten dem neuen Massenpublikum. Mit Gründung dieser neuen Einrichtungen, vornehmlich in den europäischen Großstädten, in London, Paris, Berlin, Wien, St. Petersburg, Kopenhagen oder Brüssel, entwickelten sich folgerichtig auch Reiseorchester, deren Leiter nur temporäre Verträge abschlossen und so in wechselnden Abständen in immer neuen Häusern gastierten, wie wir von Joseph Lanner und den beiden Walzer-Sträußen wissen. Dommayers Kasino in Hietzing bei Wien, gegenüber dem Park des kaiserlichen Lustschlosses, wo der junge Johann Strauß 1844 sein Debüt gab, wurde durch die Biographie des Walzerkönigs zum geschichtlichen Ort.

Es gab viele solcher Adressen in dieser Zeit. Allein in Berlin florierten das Krollsche Etablissement, der Wintergarten der Gebrüder Henning, die Villa Colonna und Sommers Salon. Die Vergnügungsbedürfnisse einer sich verändernden Gesellschaft schufen einen neuen Markt, den die Musiker annahmen.

Die Unterhaltungsmusik wurde professionalisiert. Das, was den Wiener Walzer gegen die ältere Tanzkultur abhebt, was seine spezielle Ausdruckskraft prägt, gründet vor allem in seiner Professionalität, die namentlich in den Kompositionen des jüngeren Johann Strauß spürbar wird. Er bediente sich harmonischer Wendungen, die dem volkstümlichen Musizieren weit entrückt sind und sich der fortgeschrittenen Harmonik der Konzertmusik anschlossen. Strauß hob die unterhaltsame Kunst auf das Podium des Konzertsaales, ohne ihr die Unschuld zu rauben. Steht der Ländler, wie ihn Joseph Lanner pflegte, noch tief im Urgrund einer volkstümlichen Liebhaber-Kunst, so vollzog sich im eigentlichen fünfteiligen Walzer, wie ihn Lanner schon erreichte, aber die beiden Sträuße erst ausschöpften, der entscheidende Schritt in die Welt des Berufsmusikers und somit in eine bis dahin ungekannte Ausprägung der Unterhaltungskunst. Johann Strauß Vater und Sohn sind die ersten Tanzmusiker der Musikgeschichte, die ihre Tanzmusik zur Darbietungskunst veredelten, die den eigentlichen Konzertwalzer als Idee verwirklichten. Aber sie standen nicht allein! Wie Pilze schossen die Privatkapellen aus dem Boden: Philippe Musard, der »Quadrillen-König« zur Zeit Louis Philippes, versetzte mit seinem Orchester in den dreißiger Jahren des vorigen Jahrhunderts bei seinen Konzerten auf den Pariser Champs-Elysées seine Hörer in einen wahren Taumel der Begeisterung und eröffnete mit seinen buntgemischten Programmen eine neue, glitzernde, faszinierende Boulevardkultur. 1838 begründete der Tanzkomponist Louis Antoine Julien die Londoner Promenadenkonzerte, die vehementen Zulauf erhielten, und in Karlsbad entwickelte sich Joseph Labitzky zum Liebling des internationalen Adels. Viele ausgeprägte Künstlerpersönlichkeiten, einst hoch geachtet, heute weitgehend vergessen, bestimmten die erste Epoche der eigentlichen Unterhaltungsmusik: Hans Christian Lumbye gab in Kopenhagen den Ton an, und Joseph Gungl bereiste mit seiner über dreißig Mann starken Kapelle die deutschen Hauptstädte. Als Dirigent des Krollschen Orchesters war Jacob Karl Engel ein Liebling der Berliner. Gleiches gilt für Wilhelm Wieprecht, der sich als Militärmusikmeister und Unterhaltungskapellmeister zur Künstlerautorität an der Spree entwickelte.

Die Kaiserstadt Wien hat vielleicht den größten Anteil an dem Aufblühen des neuen Genres der Unterhaltungsmusik. Aber auch Emil Waldteufel, der Kammerpianist der französischen Kaiserin Eugénie, zählt zu den Großen dieser Unterhaltungsbranche. In der zweiten Hälfte des 19. Jahrhunderts errang er mit über 300 Tanzkompositionen einen marktbeherrschenden Anteil, und sein Walzer »Schlittschuhläufer« ist noch heute im Repertoire der Kurorchester und Rundfunksender.

Mit der aufblühenden Operette traten neue Künstler ins Rampenlicht der Öffentlichkeit: Suppé, Ziehrer, Millöcker, Lehár, Zeller, Lincke, Kollo und andere.

Viele dieser Kapellmeister kamen aus der Militärmusik, die schon seit dem 18. Jahrhundert in den Garnisonstädten zur öffentlichen Unterhaltung der Bürger beitrug. Militärmusiker wirkten noch in der Mitte des vorigen Jahrhunderts ständig in den Orchestern der Hofopern mit. Es waren hervorragend geschulte Musiker, und die Dirigenten waren nicht nur Kapellmeister, sondern zugleich Komponisten und Arrangeure. Ihre Werklisten umfassen nicht selten mehrere hundert Kompositionen. Kapellmeistermusik, Tagesbedarf, spöttelt man abschätzig. Gewiß! Sie schrieben für ihr Tagespublikum, aber sie wußten mit dem Orchester umzugehen, und aus dem Repertoire ragten immer wieder einzelne Stücke heraus, die Weltgeltung erlangten und die Zeiten überdauerten. Welche Aufführungsqualität diese Orchester hatten, die bis zu siebzig Musiker umfaßten, verrät das Orchester von Benjamin Bilse, der aus Liegnitz stammte und zum bedeutenden Dirigenten in Berlin avancierte. Aus seinem Orchester erwuchsen später die berühmten Berliner Philharmoniker. Die Abende bei Bilse waren ein Anziehungspunkt für die Berliner und die zahlreichen Fremden, die sich in der preußischen Metropole einfanden.

Mit den Unterhaltungsorchestern und dem System der wechselnden Engagements begann auch die Reisetätigkeit dieser Ensembles. Einzelne Solisten, Sänger und auch Schauspieltruppen reisten schon in älterer Zeit durch die Lande, nicht so die Instrumentalensembles. Stadtpfeifer und Stadtorchester waren ortsansässig. Die neuen Orchester wurden jedoch unternehmerisch geführt, ihre Leiter mußten sich ständig um Anschlußengagements bemühen. Die erste Konzertagentur entstand erst 1880 in Berlin. Johann Strauß und Joseph Gungl unternahmen schon Konzerttourneen durch Nordamerika. Auslandsreisen schufen Renommée, Europa begann eng zu werden.

Diese Reisetätigkeit der Unterhaltungskapellen führte schon frühzeitig zu internationalem Austausch. So konnten die Berliner schon lange vor der Mitte des 19. Jahrhunderts in ihrer Stadt auch ausländische Ensembles hören, die die Volks- und Unterhaltungsmusik ihrer Heimat verbreiteten. Als Johann-Georg Kranzler, den kein Geringerer als der Fürst von Hardenberg von Wien nach Berlin geholt hatte, 1834 sein später berühmtes Café Kranzler Unter den Linden eröffnete, warb er mit Musikdarbietungen:

»Für Divertissement des verehrten Publikums sorgt eine Musikbande aus dem schönen Italien importiret und bittet um geneigten Zuspruch.«

Unternehmungen dieser Art setzten ein breites, zahlungskräftiges Publikum voraus, das diese kostspieligen Unterhaltungen und Tanzvergnügen trug. Daß sich hier auch auf ganz neue Art Konkurrenz entwickelte, liegt auf der Hand. 1847 meldete eine Berliner Musikzeitung: »Johann Strauß entzückt die Berliner bei Kroll, Canthal bei Milentz und Bilse bei Sommer.«

In diesen Etablissements, wie man derartige Lokalitäten damals nannte, verkehrte ein buntgemischtes Publikum. Selbst der Adel fand sich ein. Der Prinz von Preußen war mit seinem Gefolge häufiger Gast des Krollschen Etablissements im Tiergarten. In den Renommierbädern wie Marienbad, Karlsbad, Ostende oder Spa, wo Kurkapellen aufspielten, waren Großbürgertum und Adel ohnehin unter sich.

Unterhaltungsmusik ist seit jeher eine Musik der Gegenwart, sie ist zeitgebunden. In den Quadrillen, Polkas und Walzern spiegelt sich die Hinwendung zum Publikum, das man akzeptiert und dem man dient. Das Buhlen um künstlerischen Nachruhm war diesen Musikern fremd; man forderte Aktualität. Den Aktualitätssinn der Unterhaltungskomponisten verraten allein schon die Titel ihrer Werke - die Kompositionen von Johann Strauß sind hierfür beispielhaft: »Telegraphische Depeschen«, »Reise-Abenteuer«, »Motoren«, »Leitartikel«, »Feuilleton«, »Wiener Bonbons«, »Gartenlaube«, »Elektromagnetische Polka«, »Schnellpost-Polka«. Man war fasziniert von der erregenden Welt der Maschinen, vom Pressewesen, vom Telegraphen. In der Unterhaltungsmusik ist man up to date. Man gibt sich so modisch, wie sich das Publikum kleidet, man träumt nicht vom Nachruhm, sondern huldigt der Gegenwart.

Als in den Jahren des zweiten Weltkriegs sich die Deutschen von der Welt abgeschnürt sahen und das Wort Frieden nur noch eine Fata Morgana war, schufen sich die Menschen in ihren Träumen vom Zauber der sonnenüberfluteten Landschaft des Südens eine Scheinrealität, die sie das Grauen der Gegenwart ertragen ließ. Und da war es ein Unterhaltungskomponist, der mit seinen südlichen Melodien diesen Träumen einen Hauch von Realität verlieh: Gerhard Winkler. Die Sehnsucht der Menschen und Winklers Melodien fügten sich zu einem unwiederbringlichen Zeitkolorit, sei es der Frühling im sonnigen Sorrent oder in der Toskana, sei es das Lied vom Chiantiwein, das neapolitanische Ständchen oder die rote Sonne, die bei Capri im Meer versinkt. Winkler schwemmte in einer erträumten Aktualität Kriegsnöte und Seelenängste mit seinen südlichen Melodien hinweg.

Die Abkehr des Künstlers der sogenannten Ernsten Musik vom Publikum ist eine Pose, die er sich erst im Laufe des 19. Jahrhunderts zulegte. Diese Abkehr steht in engem Zusammenhang mit der Entwicklung der Unterhaltungsmusik, in der die traditionelle Zuwendung zum Publikum erhalten blieb. Erfolg und Mißerfolg, Furore und Fiasko, einst die unverwechselbaren Kriterien für Zustimmung oder Ablehnung seitens des Publikums, mehr noch, für Wert und Unwert eines musikalischen Werkes, verloren ihre Gültigkeit. Schlimmer als das: sie verkehrten sich ins Gegenteil. »Gute Musik hat niemals ein Publikum«, beruhigte sich der unverstandene Hector Berlioz. Der Massenerfolg, die breite Zustimmung der niederen Volksschichten, wurde suspekt; man fürchtete den Beifall, der von der falschen Seite kam, als Sakrileg an der eigenen Kunst. Indem man den Beifall nun mit entgegengesetzten Wertkriterien verband, geriet dieses bewährte Gütesiegel fast zum Verdikt.

Maurice Ravel schrieb 1929 seinen »Bolero« konzeptionell gegen den Publikumsgeschmack und prophezeite, er habe eine Komposition geschaffen, die »die großen Sonntagskonzerte niemals die Stirn haben werden, auf ihre Programme zu setzen«. Das Gegenteil wurde Ereignis, gerade der »Bolero« trug den Namen Ravels um die ganze Welt als ein klingendes Zeugnis dafür, daß die Wirkung auf das Publikum sich nicht einmal im Negativen vorausbestimmen läßt. Nicht nur der Erfolg ist dem Kalkül entzogen, auch der Mißerfolg, selbst wenn man ihn zu manipulieren trachtet.

In seinen Zukunftsvisionen sinniert Richard Wagner einmal, nur der Deutsche sei imstande, bloß für sich und seinen Freund Musik zu schreiben, gänzlich unbekümmert, ob sie jemals von einem Publikum vernommen werde. Wagner zeichnet die Vision eines Künstlers, der sein Kunstwerk eifersüchtig für sich zurückbehält, aus Ekel davor, seine Musik könne vom Gartenlaube-Publikum angenommen werden.

Und dennoch hat auch ein Mann wie Arnold Schönberg, der den vielzitierten Ausspruch »erst nach dem Tode anerkannt werden« geprägt hat, in späteren Jahren seinen innersten Wunsch nach Erfolg ausgesprochen. In der Tiefe seiner Seele suchte auch er zeitlebens den Erfolg, rang auch er um die Anerkennung in der Öffentlichkeit. 1947 schrieb er an Hans Rosbaud:

»Ich wünsche nichts sehnlicher, als daß man mich für eine bessere Art von Tschaikowsky hält - um Gottes willen: ein bißchen besser, aber das ist auch alles. Höchstens noch, daß man meine Melodien kennt und nachpfeift.«

Also doch! Wer sich wünscht, daß man seine Musik kennt und nachpfeift, kann nicht jene Musik verachten, die man nachpfeift.

»Solche Komponisten, welche einen allgemeinen Beifall erhalten, (möge man sich) zum Vorbild nehmen«, empfiehlt schon Joachim Quantz, der Flötenlehrer Friedrichs des Großen, seinen komponierenden Zeitgenossen. Und Igor Strawinsky, der alle Eruptionen der modernen Musik miterlebt, sogar mitgestaltet und an sich erfahren hat, meint in einem Gespräch mit Robert Craft, als dieser ihn auf seine Beziehung zum Publikum anspricht: »Keineswegs vergibt sich ein Künstler etwas, wenn er sich nach dem Hörerkreis und seinem Geschmack richtet.«

Es bedarf heute des Engagements und hoher Autorität, um sich zu einer Musik für die Mitwelt zu bekennen. Über seine künstlerischen Intentionen befragt, antwortete 1980 der berühmte Ballettmeister George Balanchine:
»An Nachruhm bin ich nicht interessiert. Ich arbeite für den Tag und die Stunde. Ich mache Ballette für heute... für dieses Publikum und nicht für seine Enkel.«
Leonard Bernstein, der große Komponist und Dirigent unserer Tage, gab die gleiche Antwort schon allein mit seiner »West Side Story«, einem Musical unserer Zeit. Es sind tröstliche Bekenntnisse, die zunehmendes Verständnis für die Unterhaltungsmusik schaffen, wo lange Zeit Verachtung oder zumindest Geringschätzung herrschte.

In der Unterhaltungsmusik bleibt der früher auch in Konzertmusik und Oper geübte Brauch des wechselnden Dekors erhalten, während sich in der Ernsten Musik der Werkcharakter einer Komposition immer mehr zu unverletzlicher Einmaligkeit verfestigt. Für Mozart war es noch selbstverständlich, daß er die Favoritstücke aus seinen Opern eigenhändig für Militärmusik umschrieb, wenn man es wünschte. Er hatte keine Skrupel, seine Opernmusik für die Promenadenkonzerte der Militärkapellen zurechtzustutzen, wo sie den Charakter der Unterhaltungsmusik annahmen.
Es gehört zur Eigenart der Unterhaltungsmusik, daß sie sich ständig der gängigen Mode anpaßt, um überleben zu können. Eine Komposition kann somit im Wandel der Jahre, sofern sie diesen überhaupt erlebt, allmählich ihre ursprüngliche Werkgestalt weitestgehend einbüßen, ohne daß sie jemand vermißt. Unterhaltungsmusik, die auf diese Weise überlebt, bleibt jung. Sie entgeht dem Alterungsprozeß, indem sie sich ständig verjüngt.
Der Satz »Takt für Takt neu verpackt«, wie der Untertitel einer Schallplatte unvergänglicher Melodien von Gerhard Winkler lautet, beschreibt den Vorgang dieses geschichtlichen Prozesses präzise. Altes in neuer Verpackung: das heißt aufgefrischt und dem veränderten Lebensrhythmus der schnellebigen Zeit angeformt. In diesem Falle hat der Komponist die Mutation nicht nur erlaubt, sondern selber bewirkt. Das ist nicht das gleiche, als wenn etwa Johannes Brahms eine Jugendkomposition wie das H-Dur Klavier-Trio op. 8 nach über fünfzig Jahren noch einmal hervorholt, glättet und überarbeitet, ihm gleichsam die Haare kämmt, wie er selber schmunzelnd formuliert. Brahms wollte Unedles und Unfertiges ausmerzen und Unausgesprochenes ergänzen, nicht bloß Altes neu verpacken. Für Winkler steckt die Einmaligkeit im Wurf der Melodie und ihrer generellen Begleitstruktur. Die Unantastbarkeit des Notierten ist der Unterhaltungsmusik fremd. Die Komposition bleibt offen für einfallsreiche und neuartige Umkleidun-

gen. So können Melodien überleben, sofern sie sich den veränderten Ansprüchen und Bedingungen einer neuen Generation anzupassen vermögen.

Die Unterhaltungsmusik hat sich jene Ursprünglichkeit bewahrt, die der Konzertmusik seit dem 18. Jahrhundert abhanden gekommen ist. Für Mozart hatte noch die spontane Neuschöpfung beim Vortrag seiner Kompositionen hohe Bedeutung. Die Eingänge und Kadenzen seiner Konzerte legte er ohnehin nicht schriftlich fest. Am 22. Januar 1783 äußerte er in einem Brief an seinen Vater: »Ich habe die Eingänge im Rondo noch nicht verändert, denn wenn ich dies Concert spiele, so mache ich allzeit, was mir einfällt.«

Das ist ein Bekenntnis zur Spontaneität, zum lebendigen Umgang mit Musik. Jedem Tanzmusiker ist diese Einstellung vertraut.

Musik ist ohne Interpreten nicht denkbar, aber gerade die Unterhaltungsmusik wird in besonderem Maße durch einen eigenen, persönlich gefärbten Vortragsstil geprägt, während die Solokonzerte, die Sinfonien, Quartette oder Solo-Lieder seit dem 18. Jahrhundert zunehmend mit einem Filigran differenziertester Vortragsbezeichnungen überzogen werden, die den Freiraum der Interpretation mehr und mehr eingrenzen. In der Unterhaltungsmusik bleibt dem Vortragenden ein weit größeres Feld für schöpferische Leistung. Ohne den speziell-federnden oder vielfältig zeitverzögernden Vortrag würde der Charme eines Strauß-Walzers zum bloßen Tanz im Dreivierteltakt verkommen. Aber das läßt sich nicht notieren, und es ist gerade diese Unnotierbarkeit der kleinen Nuancen, die erst eine ganz individuelle Interpretation ermöglicht.

Als Christoph Willibald Gluck seine Oper »Orfeo« mehrfach gehört hatte, fühlte er sich zu einer öffentlichen Ermahnung genötigt, wie die berühmte Arie dieser Oper »Ach ich habe sie verloren« zu singen sei.

»Nähme man damit nur die geringste Änderung entweder im Tempo oder in der Art des Ausdrucks vor, so würde sie eine Arie für das Marionettentheater werden. In einem Stück dieser Art kann eine Note mehr oder weniger gehalten, eine Verstärkung des Tones, eine Vernachlässigung des Tempos, ein Triller, eine Passage usw. den Effekt einer Szene gänzlich zerstören ...«

In einem Stück dieser Art! Dennoch gilt Gleiches in gewisser Hinsicht auch für die Unterhaltungsmusik. Der Grat zwischen dem Erhabenen und dem Lächerlichen ist sehr schmal. Auch in der Unterhaltungsmusik braucht es der hohen Einstimmung des Vortragenden, um durch ein wohldosiertes Espressivo die Atmosphäre zu treffen, durch Zeitverzögerungen und Vortragsnuancen Spannung zu erreichen. Es bedarf des Feingefühls, um nicht im Sinne Glucks eine gefühlsbetonte Unterhaltungspiece durch falschen Ausdruck zur schmierigen Schnulze herabzuziehen. Überzogene Agogik und oberflächliche Brillanz können alles verderben!

Im Bereich der vokalen Unterhaltungsmusik, also beim Schlager, spielt das ganz persönliche Timbre einer Stimme darüber hinaus eine entscheidende Rolle. Nicht wenige Schlager gewinnen erst in der Interpretation eines bestimmten Sängers oder einer Sängerin ihren ganz eigenen Reiz. Man denke nur an Marlene Dietrich, Zarah Leander, Lale Andersen oder Johannes Heesters. Gerhard Winkler schrieb mehrere seiner Kompositionen der Sängerin Magda Hain so stimmgerecht zu, daß sie erst in Verbindung mit diesem Stimmtimbre ihre eigentliche Originalität erlangten und ihren speziellen Charme entfalteten. Die »Capri-Fischer« wurden erst durch den hellen Tenor Rudi Schurickes zum internationalen Erfolg. Obwohl nicht für ihn geschrieben, verschaffte erst seine stimmliche Eigenart dem Lied den eigentlichen Durchbruch. »So wird's nie wieder sein« verbindet sich mit der Stimme von Ilse Werner. Wie intensiv die Suggestion eines Vortragenden ausstrahlt, mußte Gerhard Winkler erfahren, als er 1939 seinen Grotesksong »Das Nachtgespenst« Peter Igelhoff maßgerecht schneiderte. Igelhoff schlüpfte so erfolgreich in diese fremde Hülle, daß man ihn auch für den Schöpfer dieses Liedes hielt.

Einen Schlager erfolgreich zu interpretieren, ist eine besondere Kunst. Noch vor nicht allzulanger Zeit konnte man sich einen Song aus dem Munde eines geschulten Opernsängers nicht vorstellen. Hier hat sich jedoch in den letzten Jahrzehnten manches gewandelt, nicht zuletzt durch den Einfluß und das Vorbild amerikanischer Sänger, für die eine strenge Trennung zwischen E- und U-Musik nicht existiert und die schon in ihrer Ausbildung auch an das Musical herangeführt werden.

Gleiches gilt für den Bereich der Instrumentalmusik innerhalb der Unterhaltungsmusik. Wir kennen Orchesterarrangements, die zwanghaft an ein bestimmtes Ensemble gebunden sind, das dieser Fassung erst ihren unverwechselbaren Ausdruck verleiht. Auch hier hat ein Umdenken stattgefunden. Wir registrieren eine Hinwendung zur Unterhaltungsmusik, zur alten Salonmusik. Überall finden sich Philharmoniker in ganz prächtigen Salonorchestern zusammen und haben ihren Spaß an den oft virtuosen Kompositionen der Gründerzeit oder der zwanziger Jahre. Man schwelgt in Sentiment und Nostalgie. Die vorzüglichsten Konzertsolisten überraschen mit Einspielungen raffinierter und virtuoser Salon-Piecen. Man beginnt auch die Unterhaltungsmusik ernst zu nehmen. Dennoch ist die instrumentale Unterhaltungsmusik, die unter der Bezeichnung Salonmusik bis in die vierziger Jahre dieses Jahrhunderts einen wesentlichen Anteil an der

Unterhaltungsmusik behauptet, heute aus dem Schaffensspektrum zurückgedrängt, um nicht zu sagen nahezu geschwunden.

Gerhard Winkler, Jahrgang 1906, den man in einem modernen Musiklexikon mit Recht als den erfolgreichsten Schlagerkomponisten der Nachkriegszeit apostrophiert, ist alles andere als ein bloßer Schlagerkomponist im modernen Verständnis, sondern ein Unterhaltungskomponist, der auch erfolgreiche Schlager schrieb. Unter seinen vielen Erfolgskompositionen findet sich eine ganze Reihe von Instrumentalstücken, wie das weltberühmte »Neapolitanische Ständchen« oder »Scampolo«. Winkler vertritt noch die Unterhaltungskultur, in der der professionelle Musiker gefragt ist, der eine gründliche Ausbildung an einer Musikhochschule erfahren hat.

Den Bruch mit dieser alten Unterhaltungskultur bezeichnet das Erscheinen der Beatles, die eine Wende bewirkten und die Ära der Singgruppen einleiteten. Die Gitarre tritt an die Stelle des Orchesters. Die enge Bindung der instrumentalen Unterhaltungsmusik an ihr soziales Umfeld und die lokalen Voraussetzungen wird auch durch ihren Rückgang bestätigt, der mit dem Schwinden der traditionellen Ballhäuser, der großen Tanzlokale, der Konzert-Cafés in engem Zusammenhang steht. In der neu geschaffenen Medienlandschaft von Rundfunk und Fernsehen greift nach der von den Beatles verursachten Hinwendung zur Pop- und Disco-Musik das Sterben der Big-Bands und großen Unterhaltungsorchester um sich. Schallplatten ermöglichen trotzdem die Vielfalt des Angebots in den Programmen der Sender, zumal historische Aufnahmen zur Verfügung stehen. Dennoch: erst mit dem Schwinden dieser instrumentalen Unterhaltungsmusik wird erkennbar, welchen Rang sie einnahm.

Da im öffentlichen Leben die Voraussetzungen für die Existenz großer Unterhaltungs- und Tanzorchester vernichtet wurden, fällt diese Aufgabe heute um so dringlicher den Rundfunkanstalten zu. Die Bildung großer Unterhaltungsorchester ist vor allem für die Heranbildung eines qualifizierten Nachwuchses notwendig. Schon heute fehlt es den Kurkapellen in der Bundesrepublik an geeigneten Musikern; man behilft sich mit polnischen oder tschechischen Ensembles, da es den jungen Musikern unserer Konservatorien oder Musikhochschulen an den entsprechenden Repertoirekenntnissen mangelt. Die Wandlungen, die die Unterhaltungsmusik in ihrer bisherigen Geschichte erfuhr, wurden bislang noch nicht nachgezeichnet, der vielschichtige Raum, den diese Musik bisher durchmaß, noch nicht erhellt. Das Wechselspiel von vokalgebundener und rein instrumentaler Unterhaltungsmusik mit der konzertanten Musik im Fin de siècle, in den ersten Jahrzehnten unseres Jahrhunderts und in der neueren Zeit zu durchleuchten, stellt sich als Aufgabe der Musikwissenschaft. Prägnanter als Kirchenmusik, Kammermusik oder Symphonik und Oper spiegelt die Unterhaltungsmusik den jeweiligen Alltag. Wer im Buch dieser leichtgefügten Kunstformen mit ihren rasch wechselnden Ausdrucksnuancierungen zu lesen versteht, erhält ein getreues Abbild unserer Vergangenheit. Aber diese Musikgeschichte »von unten« ist noch nicht geschrieben. In der umfassenden, sechzehnbändigen Musik-Enzyklopädie »Die Musik in Geschichte und Gegenwart«, in der man gelegentlich unwichtigste und obskurste Musiker vergangener Jahrhunderte verzeichnet findet, fehlen Namen wie Werner Eisbrenner, Franz Grothe, Georg Haentzschel, Michael Jary, Peter Kreuder und Gerhard Winkler, um nur einige zu nennen. Die hervorragendsten Vertreter der Alltagsmusik werden nicht zur Kenntnis genommen, geschweige denn gewürdigt. Erst in neuerer Zeit, im Zuge des allgemeinen Umdenkens, ist hier eine erkennbare Änderung eingetreten. Im »Riemann Musiklexikon« und im »Großen Lexikon der Musik« des Herder-Verlages sind diese Stichworte aufgeführt.

Nur in zögernden Ansätzen reicht die Anerkennung durch die Wissenschaftler in die Zeit vor dem ersten Weltkrieg zurück. Die entscheidende Wende bezeichnet erst das Ende des zweiten Weltkrieges, der Beginn der Besatzungszeit in Deutschland. Die große Völkerbewegung in Europa, die Präsenz der Alliierten bewirkten eine Neuorientierung und eine Umlagerung der Wertnormen, zumal sich inzwischen auch eine neue Generation von Wissenschaftlern etabliert hat.

Johann Strauß, bei dem man schon frühzeitig die eigenschöpferische Leistung anerkannte und dem man den Rang eines Klassikers der Unterhaltungsmusik zugesteht, wird seit 1967 sogar mit einer Gesamtausgabe seiner Kompositionen geehrt. Doch nur in wenigen Bibliotheken der musikwissenschaftlichen Universitäts-Institute kann man diese Gesamtausgabe auch finden. Sie ist aber die Voraussetzung dafür, daß man sich mit Johann Strauß ernsthaft wissenschaftlich auseinandersetzen kann.

Jacques Offenbach, dessen Werke der Kulturhistoriker August Wilhelm Ambros 1874 in seinen »Bunten Blättern« noch zur Gattung der musikalischen Wasserpest rechnete, ist in jüngster Zeit, nicht zuletzt durch die neuen Schallplatteneinspielungen auch im Kreise der Musikwissenschaftler in seiner Wertschätzung deutlich gestiegen. Mit der klanglichen Dokumentation dieser Werke durch die Schallplatte unter Beigabe ausführlicher Kommentarhefte, deren Ausarbeitung häufig in den Händen von Wissenschaftlern liegt, steigert sich auch die Wertschätzung. Es entsteht eine neue Art der Präsenz von Unterhaltungsmusik, deren Spektrum weit über dem liegt, was der Notenhandel anbietet. Diese »alte Unterhaltungsmusik« wird durch die modernen Tonträger wieder verfügbar. Allerdings müßte nun für den wissenschaftlichen Ansatz diesen klingenden Zeugnissen der Vergangenheit das Spezimen von Auswahlausgaben der führenden

Unterhaltungskomponisten zur Seite gestellt werden. Gesamtausgaben, also umfassende Personal-Denkmäler einzelner Komponisten, wird man hier weder befürworten wollen noch erwarten dürfen, aber die Standardwerke, die den Alltag der verschiedensten Generationen begleiteten, müßten den Wissenschaftlern leicht zugänglich sein, will man von ihnen die Aufarbeitung dieses Komplexes erwarten.

Zweifellos ergeben sich hier viele Probleme. Viele Komponisten des leichten Genres haben ihre Kompositionen nicht immer selbständig zu Papier gebracht und keine Orchesterfassungen vorgelegt. Es gibt auch den Typus des »Pfeifkomponisten«, der keine Noten beherrscht und sich eines Arrangeurs bedient, der seine Melodien ausarbeitet und aufzeichnet. Die unterschiedlichsten Praktiken in der Unterhaltungsbranche sind noch längst nicht sichtbar. Was ein Chorusbuch ist, das jeder Tanzmusiker kennt und besitzt, kann man in keinem Musiklexikon nachschlagen. Die mit privater Initiative veröffentlichte Anthologie der gängigsten Melodien von Gerhard Winkler in der Form eines Chorusbuches ist die singuläre Erscheinung eines Personaldenkmals.

Vieles gilt es zu klären, damit der Wissenschaftler Original und späteres Arrangement, Umformungen und Varianten zu erkennen vermag. Erst wenn ein gewisses Maß an editorischer Arbeit geleistet ist, wird man ernsthaft an eine wissenschaftliche Erschließung dieser Musik und ihrer Bindung an das Publikum gehen können. Die Untersuchung der Unterhaltungsmusik wird vor allem in Bezug auf ihre Rezeptionsgeschichte zu erfolgen haben. Ein »Erbe der deutschen Unterhaltungsmusik« stellt sich in der Tat als Desiderat der Musikwissenschaft. Aufgabe der Musikwissenschaftler müßte es sein, das Entstehen dieser Unterhaltungsmusik im Fluß der rasanten Industrialisierung und Kommerzialisierung zu beobachten und zu untersuchen, um Wirkungen und Gegenwirkungen im sozialen Umfeld abschätzen zu können. Auch die unterschiedliche Stellung der Frau in der Gesellschaft wird gerade im Schlager in ganz besonderer Weise deutlich. Hier eröffnen sich viele Fragestellungen, die einer Antwort bedürfen. Es gilt aber auch, eine Mauer von Vorurteilen in den festgefügten »akademischen« Denkformen zu durchbrechen, damit diese Thematik im Bereich von Examensarbeiten und wissenschaftlichen Untersuchungen kein skurriles Außenseitertum signalisiert.

Immerhin gibt es schon mehr als bloße Ansätze. Salonmusik, Rock- und Popmusik waren schon Gegenstand von Symposien und seriösen Darstellungen. Für den Bereich des Jazz kam es sogar schon zur Gründung eines eigenen Forschungsinstitutes. Der Blick für die Musikgeschichte »von unten« weitet sich, die Heroengeschichtsschreibung alter Art beherrscht nicht mehr allein die Thematik. Dennoch ist der eigentliche Umbruch noch nicht vollzogen. Das beginnt bei den Materialsammlungen. Viele Fachzeitschriften, die sich an den Musikhandel, die

Unterhaltungsmusik, die Tanz- und Ensemblemusiker wenden, also praxisorientiert sind, findet man in den wissenschaftlichen Bibliotheken nicht, obwohl sich gerade in diesen Zeitschriften das gefächerte Spektrum des Alltagsmusizierens niederschlägt. Man sollte sich bewußt werden, daß diese so mißachtete Literatur im Gang der Geschichte allein wegen ihres Informationsgehaltes Quellencharakter gewinnt. Gerade aus solchem zeitgenössischen Material lassen sich die Standards erschließen, mit denen Unterhaltungsmusik in ihrer Zeit bewertet wurde. Wollte man solche Musik, schon etwa die Unterhaltungsmusik der 50er Jahre, nach dem heutigen Geschmack beurteilen, man gelangte zu einem schiefen Bild. Auch die unternehmerische Seite der Unterhaltungsmusik wäre der Untersuchung wert. Über die Praxis und die soziale Stellung der frühen Stadtpfeifereien wissen wir so wenig wie über heutige Agenturen und Vermittlungsbüros. Wie werden Musiker und Komponisten honoriert? Wie sahen die Verträge mit Unternehmern und Musikern aus? Wie die Verträge der Kurkapellen?

Welche Fragen man auch aufwirft, jeder Ansatz zu den verschiedensten Recherchen türmt sich zu einem aufwendigen Unternehmen, das sehr schwer zu bewältigen ist, da alle Vorarbeiten fehlen, auf die man sich stützen könnte, und auch das Material für derartige Untersuchungen erst mühsam zusammengestellt werden müßte. Vor allem aber können diese Arbeiten nur geleistet werden, wenn man die Unterhaltungsmusik als eine autonome Ausdrucksform voll akzeptiert.

Die Neigung, kompliziertere musikalische Strukturen gegenüber einfacherer Musik als wertvoller einzustufen, ist weit verbreitet. Das Geheimnis, weshalb eine Melodie, ein Thema, den Hörer fasziniert und haftenbleibt, haben wir - glücklicherweise - noch nicht entsiegelt. Das Durchschaubare, Schlichte und Übersichtliche ist nicht gleichzusetzen mit dem weniger Kunstvollen. Kompliziertheit ist kein Gütesiegel für ästhetische Wertnormen, die sich nur gattungsspezifisch finden lassen und dennoch dem geschichtlichen Wandel unterworfen bleiben. Nur die Komposition, die überlebt, die auch noch von der nachfolgenden Generation akzeptiert wird, schält sich aus dem Mittelmaß heraus und bleibt lebendig. Viele musikalische Werke wurden unverdientermaßen vergessen, jedoch keine Musik bleibt unverdientermaßen in Erinnerung.

Unterhaltungsmusik wird nicht öffentlich subventioniert, sie wird ausschließlich vom Markt reguliert, mithin am Anspruch der Öffentlichkeit gemessen. Sie muß also eine breite Hörerschicht erfassen.

Im Punktesystem der Verwertungsgesellschaft GEMA, wo die Aufführungszahlen der einzelnen Werke, soweit sie noch der Schutzfrist unterliegen, registriert werden, trägt man dem weitaus größeren und leichteren Verbreitungsgrad der Unterhaltungsmusik Rechnung, indem man ihr im Vergleich zu den Kompositionen der E-Musik einen erheblich geringeren Punktanteil zugesteht. So erhält ein Schlager für eine einmalige Aufführung nur 12 Punkte, während ein modernes Chorwerk mit 2400 Punkten bewertet wird. Mit anderen Worten: Ein Schlager muß zweihundertmal aufgeführt werden, um mit der einmaligen Aufführung eines Oratoriums gleichziehen zu können. Der Komponist eines Werkes der modernen E-Musik partizipiert somit materiell an den Erfolgen seines Kollegen der Unterhaltungsmusik. Die U-Musik trägt auf diese Weise nicht unerheblich zur Existenz der E-Musik bei. So gesehen erfüllt sie noch in einem viel wörtlicheren Sinn ihre Funktion als »Unterhaltungsmusik«.

Lutz Kuessner

»Ja, ja, der Chiantiwein...«

»Ja, ja, der Chiantiwein...«, der hat's in sich! Besonders, wenn man ihn im Ursprungsland trinken kann, draußen im Freien, an einem warmen Sommerabend, in fröhlicher Gesellschaft. Und wenn dann genügend deutsche Urlauber beisammensitzen, das köstliche rubinrote Naß genießen und immer noch eine neue bastumhüllte dickbauchige Flasche kommen lassen, ja, dann *müssen* sie doch einfach ihrer Lebenslust freien Lauf lassen und lauthals singen: »Ja, ja, der Chiantiwein!«

Was macht's schon aus, daß die meisten dieser fröhlichen Sänger über die ersten acht Takte Text und Musik nicht hinauskommen! Es gibt berühmtere Lieder, denen es nicht besser ergeht. Weit interessanter ist es, daß wahrscheinlich kaum einer in der Runde weiß, daß dieses Chianti-Lied keineswegs eine importierte italienische Original-Canzone mit deutschem Text ist, sondern ein deutsches Lied aus dem Jahre 1940. Und noch aufschlußreicher ist es, daß Gerhard Winkler, als er diesen werbeträchtigen Beitrag zur späteren EG-Weinüberschuß-Querele komponierte, noch gar nicht in Italien gewesen war. Den Chiantiwein hatte er, wenn überhaupt, von einem Berliner Delikatessengeschäft bezogen.

Als Gerhard Winkler sein Chianti-Lied komponierte, war er vierunddreißig Jahre alt und so etwas wie ein Italienspezialist der deutschen Unterhaltungsmusik. Und das hatte sich in kaum vier Jahren entwickelt. Angefangen hatte es 1936, als Gerhard Winkler sein »Neapolitanisches Ständchen« bei einem Verleger von Kreuzworträtselzeitungen unterbrachte, der es ab und zu »auch mal mit so was« versuchte. Der Erfolg war so überraschend groß, daß dann auch richtige Musikverlage, wie der Wiener Bohème Verlag, der Verlag Richard Birnbach oder die Edition Meisel, an Winklers Kompositionen Interesse zeigten. Aber möglichst italienisch sollte die Musik klingen. So entstanden innerhalb weniger Jahre die Lieder »Wenn in Florenz die Rosen blühn«, »O mia bella Napoli«, das tänzerische Intermezzo »Frühling in der Toskana«, ein weiteres Intermezzo »Scampolo« und dann neben dem bereits genannten »Chianti-Lied« noch das Lied »Frühling in Sorrent« sowie das Intermezzo »Sizilianisches Ständchen«. Die Texte der Lieder stammen alle von Ralph Maria Siegel, der nach dem Krieg einer der erfolgreichsten deutschen Musikverleger wurde. Als Sohn des bekannten Dirigenten Dr. Rudolf Siegel hatte er eine solide Musikausbildung erhalten und lange kunsthistorische Studien in Florenz absolviert. Er kannte also Italien aus eigener Anschauung sehr genau und konnte in seinen Texten aus dem vollen schöpfen. Wenn allerdings Gerhard Winkler später meinte, daß seine Italien-Lieder ohne Siegels kongeniale Texte vielleicht weniger Erfolg gehabt hätten, so war das wohl nur eine liebenswürdige Geste des stets bescheidenen Komponisten gegenüber seinem fünf Jahre jüngeren Freund und Mitarbeiter. Dafür zeugen allein schon jene »italienischen« Konzert-Intermezzi, die auch ohne Text Evergreens geworden sind und bis heute zum Standard-Repertoire der Unterhaltungsmusik gehören.

Immerhin erhebt sich in diesem Zusammenhang ganz von selbst die Frage, welchen Grund es wohl dafür gegeben haben kann, daß in jenen Jahren gerade solche »italienischen« Lieder und Intermezzi so nachhaltig populär werden konnten. Die Antwort darauf hat Gerhard Winkler 1966 in einem Interview beim Südwestfunk gegeben.

»Als ich meine ersten Lieder mit italienischem Kolorit schrieb, da kannte ich Italien überhaupt nicht. Es war, ich möchte sagen, auch *mein* Sehnsuchtsland. Seit Goethes Zeiten war es ja schon so. Alle sehnen sich nach dem Süden. Heute, wo man für wenig Geld das Land bereisen kann, ist das anders. Aber als ich die Lieder schrieb, da war es noch schwer, mit zehn Mark Devisen ins Ausland zu fahren. Und ich glaube, so ging es vielen andern Deutschen auch. Sie wollten gern in dieses Land, und so begnügten sie sich eben mit den Liedern, die ich schrieb. Das war eben ein Ersatz für eine zu der damaligen Zeit kaum mögliche Reise nach Italien.«

Wirklich? War das »Neapolitanische Ständchen« wirklich nur so etwas wie ein Surrogat zur devisenschonenden Befriedigung des Fernwehs? Auch hier dürfte doch wohl in Winklers Worten jenes liebenswerte Understatement gegenüber seiner Kunst mitschwingen, das ihn zeit seines Lebens so sympathisch machte.

Immerhin machten ihn schon diese ersten »italienischen« Erfolge unabhängig. Und bis dahin war es ein langer dornenvoller Weg gewesen.

Am 12. September 1906 wird er in dem damaligen Berliner Vorort Rixdorf, - dem späteren Neukölln, Münchner Straße 10 geboren. Allein schon der Name des Geburtsortes ist später allzu verlockend, den erfolgreichen Komponisten mit der »Rixdorfer Musike« zu frozzeln oder humorvoll zu ehren. Aber irgendwie paßt es. Musike ist im Haus. Der Vater besitzt eine Zither und spielt darauf nach einem seinerzeit ganz einfachen System. Vor allem für Musikfreunde, die nicht Noten lesen konnten, gab es vorgefertigte »Notenblätter«, die man nur unter die Saiten der Zither zu schieben brauchte, um dann, einer Linie folgend, das Stück spielen zu können.

Der siebenjährige Gerhard ist schon sehr früh von der Musik fasziniert. Für seine erste Komposition mit dem Titel »An meinen Buchfink« sucht er sich auf der väterlichen Zither eine kleine Melodie zusammen und schreibt sie nach dem Gebrauchs-System auf.

So viel Begabung und Begeisterung für die Musik belohnt sich manchmal von selbst. Bei einem Kindergottesdienst fällt der glockenreine Sopran des Knaben auf. Er wird Chorknabe in der Christuskirche, und zehnjährig singt er im Berliner Hof- und Domchor unter Professor Hugo Rüdel. Dieser ist es dann auch, der den Vater Winkler davon überzeugt, daß man bei dem Knaben Gerhard gar nicht früh genug mit einer ordentlichen Musikausbildung beginnen kann. So kommt es, daß der hochbegabte Junge das renommierte Professor-Englersche-Konservatorium besucht. Seine Instrumente sind Klavier und Violine. Außerdem wirkt er bis zu seinem Stimmwechsel im Kinderchor der Staatsoper Unter den Linden mit. Dort genießt er aus nächster Nähe die großen Stimmen der damaligen Zeit. Den silberhellen Sopran der Claire Dux, die mächtig schöne Altstimme der Emmi Leisner, den samtenen Bariton des spielfreudigen Michael Bohnen. In den Pausen schleicht er sich heimlich in die Künstlergarderoben und bittet um Autogramme. Besonders stolz ist er auf eine Künstlerpostkarte von Hermann Jadlowker, auf die der berühmte Tenor geschrieben hat »Meinem lieben jungen Kollegen«.

In dieser Zeit entsteht die erste richtige Komposition des zwölfjährigen Musik-Eleven, eine Suite für Kammerorchester »Im Maien«. Sie wird im Rahmen eines Schülerkonzerts am Askanischen Gymnasium uraufgeführt und anerkennend aufgenommen. Trotz dieses frühen Erfolges träumt Gerhard nicht von einer Komponisten-Karriere. Ihn hat die Opernbühne fasziniert. Er hofft, dort eines Tages zu stehen. Als gefeierter Tenor, von Beifallsstürmen umrauscht. Aber der Stimmbruch läßt diese Träume in nichts zerrinnen. Hinzu kommt noch die wirtschaftliche Unsicherheit der beginnenden Inflation, die den Eltern einen künstlerischen Beruf für ihren Sohn nicht empfehlenswert erscheinen läßt. Schön und gut, mag er gern seine Studien am Konservatorium fortsetzen. Aber nebenher. Für eine gediegene Existenz mußte etwas Ordentliches gelernt werden.

Gehorsam folgt der Sohn dem väterlich gutgemeinten Wunsch und wird Lehrling im Musikalienhandel. Vormittags arbeitet er im Sortiment, nachmittags besucht er weiter das Konservatorium. Längst ist sein Klavierspiel so gut geworden, daß er damit ein Taschengeld verdienen kann. Bei Hochzeiten, in Caféhäusern, im Stummfilmkino. Damit hilft er sich über die Inflationszeit hinweg.

1924 ist dann der Spuk vorbei. Über Nacht wird aus einer Billion eine einzige Mark. Aber die ist nun stabil. Die legendären »Goldenen zwanziger Jahre« beginnen. Leider sind sie für viele Menschen gar nicht so »golden«. Zu denen gehört auch Gerhard Winkler. Zwar bekommt er ein festes Engagement als Pianist beim Kurorchester des Ostseebades Binz auf Rügen, aber sein Gehalt reicht gerade zum Leben. Andere Engagements sind auch nicht besser. Aber er gewinnt dabei Erfahrungen, die später für den Komponisten zu purem Gold werden. Also waren es doch »goldene« Zwanziger?

Zunächst aber bleibt es bei der Herumreiserei. Den ganzen Westen Deutschlands klappert er buchstäblich ab. Als Pianist oder auch mit einer eigenen kleinen Drei-Mann-Kapelle. Heute würde man Combo sagen. Auf dem Klavier hat er immer eine Mappe mit etwas Notenpapier liegen. Darauf notiert er eifrig musikalische Einfälle, die ihm zwischendurch zufliegen. Und einen dieser Einfälle arbeitet er richtig aus und nennt ihn »Trance-Blues«.

Die Verleger, soweit sie ihn überhaupt empfangen, reagieren gar nicht oder mit Ausflüchten. Aber die Fachleute horchen auf. Bekannte Kapellmeister wie Bernhard Etté oder Hans Bund bitten ihn um die Noten des »Trance-Blues«. Und da es keine gibt, macht er den beiden und später auch noch anderen Kapellmeistern gleich Spezial-Arrangements seiner Tanznummer für ihre Orchester. Von einem Verleger gedruckt worden ist dieser Blues nie.

1930 kehrt Gerhard Winkler in seine Heimatstadt Berlin zurück. Aber auch dort hat niemand auf ihn gewartet. Er sitzt weiter am Klavier. Meist im Hintergrund. Für fünf Mark den Abend. Doch endlich hat das Schicksal ein Einsehen. Der Verleger Ernst Wengraf zeigt zwar kein sonderlich großes Interesse an Winklers Kompositionen, beschäftigt ihn aber immer häufiger als Arrangeur. Nico Dostal, der bisher diese Tätigkeit bei ihm ausgeübt hatte, war zur Konkurrenz gegangen. Und ein Blick in Winklers Partituren zeigt dem erfahrenen Fachmann sofort, daß ein routinierter junger Nachfolger vor ihm steht. Welch guten Griff er getan hat, erweist sich schnell, denn Winkler schlägt ihm die Zusammenstellung eines Potpourris im Walzertakt mit Studentenliedern vor, das bei den damals noch sehr zahlreichen Kapellen zum beliebten »Stimmungsmacher« wird, sobald die Musiker dazu Studentenmützen aufsetzen. Auch die Schallplatte zieht mit. Der Bann scheint gebrochen. Aber zum Durchbruch reicht es noch nicht. Zwar erscheinen nun endlich Kompositionen von ihm im Druck, doch ohne rechten Erfolg, denn der errechnet sich nach der Zahl der verkauften Notenexemplare. Also geht es weiter mit Arrangements für Bernhard Etté, Paul Godwin, Ilja Livschakoff und auch für eine eigne kleine Kapelle, mit deren Hilfe er versucht, seine eignen Tanzschlager populär zu machen.

Folgenreich wird die Bekanntschaft mit dem vielseitig talentierten Ralph Maria Siegel, der gerade nach einem Libretto seines Schulfreundes Kurt Feltz - mit ihm wird Gerhard Winkler auch zusammenarbeiten - das musikalische Lustspiel »Der Herr im Frack« komponiert hat und mit diesem Erstling durchgefallen ist. Nun besinnt er sich darauf, daß er ja auch Texter ist, und schreibt zu einer Musik von Gerhard Winkler »Ein Lied ohne Ende«. Der Titel klingt wie das Motto einer langen Freundschaft und künstlerischen Zusammmenarbeit. Merkwürdigerweise bringt auch dieses eingängige Lied noch nicht den Durchbruch, obwohl es mit Herbert Ernst Groh - Jahrgangskamerad von Gerhard Winkler und damals beliebtester deutscher Rundfunktenor - auf Schallplatte herauskommt.

Also heißt es, weiter Klavier spielen, antichambrieren, arrangieren. Bis, ja, bis eben zu jenem »Neapolitanischen Ständchen«, das ein Kreuzworträtsel-Verleger druckt. Aber davon war ja schon die Rede.

1935 erhält Winkler seinen ersten Auftrag für eine Filmmusik: »Meine Frau, die Schützenkönigin«. Bald darauf folgen zwei weitere Filme: »Der Schrecken vom Heidekrug« und »Monika«. Dann ist im Grunde Pause bis nach dem Krieg. Warum, ist schwer zu sagen. Gerhard Winkler selbst gestand ein, daß seine Beziehung zum Film nicht sehr eng gewesen sei. Vielleicht hat ihn, dem die Melodie so viel bedeutete, die Arbeit nach der Stoppuhr weniger gelegen? Oder war es vielleicht so, daß man dem Komponisten von »Neapolitanisches Ständchen«, »Wenn in Florenz die Rosen blühn« und »O mia bella Napoli« nichts anderes zutraute? Es ist ja auf dem Gebiet der Musik so typisch deutsch, einen Komponisten »einzuordnen«. »Der Winkler? Der kann doch bloß auf Italienisch ...«

Gerhard Winkler hat nicht darunter gelitten, weder seelisch, noch finanziell. Aber einen bösen Nachteil hat ihm die fehlende Verbindung zum Film dann doch noch gebracht. Bei Beginn des Krieges wird er nicht uk gestellt, wie die vielbeschäftigten Filmkomponisten. Immerhin hat er noch Glück. Er wird nach Königsberg/Neumark zu einer Wehrbetreuungsstelle eingezogen, hat oft in Berlin zu tun und muß Verbindung zu Künstlern aufnehmen, Kontakte pflegen.

Nebenher geht, ganz unauffällig, auch die Arbeit weiter. Neben den schon erwähnten »italienischen« Liedern komponiert er nach einem Text von Bruno Balz ein Lied für die junge, burschikos-charmante Ilse Werner. Und sie singt, ausnahmsweise ein bißchen sentimental, »So wird's nie wieder sein«. Ein etwas wehmütiges Liebes- und Abschiedslied, doch der Text müßte nicht von Bruno Balz sein, um jemand, der zwischen den Zeilen zu lesen versteht, nicht einen tieferen politischen Sinn erkennen zu lassen.

Aber Lieder, die man mißverstehen kann, sind damals nicht ganz ungefährlich. Überhaupt, was ist denn damals eigentlich noch ungefährlich? Vielleicht ein harmloses Liebeslied? Oder ein Gute-Nacht-Lied? Mit dem Texter Bruno Elsner schreibt er das langsame Walzerlied »Und wieder geht ein schöner Tag zu Ende«, das mit dem schwedischen Bariton Sven Olof Sandberg ein Dauererfolg über Jahre wird.

Ist es Gerhard Winklers Schuld, daß dieses Lied dann zum Abschluß vieler schlimmer Tage voller Angst und Bombenangriffe wie Hohn klang?

Aber ganz soweit ist es noch nicht. 1942 kann er endlich wieder in sein geliebtes Berlin zurück und arbeitet bei der Luftwaffen-Filmstelle und später am dortigen Soldatensender. Das ist beinahe wie eine uk-Stellung. Er kann sich mit gleichgesinnten Kollegen und Freunden hinter von Amts wegen verdunkelten Fenstern treffen. Es wird natürlich musiziert, und bei so einer Gelegenheit entdeckt Gerhard Winkler die Sängerin Magda Hain. Sie ist Sekretärin und singt eigentlich nur zum Spaß, denn ihre Stimme ist zu klein für die große Bühne oder den Konzertsaal. Und eine richtige Gesangsausbildung hat sie auch nicht, kann aber »von Natur aus« sogar Koloraturen singen. Gerhard Winkler horcht auf. Das Timbre dieser Stimme geht ihm zu Herzen. Und was heißt »klein«? Wozu gibt's denn Mikrophone und Saallautsprecher?

Das erste Lied für Magda Hain wird gleich ein Erfolg. »Warum singen die Vöglein im Prater so schön?« Dem Urberliner Winkler gelingt ein regelrechtes Wienerlied, vielleicht ein kleines bißchen mit Hilfe des versierten Texters und Freundes Siegel. Aber allein der Erfolg entscheidet.

Und diesem Erfolg kommt noch ein Stimmungsumschwung in der Bevölkerung zu Hilfe. 1942 ist der anfängliche Kriegsbegeisterungsrausch einer mehr realistischen Betrachtung der Situation gewichen. Man sieht die Lasten, die der Krieg jedem einzelnen aufbürdet, mit kritischeren Augen. Heroisches Getue ist immer weniger gefragt. Im Grunde möchten die Leute gern wieder Frieden und ihre Ruhe haben und flüchten sich deshalb in eine heile Scheinwelt. Goebbels ist nicht so dumm, diese instinktive Sehnsucht der Bevölkerung zu ignorieren. Film und Funk werden angewiesen, die erwünschte Scheinwelt aufzubauen.

Bitte! Warum nicht? Für ihr nächstes Magda-Hain-Lied greifen Winkler und Siegel in die altbewährte Italien-Kiste. »Komm, Casanova, komm, Casanova, küß mich!« singt die junge Ex-Sekretärin, nun schon mit etwas mehr Koloraturen, und etabliert sich damit als neuer Rundfunk- und Schallplattenstar. Soweit man eine Platte kriegt, denn Schellack kostet Devisen und ist knapp. Man schreibt 1943.

In diesem Jahr singt Magda Hain, neben ein paar unverfänglichen Heimat- und Gefühlsliedchen des Autorenteams Winkler-Siegel, jenen Superschlager, der - wenn auch nicht in ihrer Interpretation - zum Dauerbrenner wurde: »Capri-Fischer«. »Wenn bei Capri die rote Sonne im Meer versinkt ...«. Normalerweise hätte eigentlich das ganze Tangolied im Meer des Krieges versinken müssen, denn im Herbst 1943 schließt Italien mit den Alliierten Waffenstillstand und erklärt Hitler-Deutschland den Krieg. Eine Art musikalischer Sippenhaftung tritt ein. Kein deutscher Sender wagt, den Tango zu spielen. Die Aufnahme, die Rudi Schuricke noch im Oktober gemacht hat, scheint in den Sand gesetzt.

Aber das Schicksal will es anders. Unmittelbar nach dem Krieg wacht die unstillbare Sehnsucht der Deutschen nach dem sonnigen Süden wieder auf. Und wenn die wertlose Reichsmark eine Reise dorthin auch nicht einmal vorstellbar macht, so tröstet man sich mit der musikalischen Illusion. Und mit der Stimme von Rudi Schuricke. Ein Schlager übt Massensuggestion aus - aber eine sehr sympathische und auch sehr notwendige im Hinblick auf die damalige Überschwemmung mit Reeducation-Music.

1946 blättert Gerhard Winkler eine neue Seite in seinem Werkekatalog auf. Am Schiffbauerdamm-Theater in Berlin wird seine Operette »Herzkönig« uraufgeführt. In den Hauptrollen Lisa Lesco und Rudolf Platte. Wegen der abendlichen Stromsperrungen muß das Stück bereits um 17.30 Uhr beginnen. Trotzdem hat es zweihundertsechzig En-suite-Vorstellungen, doch diese Zahl darf nicht darüber hinwegtäuschen, daß damals die Zeit für neue Operetten bereits vorüber war. Auch die in diesem Genre Arrivierten wie Fred Raymond, Ludwig Schmidseder, Friedrich Schröder und nicht zuletzt Robert Stolz müssen diese Erfahrungen machen. Es gibt eben keine richtigen Operettenhäuser mehr und deshalb auch keine entsprechenden Ensembles in dem zerbombten Deutschland.

1950 wird die Operette »Premiere in Mailand« im Stadttheater Dortmund uraufgeführt, 1957 »Die ideale Geliebte« im Opernhaus Nürnberg, 1959 »Der Fürst von Monterosso« im Stadttheater Augsburg. An diesen Bühnen gibt es keine En-suite-Aufführungen. Der Spielplan muß den unterschiedlichen Wünschen des vielseitig interessierten Publikums angepaßt werden. Insofern kommt Gerhard Winkler mit seinen Operetten zehn bis zwanzig Jahre zu spät, um den verdienten Erfolg zu haben. Wie bedauerlich das ist, davon legen die Ouvertüren dieser Operetten Zeugnis ab. Sie sind Kabinettstücke seiner musikalischen Erfindungsgabe und seiner Instrumentationskunst und haben längst ein Eigenleben in den Rundfunkprogrammen.

Erfolg oder nicht Erfolg ist für Gerhard Winkler nie die Frage gewesen. Diese Tatsache erklärt sich ganz einfach daraus, daß er sich nie als Schlagerkomponist gefühlt hat, sondern als Komponist von Unterhaltungsmusik. Heute ist das leider ein langsam aussterbendes Metier. Zu Winklers Zeit hat man noch, auch wenn man nur ganz leichte Musik komponieren wollte, richtig studiert. Theorie. Kontrapunkt. Harmonielehre. Instrumentation. Das war eine Basis, die kritisch machte. Auch gegenüber eigenen Arbeiten. Die verhinderte, jede Banalität zwischen Tonika, Dominante und Subdominante arrangieren zu lassen oder selber zu vergewaltigen, wie es heute in der Popmusik gang und gäbe ist.

Nein, bei Gerhard Winkler stimmt noch alles. Auch jene - scheinbar - mit links geschriebenen Liedchen wie »Mütterlein«, das dann in Amerika zu »Answer Me« und zurückgekehrt zu »Glaube mir« wird. Oder das »Heideröslein«, das bei uns von der Kritik verrissen und verdammt und in Amerika mit dem Text »Now und Forever« zu einem großen Erfolg wurde. Winkler empfindet darüber keine Schadenfreude. Er hat längst weitergeschrieben. So, wie es gerade mit den Einfällen kommt.

Dabei gelingt ihm 1956 ein besinnliches Liedchen, dessen heitere Lebensphilosophie dem »Sänger vom Rhein« Willy Schneider geradezu auf den Leib geschrieben ist. »Schütt die Sorgen in ein Gläschen Wein«. Der Opernbariton Benno Kusche singt es nach, und der Schauspieler Paul Henckels trägt es mit seinem unnachahmlichen Charme vor. Aber zum Evergreen wird es durch Willy Schneider über dreißig Jahre hinweg.

Und noch ein langsames Walzerlied sei erwähnt: »Miteinander - Füreinander«. Es ist die einzige Zusammenarbeit des Komponisten mit dem berühmten Textdichter Robert Gilbert nach dessen Rückkehr aus der Emigration. Und gesungen wird dieses melodiöse, wunderschöne Lied von dem allzu früh verstorbenen Bariton Lawrence Winters. Es ist eine seiner letzten Schallplattenaufnahmen.

Ja, und sonst? Eine Besonderheit gibt es noch, wenn man Gerhard Winklers Werkeverzeichnis aufmerksam liest: Er hat kaum größere Formen der konzertanten Unterhaltungsmusik erfüllt. Sieht man einmal von Ouvertüren und Zwischenspielen seiner Operetten ab, so findet man kaum Orchester-Suiten, wenigstens keine großen und umfangreichen wie bei Eduard Künneke oder Ernst Fischer, keinen großen mehrteiligen Konzertwalzer wie bei Theo Mackeben, und vor allem keinen Versuch, in den Bereich der sogenannten E-Musik vorzudringen, wie so mancher seiner Kollegen von der leichten Muse es versucht hat.

Gerade er, der sein Handwerkszeug beherrschte und überreich an Einfällen war, hätte gewiß das Zeug dazu gehabt, einen Schritt nach »oben« zu wagen. Daß er es nicht tat, zeugt von seiner großen künstlerischen Verantwortung seinem Werk und seinem selbstgewählten Auftrag gegenüber. Er wollte der leichten Muse dienen und hat diesen Vorsatz gern und gewissenhaft erfüllt. Der Paul-Lincke-Ring, den er 1957 erhielt, war eine äußere Ehrung. Weit schöner und wertvoller ist das Denkmal, das er selbst sich in den Herzen aller Freunde guter Unterhaltungsmusik gesetzt hat.

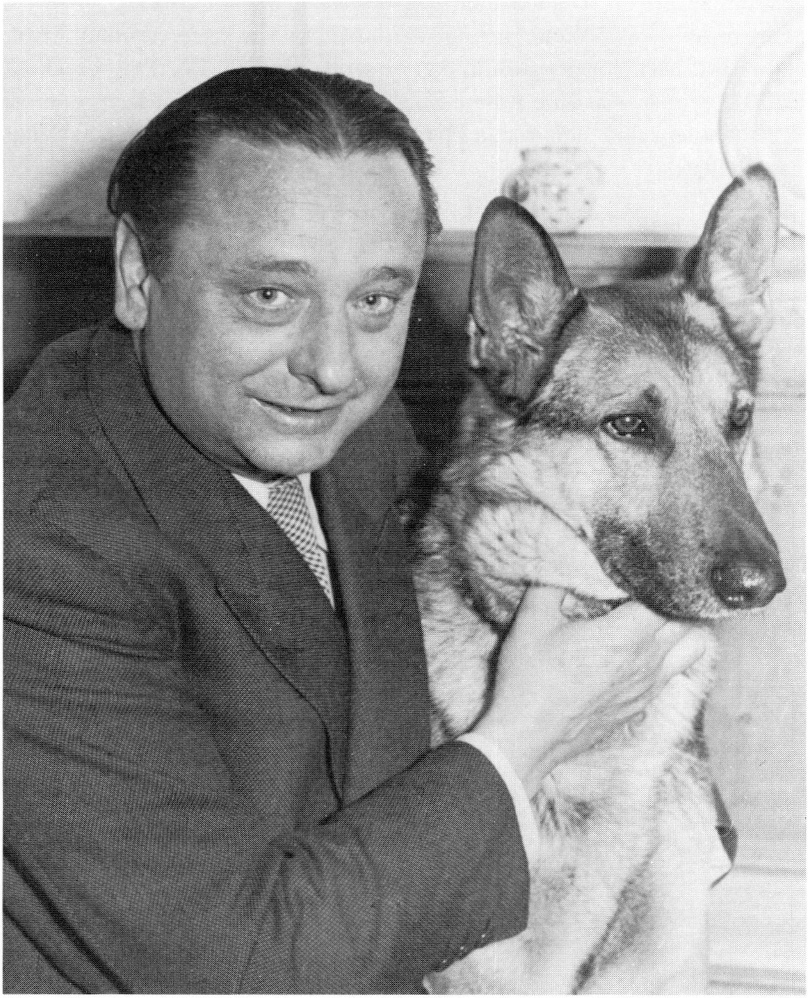

Gerhard Winkler

Episoden aus meinem Leben

In Rixdorf ist Musike ...

Am 12. September 1906 wurde ich in der Münchner Straße 10 in Rixdorf bei Berlin geboren. Einige Jahre später kam dieses Gebiet zu Neukölln, wurde dann Stadtteil von Groß-Berlin und gehört heute zu Berlin-Tempelhof. Aus der Münchner Straße wurde die Flughafenstraße. Auf dem Tempelhofer Feld ließen wir als Jungen unsere Drachen steigen.

In meiner Kindheit war tatsächlich in Rixdorf Musike, denn meine Eltern liebten die Musik und sangen oft und gern. Mein Vater spielte außerdem Zither. So war dann auch meine erste Komposition mit ungefähr sieben Jahren ein Lied für Zither. Es hieß: »An meinen Buchfink«. Den Text hatte ich selbst verfaßt.

Meine Eltern zeigten für meine Musikbegeisterung großes Verständnis und kauften mir sogar ein gebrauchtes Klavier. Das muß ungefähr 1912 gewesen sein. Sie wollten mich mit diesem großzügigen Geschenk überraschen, aber leider mißlang dieses Vorhaben, denn ich selbst öffnete die Wohnungstür, als der vorherige Besitzer des Klaviers klingelte und mitteilte, daß er das Klavier am nächsten Morgen bringen würde. Als ich dann am Tag darauf mit erwartungsvoll klopfendem Herzen aus der Schule nach Hause kam, stand das Klavier schon im Wohnzimmer, und ich stürzte mich sofort darauf, um es zu malträtieren.

In der Schule hatte ich das große Glück, von meinem Lehrer verständnisvoll gefördert zu werden. Er erkannte mein musikalisches Talent, lud mich in seine Wohnung ein, zeigte mir seine Hausorgel, musizierte öfter mit mir und gab meiner ungezügelten Musikleidenschaft die ersten theoretischen Grundlagen.

Eine Ohrfeige mit Folgen

Als ich ungefähr neun Jahre alt war, fiel unserem Gemeindepfarrer meine Sopranstimme auf, und ich wurde trotz meiner Jugend Mitglied des Kirchenchores.

Eines Tages hatte ich jedoch während der Chorprobe einen Streit mit einem Chorkameraden, den der Pfarrer energisch beendete, indem er mir eine Ohrfeige gab. Ich war beleidigt, verließ die Probe und ging nach Hause. Einige Tage später fuhr ich aus Trotz zum Vorsingen in den Berliner Dom. Ich bestand die Prüfung und wurde in den Domchor aufgenommen. Nun erst unterrichtete ich meine Eltern, denen ich die Ohrfeige und auch das Vorsingen verschwiegen hatte.

Bald kam ich in den großen Domchor, zu dem auch Herren des Berliner Lehrergesangvereins gehörten. Wir sangen an den Sonntagen zum Gottesdienst, und bei Abendkonzerten durfte ich dem Organisten die Noten umblättern.

Als der Domchor unter der Leitung von Professor Hugo Rüdel eine Konzertreise in die Schweiz vorbereitete und dafür die geeignetsten Sänger ausgewählt wurden, hatte ich wieder einmal Glück. Professor Rüdel ließ die Sopranstimmen einzeln vorsingen, und ich gehörte zu denen, die eine schwierige Stelle gleich richtig sangen. So wurde ich in den Reisechor aufgenommen und durfte als noch nicht einmal Zwölfjähriger die begehrte Schweizreise mitmachen.

Reise ins Paradies

Als meine Eltern erfuhren, daß ich mit dem Domchor in die Schweiz fahren durfte und dieses große Ereignis eiligst allen Verwandten und Bekannnten weitererzählten, beneidete man mich allgemein. Man muß bedenken, daß damals in Deutschland gehungert wurde und überall bittere Not herrschte. Es war der Kriegswinter 1917/1918, der allen, die ihn erlebt haben, als Kohlrübenwinter in Erinnerung blieb, weil Kohlrüben das Hauptnahrungsmittel dieser Zeit waren und in allen Haushalten die unwahrscheinlichsten Gerichte aus Kohlrüben gezaubert wurden. Es war wie ein Wunder, daß sich in dieser schlimmen Phase des I. Weltkrieges eine Konzerttournee in die neutrale Schweiz überhaupt verwirklichen ließ. So bekam ich von allen Seiten Schweizer Fränkli zugesteckt, um diesem und jenem etwas Langentbehrtes und Heißersehntes aus dem Schweizer Paradies mitzubringen.

Meine Eltern versorgten mich so großzügig mit Reisegeld, daß ich soviel davon erübrigen konnte, mir im Berliner Kaufhaus Wertheim meine erste Taschenuhr zu kaufen. Sie kostete zwölf Mark, aber als ich freudestrahlend nach Hause eilte, um die erstandene Kostbarkeit meiner Mutter zu zeigen, ging sie schon nicht mehr. Um mich in meinem Unglück zu trösten, durfte ich dann für die doppelte Summe eine zweite Uhr erwerben. Sie ging bis zur Schweiz. Dort zeigte ich sie einem

Uhrmacher, der mit einem Tröpfchen Öl das Werk wieder in Gang setzte und mich damit unbeschreiblich glücklich machte.

Unsere Reise begann am 1. Januar 1918 am Anhalter Bahnhof und sah zunächst ganz und gar nicht nach einer Fahrt ins Paradies aus. Ich hatte mir über die Feiertage den Magen verdorben und wankte in jämmerlicher Verfassung zu dem Sonderwagen von Berlin nach Lindau. Mir war speiübel, und ich verbrachte die lange Fahrt in einem halb wachen, halb schlafenden Dämmerzustand. In Lindau vermißte ich dann meinen Brustbeutel mit den Fränkli, die man mir zum Einkauf verschiedener Mitbringsel anvertraut hatte. Ich bekam einen furchtbaren Schreck, ließ mir aber trotzdem nichts anmerken, denn ich wollte meine Reise um keinen Preis gefährden. Erst in Bern machte ich von meinem Verlust Mitteilung, aber da war es natürlich zu spät. Trotz eifrigen Suchens wurde der Brustbeutel nicht gefunden.

In Bern und auf der ganzen weiteren Reise waren wir privat untergebracht. Aufgeregt erzählte ich dann all meinen freundlichen Gastgebern von dem Mißgeschick mit dem Brustbeutel, den ich irgendwie verloren hatte oder der mir vielleicht auch gestohlen worden war. Mitleidig entschädigte man mich überall mit einigen Fränkli, so daß zum Schluß der Verlust mehr als ausgeglichen war. So konnte ich schließlich doch noch alle Einkaufswünsche der Verwandten und Bekannten daheim erfüllen und mir auch selbst noch einige Köstlichkeiten aus Schokolade gönnen.

In Bern war ich bei einer Witwe untergebracht, die sehr gutmütig war, mich mit Leckereien vollstopfte und mir stolz die Berner Alpen zeigte. Ich war von den gewaltigen Gipfeln beeindruckt, wollte aber meine Heimat nicht zurücksetzen lassen und meinte deshalb:

»In Berlin haben wir auch Berge, den Kreuzberg und die Müggelberge.«

In Basel war ich Gast eines wohlhabenden Geschäftsmannes. Er ging mit mir auf den Balkon seines Hauses und machte mich auf ferne, aber trotzdem deutlich vernehmbare dröhnende Geräusche aufmerksam. Es klang wie dumpfes Wettergrollen und war der Kanonendonner der deutsch-französischen Front.

So nah dem Schrecken des Krieges, war die Schweiz dennoch eine friedliche Oase des Überflusses. Wir Chorsänger aus dem darbenden Deutschland staunten neidverfüllt und ließen uns gern mit Weißbrot, leckerem Gebäck, sahniger Milch, Kakao, Eiern, Schinken, Käse und unzähligen anderen Köstlichkeiten verwöhnen. Wir genossen die sorglosen, glücklichen Tage, die leider allzu schnell vergingen. Bald mußten wir das Schweizer Paradies wieder verlassen und schweren Herzens in unser hungerndes Berlin heimkehren.

Mein Kollege, der Herr Opernsänger

In Berlin hatte das Leben schnell wieder den altvertrauten Rhythmus: Schule, Hausaufgaben, Klavierübungen, Chorproben und Konzerte im Dom. Da erschien eines Tages Professor Rüdel leicht schwankend zur Probe. Er kämpfte mit dem Gleichgewicht, und ich mußte lachen. Zur Rede gestellt, schwieg ich, konnte aber beim Anblick des schwankenden Professors ein erneutes Kichern nicht unterdrücken. Das war dem Professor zuviel. Ich mußte vor ihn hintreten, um eine Ohrfeige zu empfangen. Der Professor holte aus, und ich wandte den Kopf instinktiv zur Seite. Er war nicht reaktionsschnell genug, die Zielrichtung seiner Hand zu korrigieren, und so ging der Schlag ins Leere. Darüber waren wir beide, der Professor und ich, verblüfft, und der ganze Chor brach in schallendes Gelächter aus. Wütend schickte mich Professor Rüdel zum Notenwart Schröder, um mich von der Chorliste streichen zu lassen. Der Notenwart war ein verständnisvoller, hilfsbereiter Mann und riet mir, den Professor um Entschuldigung zu bitten. Er meinte, dann wäre alles wieder in Ordnung. Obwohl ich sehr gern sang und genau wußte, daß ich es nicht lange ohne den Chor aushalten würde, beachtete ich aus Trotz den gutgemeinten Rat nicht und ging grollend nach Hause.

Auf dem Heimweg fiel mir ein, daß der Domchor manchmal auch in der Oper mitwirkte. Mehrere Chorsänger hatten mir begeistert von der Arbeit am Theater erzählt. »Vielleicht werden dort im Chor auch Kinder gebraucht«, dachte ich und beschloß, mein Glück zu versuchen.

Gleich am nächsten Tag bewarb ich mich am Opernhaus Unter den Linden für den Kinderchor. Da man für die Oper »Carmen« noch Kinderstimmen brauchte, wurde ich sofort genommen. Als ich dann im abgerissenen Kostüm eines armen Straßenjungen zur Probe erschien, saß Professor Rüdel am Klavier. Vor Schreck wäre ich am liebsten davongelaufen. Er erkannte mich sofort, sah mich groß an, sagte aber kein Wort, und so verlief meine erste Opernprobe ohne Zwischenfall.

Ich war schnell voller Begeisterung für das Theater und in kurzer Zeit ein leidenschaftlicher Opernfreund. Die unvergleichliche Atmosphäre vor und hinter den Kulissen faszinierte mich. Die Spannung, die von dem menschengefüllten, verdunkelten Zuschauerraum ausging und sich auf die Bühne übertrug, versetzte mich in Erregung. Jede Vorstellung war für mich immer wieder ein aufregendes Abenteuer.

Bald fühlte ich mich im Theater wie zu Hause. Ich war glücklich und stolz, dort singen zu dürfen, und wirkte dann auch in verschiedenen anderen Opern mit. So beispielsweise in »Hänsel und Gretel«, »Der Wildschütz« und »Der Evangelimann«. In den Pausen ging ich in die Garderoben der Künstler und bat um Autogramme. Der damals berühmte Tenor Hermann Jadlowker schrieb auf die Autogrammkarte: »Meinem lieben jungen Kollegen«. Das machte mich ganz stolz und bestärkte mich in dem Entschluß, Opernsänger zu werden.

Einmal beobachtete ich, wie Hermann Jadlowker vor seinem Auftritt irgendetwas Braunes aus dem Mund nahm. Ich vermutete in dem undefinierbaren braunen Stück Kolophonium und war überzeugt, hinter das Geheimnis seiner herrlichen Stimme gekommen zu sein. Selbstverständlich besorgte ich mir Kolophonium und kaute zu Hause daran herum, bis meine Mutter mich dabei überraschte. Sie lachte mich aus, schalt mich einen dummen Jungen und meinte, was ich gesehen hätte, wäre sicherlich Kandiszucker gewesen.

Es war eine wunderbare Zeit am Theater, an die ich mich noch heute gern erinnere. Bald begnügte ich mich nicht mehr damit, nur die Opern zu erleben, in denen ich mitwirkte, sondern wollte auch andere Opern kennenlernen. Deshalb besuchte ich sooft es nur ging die eiserne Loge für das Bühnenpersonal. Leider setzte dann der Stimmwechsel all meinen Sängerträumen ein jähes Ende. Nur die Liebe zur Oper ist mir mein ganzes Leben lang geblieben.

Man muß einen »anständigen« Beruf haben

Als der Stimmbruch einsetzte, war es mit meiner »Sängerkarriere« vorbei. Meine Eltern beschlossen, daß ich etwas »Vernünftiges« lernen sollte. Obwohl sie gegen meine musikalischen Neigungen nichts einzuwenden hatten und bald darauf einverstanden waren, meine musikalischen Fähigkeiten gründlicher ausbilden zu lassen, vertraten sie die Meinung, daß die Musik nur eine Liebhaberei für die Freizeit sei, ich aber fürs Leben einen »anständigen« Beruf haben müßte. Um mir jedoch nicht zuzumuten, gar zu »musikfremd« arbeiten zu müssen, fiel die Wahl auf eine Lehre als Instrumentenbauer. Also ging mein Vater mit mir zu einem Klavierbauer und Instrumentenhändler. Wir wollten gerade das Büro des Meisters betreten, da sah mein Vater, wie sich im Hof einige junge Männer im Schweiße ihres Angesichts abmühten, ein Klavier zu transportieren. Er stutzte, betrachtete mich schweigend von oben bis unten, schüttelte dann den Kopf und meinte dann zu mir:

»Nee, Junge, det is nich der richt'je Beruf für dich!«

Wir gingen wieder heim, und der Familienrat tagte von neuem, um über meine Zukunft zu entscheiden.

Schließlich gab man mich einem Musikalienhändler in die Lehre. Es war Inflation, und so bestand meine Tätigkeit im Hause des Berliner Musikverlegers Richard Birnbach zunächst vor allem darin, jeden Tag neue Preise auf die Noten zu stempeln. Das befriedigte mich wenig, und deshalb folgte ich schließlich dem Rat meines Klavierlehrers, Professor Engler, und wechselte zu dem Berliner Großsortiment und Musikverlag Robert Rühle. Mein Klavierlehrer hatte mich empfohlen, und so konnte ich dort im Oktober 1920 anfangen, wobei meine vorherige Tätigkeit im Verlag Birnbach auf die Ausbildungszeit angerechnet wurde.

Ungefähr zu dieser Zeit begann ich auch das Englersche Konservatorium zu besuchen, wo ich vor allem bei Professor Richard Engler Klavier und bei Professor Friedrich Hoyer Musiktheorie und Komposition studierte. Der Fürsprache des Englerschen Konservatoriums verdankte ich es dann auch, daß ich nach Abschluß meiner Ausbildung im Großsortiment und Musikverlag Robert Rühle halbtags als Gehilfe arbeiten durfte, um mich nachmittags ganz meinem Musikstudium widmen zu können.

Im gleichen Hause wie Robert Rühle hatte auch Paul Lincke seinen Verlag. Mußte ich meinem Chef aus Notenmanuskripten vorspielen, die man ihm zur Prüfung und zur Drucklegung eingereicht hatte, dann meinte er stets:

»Schließen wir erst das Fenster, denn Paul Lincke hat feine Ohren!«

Ende September 1923 schied ich aus dem Großsortiment und Musikverlag Robert Rühle aus und konzentrierte mich ausschließlich auf mein Musikstudium am Englerschen Konservatorium.

Als ich dann von 1924 bis Anfang der dreißiger Jahre als Tanzmusiker, Pianist und Orchesterleiter arbeitete, für einige Verlage Arrangements zu schreiben begann, gelegentlich auch erste eigene Kompositionen veröffentlichen konnte und für die Musikzeitschrift »Der Artist« Beiträge schrieb, erinnerte ich mich an meine Lehrzeit und plauderte in einem 1931 erschienenen Artikel über meine Erfahrungen.

Eine Stunde Musikalienhändler

Die Kenntnisse eines Musikalienhändlers werden zumeist unterschätzt; der kaufmännischen Ausbildung geht eine musikalische voraus. Ich spreche hier speziell vom Sortimenter, den man auch als einen Gedächtniskünstler bezeichnen könnte, wenn man bedenkt, daß er sich auskennen muß in sämtlichen erschienenen Werken, von den Klassikern angefangen bis zu den modernen Komponisten. Zu den modernen Komponisten zählen auch die Schlagerkomponisten, deren unendliches Heer nur wenige birgt, die als siegreiche Generale aus der Schlacht hervorgehen. Aber auch alle die Kleinen der Mannschaft muß der Sortimenter bei Namen wissen; darum bezeichne ich mit Recht das geistige Archiv eines Sortimenters als das eines Gedächtniskünstlers.

Wie gliedert nun der Musikalienhändler sein Lager? Ein Begleiter führt uns zuerst zu den Schulen. Für jedes Instrument gibt es deren viele, und man könnte fast sagen, daß jeder Lehrer für seine eigene Unterrichtsmethode eine besondere Schule hat. Die bestgehenden Schulen sind die Klavier- und Violinschulen, aber auch die weniger gebräuchlichen Instrumente wie die Okarina oder die Mandola haben verschiedene Schulen. Dann kommen die Etüden und Unterrichtsstücke. Das Haustöchterchen soll z. B. zum Geburtstag der Mama etwas Besonderes spielen, und da gibt es dann so nette Sachen mit schön klingendem Titel wie »Des Senners Traum« oder »Der Vöglein Abendlied«. Die spielen sich weitaus schöner als Tonleitern und Fingerübungen. Dann kommen die schwereren Unterrichtsstücke wie Sonaten bis zu den Konzerten, die im Katalog mit s. schw. (sehr schwer) bezeichnet sind. Hier reihen sich an: Duette, Trios, Quartette, Quintette u.a.m. Zu den Jahreshauptfesten kommen noch spezielle Kompositionen hinzu.

Wir gehen weiter und bleiben vor dem Lieder-Lager stehen. Dieses Lager hat einen Umfang, daß man schon vom Hinaufsehen schwindlig werden könnte. Wieviel Lieder und Balladen hat allein Loewe geschrieben? Auch Schubert und Schumann hatten auf diesem Gebiete eine unzerbrechliche Feder. Im Gegensatz zu den Einzelausgaben unterscheiden wir hier besonders die Bandausgaben. Aber auch moderne Lieder, amerikanische Songs, Kinderlieder usw. sind hier zu finden. Der Musikalienhändler muß wissen, daß »In diesen heilgen Hallen« eine Baßarie aus der »Zauberflöte« ist. Diese sucht er unter M (Mozart); es ordnet sich alles nach dem Alphabet der Komponistennamen und unter diesen wieder nach den Opuszahlen. Das Lied »Still wie die Nacht« findet man unter Bohm op. 326 Nr. 27; aber es gibt noch ein sehr bekanntes Duett von Goetze unter gleichem Titel.

Wir wenden uns dem Lager der Opern- und Operettenauszüge zu. Da liegt ein Auszug der Oper »Othello« von Verdi. Der zerrissene Rücken zeugt davon, daß das Exemplar keinen Käufer finden kann, und so liegt es denn vielleicht noch einige Jahre, bis es ganz vergilbt ist. Totes Kapital.

Mit einem unheimlichen Gefühl betreten wir das Orchesterlager. Es bestehen Abteilungen für Großes Orchester, Militärmusik, Mandolinenorchester, Salonorchester usw. Der Verkäufer der Salonorchester-Abteilung hat in zweiter Linie die Bearbeiter im Kopf. In seinem Gedächtnis hat er auch das Preisverzeichnis; er weiß sofort zu sagen, daß die »Martha«-Fantasie von Tavan die teuerste, die von Eberle die billigste ist. Auch die Verleger weiß er ohne Ausnahme. Originalverleger der Opern von Richard Strauss ist Adolph Fürstner, Berlin. Puccini verlegte ausschließlich bei Ricordi, Mailand.

Der Sortimenter hat seine eigene Sprache, und so nennt er zum Beispiel den Walzer »An der schönen blauen Donau«: Strauß op. 314.

Im Nebenraum befinden sich die Chöre. Männer-, Frauen-, gemischte Chöre, mit und ohne Sologesang.

Der Hintergrund des Raumes ist nur spärlich beleuchtet. Hier halten die Orgelkompositionen ihren Dornröschenschlaf. Nach einigem stummen Verweilen verlassen wir die gruftähnliche Stätte, denken an den großen Bach und unsere Urahnen, deren religiöser Glaube sich in der Musik auslebte.

Wissenschaftliche Bücher über Musik, Biographien, Textbücher und Opernführer bilden ein Sonderlager.

Wir bewegen uns durch eine Allee von Alben, wie »Musikalische Edelsteine«, »Zu Tee und Tanz« usw.

Wir befinden uns jetzt im sogenannten humoristischen Lager. Couplets und kleinere Theaterstücke, wie sie Vereine brauchen, finden wir hier in reicher Auswahl.

Im Instrumentenlager erblicken wir Klaviere, Harmoniums, Geigen und Celli, Holz- und Blechinstrumente mit sämtlichem Zubehör.

Im Grammophonlager herrscht heute meist der größte Umsatz, die Platten bringen dem Händler das meiste Geld ein.

Bevor ich das Musikhaus verlasse, verweile ich noch zu kurzem Aufenthalt im Verkaufsraum. Ich verabschiede mich dankend von meinem Begleiter, und schon dringt Stimmengewirr, vermischt mit Klavierspiel und Grammophonklang an mein Ohr. Eine große Zahl Angestellter bedient das wählerische Publikum. Ein Kunde fragt die Verkäuferin: »Haben Sie 'Zwei kleine schmutzige Hände'?«, und meint damit das Couplet von Nicklass-Kempner.

»Ach bitte«, ruft eine ältere Dame dem Verkäufer entgegen, »ich möchte gerne 'Du, du liegst mir im Herzen' in 32 Variationen.« Wie anspruchsvoll diese ältere Person doch noch ist, denke ich gereizt.

An anderer Stelle läßt sich eine Kundin Opernarien vorlegen, sie hat da einen speziellen Wunsch, kennt aber nicht den Titel. Der Verkäufer geht gerade einen neuen Stoß holen, da ruft die Kundin hinter ihm her: »Abscheulicher, wohin eilst du« - sie meint damit die Fidelio-Arie. Der Noten-Pizarro kommt mit der gewünschten Piece zurück.

Ich bemerke weiter einen Jüngling, der einem Angestellten was vorsingt, er hat den Titel der betreffenden Sache vergessen. »La la la, la la, la la la la, la la.« Merkwürdige Melodie, denke ich mir, der junge Mann scheint ein Anhänger neuzeitlicher Musik zu sein. Schließlich stellt es sich heraus, daß ein Tango gemeint ist.

Ein eiliger Kunde kommt auf mich zugestürzt. Er fragt mich: »Haben Sie vielleicht die 'Zwei verlassenen Italiener' ...«. »Nein, nein«, unterbreche ich ihn schon etwas verwirrt, »bin ihnen nicht begegnet«, und flüchte mit leichtem Kopfschmerz dem Ausgang zu.

Aller Anfang ist schwer

Bei einem Schülerkonzert des Englerschen Konservatoriums in der Aula des Askanischen Gymnasiums in Berlin wurde am 14. April 1923 meine Kammermusikalische Suite »Im Maien« uraufgeführt. Das war die erste öffentliche Aufführung eines meiner Werke, und ich war dementsprechend stolz darauf. Die Deutsche Sängerzeitung »Die Tonkunst« schrieb über diese Aufführung:
»Gegen Schluß der Schüler-Aufführungen mußten einige Nummern gestrichen werden, da sonst der Abend zu lang geworden wäre, und man unbedingt noch die Suite von Gerhard Winkler hören wollte. Das ... schwungvoll durchgeführte Werk atmete Frühlingsluft. Es nannte sich auch 'Im Maien' und erzählte von 'Springenden Bächlein', von 'Blütenduft' und vom 'Abschied' zweier Liebender. Alles war musikalisch hübsch nachempfunden und zeigte ein vielversprechendes junges Talent.«
Das war ein verheißungsvoller Anfang, aber leider ging es dann nicht so vielversprechend weiter. Es folgten harte, arbeitsreiche und oft genug auch entbehrungsvolle Jahre. Nur langsam konnte ich mich durchsetzen. Kein Erfolg fiel mir unverdient in den Schoß. Wie überall, so war auch bei mir der Anfang sehr schwer.
Ich erinnere mich noch sehr genau: Es muß ungefähr 1923 gewesen sein, da ging ich eines Abends mit einem Freund die Friedrichstraße entlang. Wir hatten schrecklichen Hunger, aber kein Geld. Voll Verlangen starrten wir in die Auslage eines Feinkostgeschäftes mit Restauration, wo uns ein frisch zubereiteter Schweinebraten mit leckerer Kruste das Wasser im Munde zusammenlaufen ließ. Da kamen einige Männer aus dem Lokal, die sich, leicht angetrunken, laut darüber empörten, daß es in dem Restaurant keine Musik gab und das Ganze ein langweiliger Laden sei. Mein Freund zupfte mich am Ärmel und meinte:
»Du, Gerhard, da gibt es was für dich zu tun!«
Bevor ich recht begriffen hatte, was er beabsichtigte, hatte er mich schon in das Lokal geschoben und zu dem Klavier dirigiert. Ich spielte einige damals beliebte Schlager - zuerst zaghaft, dann immer mutiger und lauter, denn ich spürte hinter meinem Rücken die Zustimmung der Gäste. Man summte mit, klatschte, verlangte Zugaben, und ich spielte und spielte, bis ein Gast, eine junge, hübsche

Dame, mit einem Teller von Tisch zu Tisch ging und mir dann das gesammelte Geld in die Jackentasche schüttete. Mein Freund strahlte, denn es war mehr als genug für uns beide, um jeder eine Portion von dem leckeren Schweinebraten genießen zu können.

Als ich die Arbeit im Großsortiment Robert Rühle aufgab und mich voller Energie und Zukunftsglauben ganz der Musik widmete, wollte ich meinen Eltern nicht auf der Tasche liegen. Deshalb suchte ich überall nach Möglichkeiten zum Geldverdienen. Da ich gut Klavier spielen konnte, fast alle damals beliebten Schlager auswendig kannte und meine finanziellen Forderungen nicht allzu hoch waren, mußten sich doch Einnahmen finden lassen. Wer sucht, der findet. So fand auch ich. Einmal spielte ich auf einer Hochzeit, ein andermal zu einem Jubiläum oder zu einer Kindstaufe. Dann sprang ich für den erkrankten Klavierspieler einer Tanzschule ein oder vertrat in einer kleinen Caféhaus-Kapelle den verhinderten Pianisten oder spielte am Wochenende allein in irgendeinem kleinen Lokal auf einem verstimmten Klavier.

Einmal sollte ich in einem Café mit einem Geiger spielen, mit dem ich noch nie zusammen gespielt hatte. Als der Geiger erschien, hatte er keine Noten dabei. Da ich ebenfalls keine Noten hatte, spielten wir den ganzen Abend auswendig. Ohne große Verständigung oder gar Probe klappte es vorzüglich. Das imponierte dem Geiger so sehr, daß er ein paar Tage später mit mir in ein vornehmes Lokal im Berliner Westen fuhr und mich dort mit einem Geiger bekannt machte, der ein Engagement für das Hotel Ritz in Paris hatte und dazu noch einen Pianisten brauchte. Er musterte mich gründlich, deutete wortlos auf das Klavier, griff dann zu seiner Geige und fiedelte einfach drauflos, ohne mir zu sagen, was er spielte. Ich brauchte einige Sekunden, um mich zu orientieren, hielt dann aber wacker mit. Anschließend spielten wir zusammen die damals sehr populäre Serenade von Toselli. Plötzlich strahlte er über das ganze Gesicht, klopfte mir auf den Rücken und meinte:

»Junge, du hast genau das, was ich suche; du kommst mit mir nach Paris!«

Nun war die Reihe an mir, vor Glück zu strahlen. Ich machte vor Freude einen Luftsprung. Leider dauerte jedoch die Seligkeit nur wenige Stunden, denn meine Eltern weigerten sich kategorisch, mich nach Paris, in das Sündenbabel, wie sie es nannten, ziehen zu lassen. Ich war noch nicht volljährig und mußte mich fügen.

So schlug ich mich weiter in Berlin durch und hatte bald das Glück, von einem bekannten Berliner Ausflugslokal in Friedrichshagen am Müggelsee als Pianist engagiert zu werden. Ich spielte dort in einem Trio und war nun kein Klavierspieler mehr, sondern ein Pianist. Da wir im schwarzen Anzug auftreten mußten, wurde Vaters Hochzeitsfrack schnell für mich umgearbeitet.

Gegründet 1889   Gegründet 1889

Richard Engler's
Conservatorium für Musik
Zossener Straße 55 III

Sonnabend, den 14. April 1923, abends 7 Uhr

in der

Aula des Askanischen Gymnasiums, Hallesche Straße 24–26

Schüler - Aufführung

PROGRAMM

1. **Seybold:** Cavatine (Violinklassen) Geschw. Behrendt, Moebert, Riedel, Schlegel, Arndt, Kowalke, Lünser, Krünegel, Hänsel, Henke, Ebner, Hawlitzky, Paschen, Böhm, Böse, V. Schulz, Gleichmar, Geschw. Geißen.
2. **Portnoff:** Schlummerlied, 4 h. . . . Wally Schlörp
3. **Melba:** Märchen . . . . . Magd. Riedel
4. **Ailbout:** Walzer, e-moll . . . Ulrich Paul
5. **Portnoff:** Violinkonzert, a-moll, II. Satz . . . . . . Viktor Schulz
6. **Beethoven:** Sonate, g-dur, II. Satz . . . . . Christel Dröscher
7. **Mozart:** Fantasie, d-moll . . . Carl Proppe
8. **Portnoff:** Violinkonzert, g-dur, I. Satz . . . . . . Alfred Paschen
9. **Colombia:** Rattenfänger . . . Herta Rückert
10. **Durand:** Walzer, es-dur . . . Ernst Mielke
11. **Reinecke:** Sonate, d-dur . . . Joachim Weidert
12. **Portnoff:** Romanze für Violine . Käte Moebert
13. **Jängerich:** Gavotte (Violinklassen), Begleitung: Dora Pause   Wie Nr. 1
14. **Stephan-Heller:** Tarantelle, as-dur . . . . . . Carl Noltze
15. **Weiß:** Faust: Gretchen am Spinnrad, für Violine . . . . Herta Michaelis
16. **Bruch:** Arie aus Odysseus: „Ich wob mein Gewand" . . . Grete Reuter
17. **Kalliwoda:** Nocturne f. Bratsche . Erich Rarisch
18. **Beethoven:** Rondo, c-dur, op. 51 . Charl. Kowalski
19. **Weiß:** Zigeunerleben für Violine . Kurt Klein
20. **Haydn:** Streichquartett, e-dur, I. Satz . . . . . . { Salzmann, Klein, Rarisch u. Lähn
21. **Scarlatti:** Katzenfuge . . . Erika Gleichmar
22. **Hoffmann:** Tänze, 4 h. . . Edith u. Dora Reimer
23. **Beethoven:** Ich liebe dich
    Schubert: Ungeduld
    Haydn: Serenade . . . } Rudolf Kriese
24. **Popper:** Gavotte für Cello . . Kurt Lähn
25. **Mendelssohn:** Capricio, e-dur . Gertrud Brocks
26. **Rich. Strauß:** a) Heimliche Aufforderung, b) Traum durch die Dämmerung, c) Ständchen . . Grete Reuter
27. **Mendelssohn:** Violinkonzert, e-moll, I. Satz . . . . Rich. Stielow
28. **Beethoven:** Variationen aus dem a-dur Quartett . . { Rich. Stielow, Salzmann, Gutsche u. Lähn
29. **Beethoven:** Sonate, f-moll, op. 57, Appassionata . . Günter Krefeld
30. **N. W. Gade:** Sextett für 2 Violinen, 2 Bratschen und 2 Celli { Salzmann, Stielow Gutsche, Rarisch Lähn u. Salzmann II
31. **G. Winkler.***) Suite: Im Maien,   Gerhard Winkler
    a) Springendes Bächlein { I. Violine: Gutsche, Stielow
    b) Blütenduft   II. Violine: Klein u. Salzmann
    c) Abschied   Cello: Lähn u. Salzmann II

*) Aus der Compositionsklasse des Herrn Fr. Hoyer.

Nr. 1, 12 und 13: Lehrer: Herr Saeger. Nr. 2: Frl. Dobislaw. Nr. 4 und 31: Frl. Müller. Nr. 16, 23 und 26: Frau Böhm. Nr. 7 und 10: Frl. Ziegler. Nr. 14: Frl. Doring. Nr. 4, 5, 6, 8, 9, 11, 15, 17, 18, 19–31: Herr Prof. R. Engler.

Konzertflügel: Schwechten (Königl. Hof-Pianoforte-Fabrikant)

Einlaßprogramme à 160 Mk. und 40 Mk. Steuer sind im Conservatorium, Zossener Strasse 55, bei Gebr. Ulbrich, Belle-Alliance-Strasse 5, Pieske, Blücher-Strasse 1, und bei Ehrenreich, Blücher-Straße 8, zu haben

Laut Bestimmung der Hausordnung des Gymnasiums muß die Garderobe abgegeben werden

Dir. Prof. Rich. Engler

Vorstandsmitglied des Verbandes akademischer Tonkünstler E. V. Berlin, früher Akademische Vereinigung „Kontrapunkt" gegr. 1878

Druck von Gebrüder Horn, Berlin SW., Zossenerstr. 10

Als am Müggelsee die Sommersaison zu Ende ging, wechselte ich zu einem Trio, das in einem Berliner Restaurant spielte. Da ich inzwischen genügend praktische Erfahrung besaß, das gängige Unterhaltungs- und Tanzrepertoire beherrschte und auch viele Musiker kannte, die mich bei Bedarf in ihren Kapellen beschäftigten, war es nun für mich nicht mehr allzu schwer, Beschäftigung zu finden. Außerdem spielte ich in Stummfilmkinos, wo ich das Filmgeschehen am Klavier musikalisch zu untermalen hatte. Alles in allem hätte ich also mit meiner Musiker-Laufbahn zufrieden sein können. Da jedoch nichts auf der Welt vollkommen ist, gab es in dieser Zeit auch bei mir eine schmerzliche Enttäuschung. Neben meiner vielseitigen Musiker-Tätigkeit komponierte ich sehr fleißig und versuchte es immer wieder, für meine Arbeiten einen Verleger zu finden, aber leider wollte damals niemand meine Kompositionen haben.

Musikalische Gesellen- und Wanderjahre

Im Jahre 1924 unterschrieb ich meinen ersten richtigen Vertrag, der mich als Pianist an die Kurkapelle des Ostseebades Binz auf Rügen, verpflichtete. Jahre später arbeitete ich dann nochmals auf der Insel Rügen und zwar in Sellin. Dort schrieb ich dann im August 1930 für die Musikzeitschrift »Der Artist« einen Bericht über die Unterhaltungsmusik auf Rügen, der vielleicht noch heute für den einen oder anderen von Interesse sein kann, weil er über die Situation der Unterhaltungsmusiker und über Arbeitsweise, Repertoire und Niveau der Unterhaltungskapellen einer Zeit Hinweise liefert, die zwar noch gar nicht so weit zurückliegt, von deren musikalischer Lebendigkeit und Vielfalt man aber trotzdem heute kaum noch eine Vorstellung hat. In diesem Bericht heißt es:

Nachdem der Höhepunkt der Saison überschritten ist, können wir feststellen, daß die diesjährige Saison nicht sehr günstig war. Man ersieht wohl aus der Kurzeitung, daß bisher zirka 11000 Menschen das schöne Sellin besucht haben, doch weiß man auch, daß viele Kurgäste ihren Aufenthalt wesentlich verkürzen mußten. Die Folge ist, daß Hoteliers und Lokalinhaber mehr denn je ihr Klagelied anstimmen. Traurig aber wahr ist es, daß verschiedene Hotels einen Teil des Personals schon gleich bei Beginn der Saison zum nächstliegenden Termin abgebaut haben. Die Kapellen haben zwar zum größten Teil unkündbare Saisonverträge, so daß sie von dem Schicksal nicht betroffen wurden; die meisten Kapellen haben jedoch ihre Tätigkeit erst Anfang Juli aufgenommen und sind vorerst bis Mitte August verpflichtet. Mit einer Prolongation für die Nachsaison ist kaum zu rech-

STERN'SCHES KONSERVATORIUM DER MUSIK
GUSTAV HOLLAENDER

Postscheckkonto Berlin 18647

Aufnahmegebühr Mk. _____

Zahlkarte für das Schuljahr 1934/35

Name d. Schüler: Herr Gerhard Winkler
Klasse: _____
Lehrer: _____

Monat	Mahngebühr	Garderobengebühr	Schulgeld	Zahltag	Quittung
September					
Oktober 12–31.		1.75	24.–	19/10, 24/5 10 34	Herm. Bohn
November		0.50	15.–	28/11 34	Herm. Bohn
Dezember		1.–	25.–	19/12 34	Herm. Bohn
Januar		1.–	25.–	9/1.35	Hollaender
Februar		1.–	25.–	13/2 35	Herm. Bohn
März					
April					
Mai					
Juni					
Juli					
August					

☛ Diese Karte ist bei jeder Zahlung vorzulegen.

Nach den »Gesellen- und Wanderjahren« vertiefte Gerhard Winkler seine musiktheoretische Ausbildung am Sternschen Konservatorium in Berlin

nen, so daß das »rausreißende« Sommerengagement nur von sechs Wochen Dauer ist. Ist dann ein Musiker nach dieser Zeit auch noch ohne Engagement, und hat er seine Heimreise aus eigener Tasche zu bezahlen, so bleibt ihm weiter nichts als die Sonnenbräune auf seinem Körper. Ein Resultat, das nicht sehr zufrieden stimmen kann. Nach außen hin erweckt es aber doch den Anschein, als ob Sellin Hochbetrieb hat, und wenn in den Lokalen Sonderabende wie Winzerfest, Strandfest, Kabarett der Namenlosen, Schönheits-Konkurrenz, Preistanzen usw. geboten werden, so sind sie meist bis auf den letzten Platz gefüllt.

Die 16 Mann starke Kurkapelle lohnt eine Besprechung an erster Stelle. Sie pflegt in erster Linie die Streichmusik und ist in ihrer Umstellung zur Blasmusik von gleich hoher Qualität. Die sichere Leitung liegt in den Händen des Herrn Kapellmeisters Willi Hofstedt. Als Geiger wie als Dirigent erfreut er sich größter Beliebtheit; als geborener Rügener hat er den Beinamen: »Der rügensche Geigenkünstler«. Kapellmeister Hofstedt ist in seiner Programmaufstellung besonders vielseitig; neben den Klassikern wie Beethoven und Schubert spielt er die volkstümlichen Weisen Lortzings; aus dem Bereich der Operette werden die Komponisten Strauß, Lincke und Lehár vom Publikum besonders beifallsfreudig aufgenommen. Aber auch die moderne Schlagermusik wird gern gehört. So erfreut sich der Schlager Siegfried Klupschs »Die süße Minna« vorzüglicher Beliebtheit, und das Potpourri »100% Schlager« von Nico Dostal wurde schon mehrmals zu Gehör gebracht.

Kapellmeister Hofstedt ist nebenbei der Besitzer des »Strand-Casinos«. Soweit er nicht des Abends mit seinem Kurorchester verpflichtet ist, spielt er dort mit seinem prachtvollen Pianisten Gerchow und dem Meistercellisten Roehl im Trio. Hier kommt Willi Hofstedts musikalische Fähigkeit besonders zur Geltung, und man versteht, daß er ein Lieblingsschüler von Professor Thomson, Brüssel, war. Die Wiedergabe der »Mignon«-Ouvertüre war so delikat, daß man meinte, ein für Trio komponiertes Werk zu hören. Meister Hofstedt spielte im vergangenen Winter im Aschinger-Konzern in Berlin und hat die größte Aussicht, seine Tätigkeit nach hiesiger Saisonbeendigung in Berlin fortzusetzen.

Die nächste nennenswerte Kapelle ist das 4 Herren starke Ensemble Rolf Behnke im »Kaiserhof«. Rolf Behnke ist ein Musiker comme il faut; sein Hauptinstrument, die Geige, beherrscht er technisch sowie tonlich meisterhaft. Rolf Behnke brachte im Konzertteil den Straußschen »Kaiserwalzer«, die Tavansche »Hugenotten«-Fantasie und die »Schwarze Domino«-Ouvertüre sauber zu Gehör. Geigerisch wird er vom Konzertmeister Lietsch unterstützt, und man hört, daß Herr Lietsch ein sicherer Routinier ist. In der Tanzmusik ist die Kapelle Behnke die führende Sellins. Rolf Behnke selbst ist nebenbei ein studierter Pianist, ein sehr guter Trompeter und Saxophonist. Er hat außerdem den Vorzug, daß er über eine wohlgeschulte schöne Stimme verfügt. Der Refraingesang im Linckeschen Waltz: »Solche Augen wie die deinen« und im Tauber-Tango »Rot ist dein Mund, der mich verlacht« legten davon Zeugnis ab. Ein besonderes Plus der Kapelle ist der Saxophonist Franz Krutzinna, der in den Wiedoeft-Soli: »Saxophun« und »Saxerella« eine verblüffende Technik entwickelte. Herr Krutzinna versteht es, einen stilgerechten Hot zu blasen. Dieser blutjunge Musiker dürfte in seinem Fortkommen die besten Aussichten haben. Alles in allem ist die Kapelle Rolf Behnke eine Sonderklasse; es wäre zu wünschen, daß die Engagementsbemühungen Behnkes erfolgreich sind und die Kapelle in dieser Güte zusammenbleibt.

Zur lustigen Unterhaltung trägt der sympathische Vortragskünstler Ernst van Senden bei. Ernst van Senden ist als das »Tagesgespräch am Strande« plakatiert, und seine Beliebtheit ist so groß, daß bei seinem Auftreten schon ein wahrer Beifallssturm einsetzt. Er bringt Vorträge aus eigener Feder und hat mit seinen Kindergeschichten den größten Erfolg. Sein Schulaufsatz über die »Kuh« brachte zwei Damen derart zum Lachen, daß sie das Lokal verlassen mußten.

Im benachbarten »Tusculum« spielt die russische Kapelle »Astrachan« unter der Leitung von Kapellmeister Wessolowski. Der Sänger der Kapelle, der Tenor Sascha, krönt das 5 Personen starke Ensemble. Die heimatlichen Weisen liegen der Kapelle besser als die Wiedergabe von Tanzmusik.

Siegfried Klupsch, der Propagandist und Schlagerkomponist vom Drei-Masken-Verlag, hat hier vorübergehend Station gemacht und unterhält seine Gäste mit den neuesten Schlagerkompositionen. Sein Schlager »Die süße Minna« ist ein Volltreffer, und der Foxtrott »Am schönsten sind die Mädchen, wenn sie baden gehn« ist eine gern gespielte Piece.

Im »Kurhaus« tanzt man nach den rhythmischen Klängen der Kapelle Lenz-Oswald; dieses Trio wird den verwöhntesten Ansprüchen gerecht.

In der »Strandburg« spielen »d'Dachauer«. Es herrscht auch hier unbegrenzte Fröhlichkeit, und das Publikum singt aus den Liederbüchern ungezwungen mit. Die »Dachauer« unterhalten nicht nur musikalisch, sondern wissen durch witzige Zwischenrufe den Kontakt mit dem Publikum zu festigen.

Im »Hotel zur Ostsee« spielen 3 Mann: »Savoy-Tanzorchester«. Auch sie geben ihr Bestes und werden vom Publikum anerkannt.

Ein besonders gemütlicher Tumult herrscht allabendlich bei »Vater Hansen« im Selliner »Fährhaus«. Vater Hansen, ein eingesessener Fischer, verstand es, im Zeitraum von 3 Jahren aus einer Scheune ein Vergnügungslokal zu machen. Vater Hansen hat jeden Abend »knüppeldick« voll, und die beliebtesten Abende bei ihm sind die Fischerfeste. Er läßt es sich nicht nehmen, seine Gäste selbst vom

Podium in Form einer Ansprache zu begrüßen, und er spricht dabei - wie das Sprichwort sagt: wie ihm der Schnabel gewachsen ist. In diesem dankbaren »Milljöh« arbeitet die »Boerry Band«. Eine vielseitige Kapelle von besonderem Fleiß, immer bemüht, die Stimmung auf dem Höhepunkt zu halten.

Am Ende der Saison 1924 in Binz kehrte ich nach Berlin zurück. Die nächste wichtige Station meiner musikalischen Gesellen- und Wanderjahre war dann Essen. Dort spielte ich zunächst als Pianist mit drei Musikern: Geige, Cello und Schlagzeug. Damals wurde das Schlagzeug im Musikjargon auch Schießbude genannt, weil es mit allerlei lärmendem Zubehör ausgestattet war, mit Rasseln, Kuhglocken, Autohupen, einer Kaffeemühle und dergleichen. Der Mann am Schlagzeug hieß Bobby. Er konnte keine Noten lesen und trommelte auch dann, wenn es eigentlich nichts zu trommeln gab. Das erregte natürlich den Zorn des Geigers und Kapellenleiters. Eines Tages kam es dann zu einem handfesten Streit, der nach Feierabend auf der Straße fortgesetzt wurde. Es entwickelte sich eine Schlägerei, die erst ihr Ende fand, als die im Schlaf gestörten Anwohner wütend die Fenster öffneten und nach der Polizei riefen. Bobby verzog sich schnell, und ich brachte den hinkenden Geiger nach Hause. Am nächsten Abend trug der Geiger eine schwarze Augenklappe, und Bobbys Hand zierte ein dicker Verband. Die nächsten Tage musizierten wir dann dezent, denn Bobby konnte kaum den Trommelstock halten.

Mit der Stadt Essen verbinden sich meine schönsten Jugenderinnerungen. Dort machte ich meinen Führerschein, kaufte ich mein erstes Motorrad und erlebte ich meine erste Liebe. Außerdem entstand in Essen meine erste erfolgreiche Tanzkomposition. Es war für damalige Verhältnisse ein sehr modernes Stück, und ich nannte es »Trance-Blues«. Bernhard Etté und Hans Bund, die zu dieser Zeit mit ihren bekannten Orchestern in Essen gastierten, kamen, um sich meine Komposition anzuhören. Auch der vorzügliche Geiger Farkas Miska war von meinem Opus sehr angetan. Sie alle wollten den Blues für ihre Orchester haben. Da ich für mein Werk keinen Verleger fand, machte ich für die verschiedenen Besetzungen dieser Orchester jeweils spezielle Arrangements.

Ein Verleger, dem ich meine Komposition vorspielte, schüttelte den Kopf und sagte, daß er mein Werk leider nicht drucken könnte, weil ich noch keinen Namen hätte. Als ich Jahrzehnte später diesen Verleger in Berlin wiedertraf, sprach er mich an und fragte:

»Herr Winkler, haben Sie nicht mal eine Komposition für mich?«

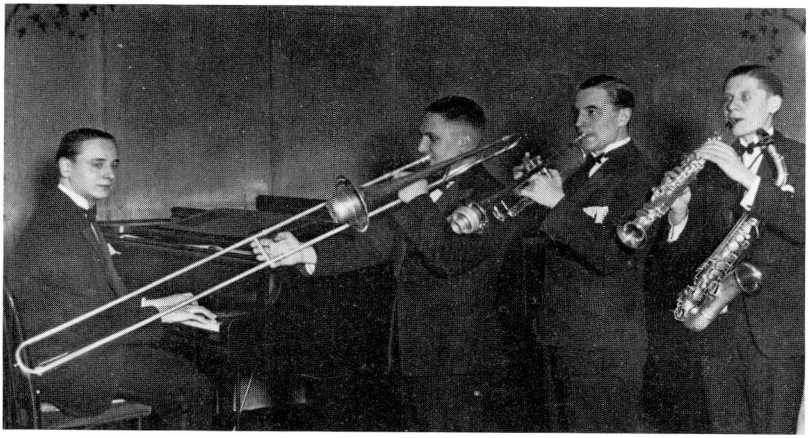

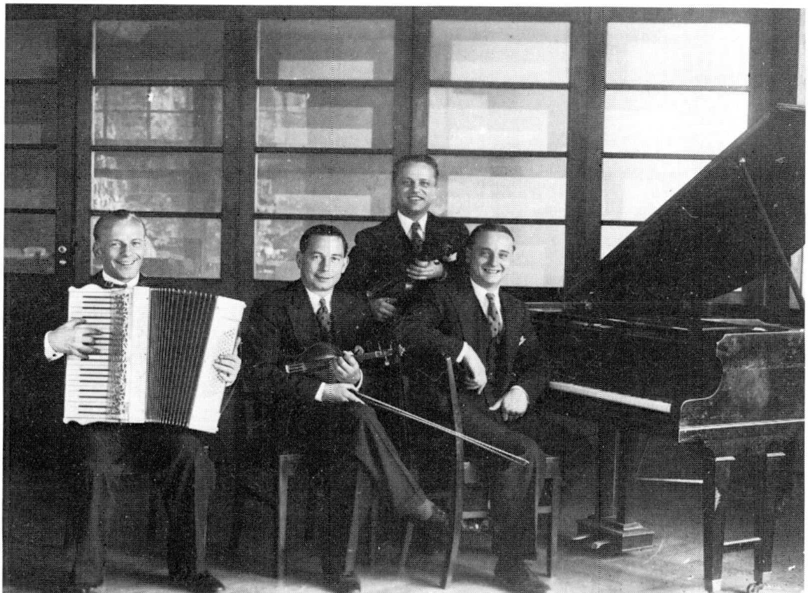

Ich antwortete: »Hätten Sie mir das vor dreißig Jahren gesagt, dann hätte ich mich viel mehr gefreut.«

Nach der unbeschwerten und glückhaften Zeit in Essen, an die ich noch heute gern zurückdenke, arbeitete ich als Pianist und Dirigent und später auch mit einer eigenen Kapelle in Mannheim, Elberfeld, Wiesbaden und schließlich wieder in Berlin.

In den zwanziger Jahren und auch noch Anfang der dreißiger Jahre waren große, elegante Konzert- und Tanzcafés in Mode. Außerdem gab es überall in Deutschland zahlreiche kleinere Caféhäuser sowie Hotelbars, Nachtlokale und sogenannte Vergnügungsetablissements von sehr unterschiedlicher Art, in denen ebenfalls musiziert wurde. Sie alle brauchten Musiker, und so waren Kapellen, die Konzerte mit gehobener Unterhaltungsmusik gestalten, aber auch zum Tanz aufspielen konnten, sehr gesucht und wurden gut bezahlt.

In Wiesbaden spielte ich in einem Nachtlokal und wohnte im Hotel Regina. Meine Nachbarin war die Witwe des Konzertmeisters Heß. Sie war Amerikanerin und hatte ihren Mann während einer Tournee in Chikago kennengelernt. Ihr Schwager war der seinerzeit sehr bekannte Geiger und Hochschulprofessor Willy Heß. Natürlich war die alte Dame sehr musikinteressiert und unterhielt sich öfter mit mir über meine Arbeit und die moderne Musik. Einmal äußerte sie den Wunsch, einige meiner Kompositionen zu hören. Ich bat sie für den Abend gegen 22 Uhr in das Lokal, in dem ich spielte und das sich immer erst nach Mitternacht füllte. Der Zufall wollte es, daß sich in dieser Nacht nach dem Besuch der alten Dame das Lokal nicht richtig füllte. Der abergläubische Wirt ließ mich rufen und machte mir Vorhaltungen, daß ihm mein Besuch, das alte Weib, das Geschäft verdorben hätte. Er verbot mir, die alte Frau je wieder mitzubringen. Später erfuhr ich dann, daß auch die Bardamen und Animiermädchen unglaublich abergläubisch waren. Sofort nach dem Weggang meines Besuches waren sie auf die Straße gelaufen und hatten die Röcke gehoben und Salz gestreut, um damit das vermeintliche böse Omen wirkungslos zu machen und die beleidigte männliche Lebewelt wieder zu versöhnen.

Zu unserer Kapelle in Wiesbaden gehörte ein hervorragender Saxophonist, der ganz ausgezeichnete Soli blies. Zu einem Kurkonzert spielte ich einmal mit ihm als Einlage ein Potpourri moderner amerikanischer Unterhaltungsmusik. Er war überzeugt, daß es noch viel besser klingen würde, wenn er seine Soli auf einem vergoldeten Saxophon spielen könnte. Er hatte einmal ein solches Instrument gesehen und gehört und war seitdem von dem Wunsch besessen, ein vergoldetes Saxophon zu blasen.

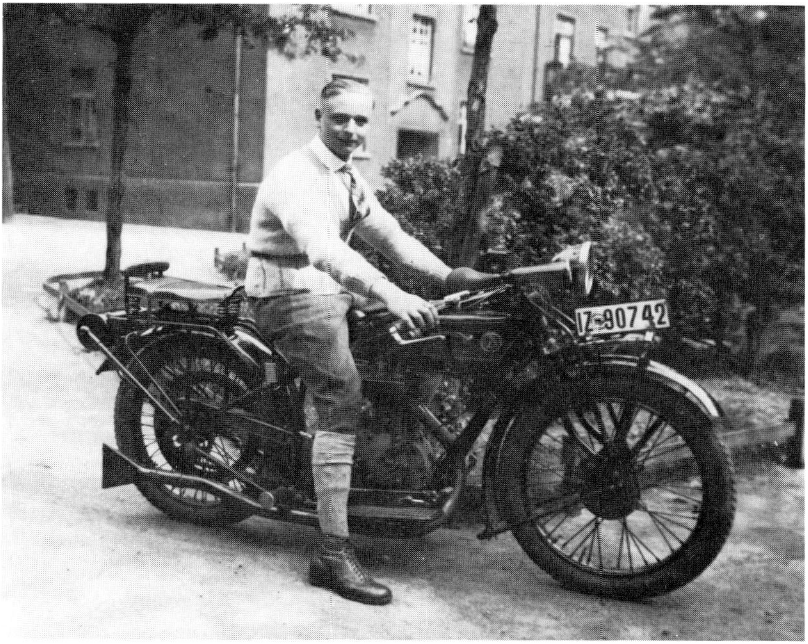
IZ-90742

Zu dieser Zeit gastierte in Frankfurt das Orchester Julian Fuhs, dessen sogenannter jazzsymphonischer Stil damals sehr beliebt war. Ich erfuhr zufällig, daß dem amerikanischen Saxophonisten dieses Orchesters das Instrument abhanden gekommen war und er deshalb auf einem ganz gewöhnlichen Nickel-Saxophon der Firma Adler spielen mußte. Ich fuhr mit unserem Saxophonisten in das nahe gelegene Frankfurt, und wir waren beide über den wunderbaren Ton verblüfft, den der Amerikaner aus dem geliehenen Instrument hervorzauberte. Ob dieses Erlebnis meinen Kollegen von seiner fixen Idee heilte, nur auf einem vergoldeten Instrument gut spielen zu können, kann ich nicht sagen, da ich bald darauf nach Berlin zurückkehrte.

Ein eigenes Motorrad

Mit 18 Jahren kaufte ich mir in Essen ein Motorrad, eine 350 ccm AJS-Maschine, auf die ich begreiflicherweise sehr stolz war. Die Fahrprüfung hatte ich zwar schon abgelegt, aber der Führerschein war mir noch nicht zugestellt worden, da ich als reisender Musikant, der mal hier und mal dort spielte und keinen festen Wohnsitz hatte, von der Polizei nicht leicht ausfindig zu machen war. Also fuhr ich zunächst mit meinem Freund Oskar, der bei der französischen Kohleneinkaufskommision arbeitete und einen Führerschein besaß. Das Ruhrgebiet war zu dieser Zeit noch von den Franzosen besetzt.

An einem Sonntag unternahm ich mit Oskar eine Spritztour von Essen nach Köln. Er fuhr, ich saß auf dem Soziussitz. In Duisburg stoppte uns eine Polizeikontrolle. Oskar zeigte seinen Führerschein, der ihn zum Autofahren berechtigte, aber die Genehmigung für Motorräder nicht einschloß. Unsere Namen wurden notiert, und dann mußten wir das Motorrad in den Hof des Polizeireviers schieben. Nur eine Person mit gültigem Führerschein durfte das Motorrad dort abholen. Also gingen wir zum Bahnhof und fuhren mit dem Zug nach Essen zurück. Am nächsten Tag fuhr ich dann mit dem hilfsbereiten Sohn eines Essener Polizeioffiziers, der einen Führerschein für Motorräder hatte, nach Duisburg. Auf dem Hof des Polizeireviers versuchten wir vergeblich, das Motorrad in Gang zu bringen. Dabei stellte ein Polizist, der uns interessiert zuschaute, schließlich fest, daß mein Motorrad keinen Auspuffschalldämpfer hatte. Ich hatte den Schalldämpfer gleich nach dem Kauf des Motorrades abmontiert, weil das der Maschine einen schöneren sonoren Klang gab. Nun wollte man uns mit diesem Rad nicht fahren lassen. Erst als wir beteuerten, daß wir das Motorrad bis nach Essen schieben würden, ließ man uns endlich gehen. Bis nach Essen waren es aber 25 Kilometer, und so versuchten wir, als wir außer Sichtweite waren, die verflixte Maschine doch noch in Gang zu bringen. Schließlich half uns ein zufällig vorüberkommender Fachmann. Es war nur das Zündkabel wieder anzuschließen, das Oskar sicherheitshalber gelöst hatte, als wir das Motorrad in den Hof des Polizeireviers schieben mußten.

In Essen erhielt ich dann als Besitzer des Motorrades ein Strafmandat über 25 Mark. Oskar mußte wegen unerlaubten Fahrens ebenfalls 25 Mark bezahlen. Damit war alles wieder in Ordnung, aber mein Führerschein ließ leider immer noch auf sich warten. Einige Zeit blieb ich standhaft und rührte das Motorrad nicht an, doch eines Nachts konnte ich der Versuchung nicht mehr widerstehen. Ich holte das Motorrad aus der Garage, zündete die Karbidlampe an und fuhr in Richtung Düsseldorf. In Kettwig mußte ich über die Ruhrbrücke. Da damals noch Brückengeld zu bezahlen war, kam der Zöllner aus seinem Häuschen - und mit ihm kam ein Polizist. Mir schlug vor Aufregung das Herz bis zum Halse, aber es geschah nichts. Der Polizist kümmerte sich gar nicht um mich, so daß ich unbehindert weiterfahren konnte, nachdem ich die Brückengebühr bezahlt hatte.

Das war Gottseidank die letzte Aufregung, die ich mit meinem Motorrad hatte, denn bald darauf erhielt ich endlich meinen Führerschein.

Wieder in Berlin

Nach erfahrungsreichen Gesellen- und Wanderjahren kehrte ich in meine Heimat zurück, wo ich mich nun langsam durchsetzen konnte. Zuerst arbeitete ich noch einige Zeit als Leiter einer Tanzkapelle und Pianist, aber bald machte ich mir als Arrangeur einen Namen und fand schließlich auch immer mehr Verlage, die bereit waren, meine Kompositionen zu drucken. Auch Filmfirmen begannen sich für mich zu interessieren, und man beauftragte mich mit der Musik zu zahlreichen Werbefilmen und 2 Spielfilmen.

Den ersten großen Erfolg hatte ich dann 1936 mit meinem »Neapolitanischen Ständchen«. Es war das 3. Stück einer von mir unter dem Titel »Klänge aus aller Welt« geplanten Serie kleiner Konzertstücke, die ein Berliner Kreuzworträtsel-Verleger druckte. Meine praktische Erfahrung als Unterhaltungsmusiker hatte mich auf die Idee einer solchen Serie gebracht. Ich wußte, daß jede Kapelle gern originelle und ins Ohr gehende kleine Charakterstücke spielte, um damit Phasen toter Stimmung zu überwinden und die nachlassende Aufmerksamkeit des Publikums wieder anzuregen. Und so eine Art Charakterstücke mit reizvollem fremdländischen Kolorit wollte ich mit meiner Serie schaffen. Der Erfolg gab mir recht. Obwohl der größte Teil der leichten Musik sich nicht länger hält als eine Damenmode, gehört das »Neapolitanische Ständchen« noch heute zu meinen Standardwerken. Bis jedoch der Verleger für diesen Plan gewonnen war, bedurfte es einiger Überredungskunst. Da der Verleger die Katze nicht im Sack kaufen wollte, gingen wir mit meinen Kompositionen in ein Café am Alexanderplatz, wo ein mit mir befreundeter Musiker mit seiner Kapelle spielte. Der Verleger hörte sich meine Stücke an und zog bei dem »Neapolitanischen Ständchen« ein säuerliches Gesicht. Er habe sich unter einem neapolitanischen Ständchen etwas anderes vorgestellt und mehr an eine Art Toselli-Serenade gedacht, meinte er. Da kam der Kapellmeister an unseren Tisch und sagte:

»Das Ständchen hat uns sehr gefallen; wir spielen es gleich noch einmal.«

Das gab den Ausschlag. Der Verleger erklärte sich einverstanden, die Kompositionen zu drucken, und hat diese Entscheidung nicht bereuen müssen. Mir selbst verhalf dieses Werk zu großer Popularität. Ich konnte den Pianisten-Beruf endgültig an den Nagel hängen und mich ganz auf mein kompositorisches Schaffen konzentrieren.

Weitere große Erfolge hatte ich dann 1937 mit dem Tangolied »O mia bella Napoli«, 1938 mit dem Chanson »Das Nachtgespenst« und 1939 mit dem Lied »Wenn in Florenz die Rosen blühn«. Der Kriegsausbruch schien zunächst die steile Aufwärtsentwicklung meiner Karriere zu lähmen, aber das Leben mußte weitergehen. Um nicht völlig den Lebensmut und jeden Zukunftsglauben zu verlieren, brauchten die Menschen in dieser schlimmen Zeit, die von Jahr zu Jahr immer grausamer wurde, mehr denn je zuvor die Musik.

Wer will schon unter die Soldaten

Als der Krieg ausbrach, hoffte ich, auf der UK-Liste des Propagandaministeriums zu stehen und unabkömmlich zu sein, wie man das damals nannte. Ich glaubte, für das musikalische Leben in der Heimat nützlicher und geeigneter zu sein als für den militärischen Drill in der Kaserne und das Morden an der Front. Leider stellte sich bald heraus, daß dies ein Irrtum war. Zunächst blieb ich aber verschont und durfte als Zivilist weiter meinen beruflichen Aufgaben nachgehen. Selbstverständlich mußte ich mich wie alle anderen Künstler im Rahmen der Truppenbetreuung gelegentlich für Bunte Abende zur Verfügung stellen. So beteiligte ich mich an einer Veranstaltung für die Soldaten im Fliegerhorst Königsberg in der Neumark. Nach dem Programm gab es einen Umtrunk. Der Kommandeur, Major Hermann Kuhrt, bedankte sich bei den Künstlern und erwies sich dabei als

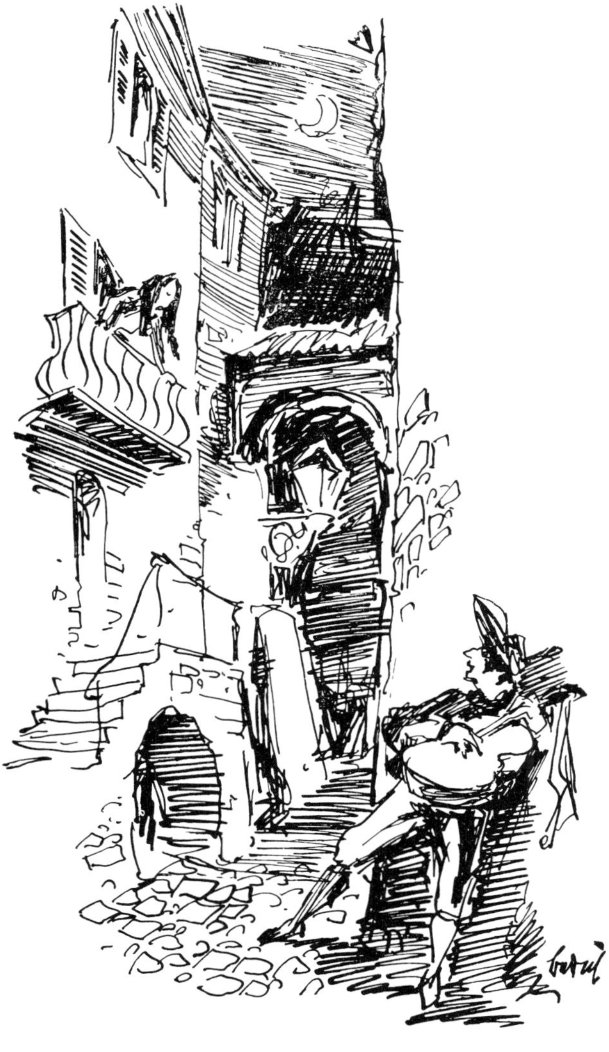

ein aufgeschlossener, sympathischer Mann von echter Herzlichkeit. Er war schon älter, hatte bereits graues Haar und machte in seiner ungezwungenen, natürlichen Art ganz und gar nicht den Eindruck eines zackig-militaristischen Offiziers. Das gefiel mir, und so schrieb ich bald darauf den Marsch »Unser Kommandeur«. Bei der nächsten Veranstaltung im Fliegerhorst dirigierte ich die Uraufführung dieses Marsches und überreichte anschließend dem Kommandeur die Partitur. Er freute sich aufrichtig darüber und fand offensichtlich an mir ebensoviel Gefallen wie ich an ihm. So war der Abschied sehr herzlich, und der Major versprach, für mich eine Wehrbetreuungsplanstelle freizuhalten, falls ich doch noch eingezogen werden sollte.

Am 1. September 1940 war es dann leider so weit. Ich wurde eingezogen. »Wer will unter die Soldaten«, heißt es in einem alten Kinderlied. Ich wollte nicht, aber ich mußte. Gottseidank hielt der Major sein Wort, und so wurde ich zur Wehrbetreuung zum Fliegerhorst Königsberg in der Neumark abkommandiert.

Meine Tätigkeit bestand vor allem darin, im nahen Berlin Künstler zur Truppenbetreuung zu gewinnen und bunte Unterhaltungsprogramme zu organisieren. Ich hatte also häufig in Berlin zu tun und konnte somit meine Kontakte zum Berliner Musikleben aufrechterhalten. Der streng soldatische Dienst hielt sich für mich in Grenzen, und das Leben im Fliegerhorst war kameradschaftlich ohne penetrante militärische Attitüden. Das machte den jähen Wechsel meiner Lebensverhältnisse einigermaßen erträglich und ließ mir die Zeit und die innere Spannkraft, auch weiterhin zu komponieren.

Es gab viele Bunte Abende im Fliegerhorst Königsberg in der Neumark, und viele prominente Künstler kamen, um die Soldaten wenigstens für einige Stunden ihre ungewisse Zukunft vergessen zu lassen. Um das zu erreichen, mußte ich allerdings viel Geschick und Geduld aufbringen, denn die verwöhnten und oft sehr egozentrischen Künstler reagierten trotz allen guten Willens häufig sehr unberechenbar auf die ungewohnten und verhältnismäßig primitiven Bedingungen einer Veranstaltung im Soldaten- und Kasernenmilieu.

Einmal überredete ich den berühmten rumänischen Geiger Georges Boulanger zu einem unentgeltlichen Auftritt im Fliegerhorst. Für 10 Flaschen Cognac erklärte er sich bereit. Leichtsinnigerweise war ich mit seiner Forderung einverstanden und gab ihm eine Flasche aus meinem Bestand als »Vorschuß«. Außerdem besorgte ich ihm 3 Karten für das Konzert des spanischen Cellisten Pablo Casals in der Berliner Philharmonie. Als dann der Tag unseres Fliegerhorst-Konzerts kam, war Boulanger erkältet.

»Willst du meinen Kindern den Vater und Ernährer nehmen?« klagte er theatralisch. Als ich ihm dann ebenfalls die Ohren volljammerte, gab er schließlich

Gerhard Winkler 1942

nach und kam mit. Auf halber Strecke überlegte er es sich wieder anders und drohte, umzukehren. Erneut setzte ich all meine Überredungskunst ein, bis wir endlich in Königsberg ankamen. Dort erwartete uns ein Pferdefuhrwerk, das uns zum Fliegerhorst brachte. Auf dem Wege hielten wir vor seinem Hotel. Er eilte hinein, um sich etwas aufzuwärmen. Als er nach einer Stunde immer noch nicht zurück war, suchte ich nach ihm. Er lag auf seinem Zimmer im Bett und versicherte, todkrank zu sein. Viele gute Worte und ein Glas mit heißem Rum brachten ihn jedoch wieder auf die Beine.

Trotz dieser nervenaufreibenden Vorgeschichte wurde es eine sehr gelungene Veranstaltung. Am nächsten Tag brachte ich ihn zum Zug und übergab ihm dabei ein Paket mit Fleisch und Wurst. Danach verabschiedete ich mich sehr hastig, weil es mir leider nicht gelungen war, die restlichen 9 Flaschen Cognac aufzutreiben.

Auch der singende und pfeifende Filmstar Ilse Werner kam zu uns nach Königsberg. Ihr hatte ich 60 Trinkeier versprochen. Um dieses Versprechen einlösen zu können, fuhr ich mit dem Fahrrad in umliegende Dörfer und »hamsterte« bei den Bauern frische Eier. Trotz großer Bemühungen konnte ich jedoch nur 30 Eier auftreiben.

Etwa 25 Jahre später wollte ich dann Ilse Werner in der Osterzeit eine Freude machen und meine Restschuld begleichen. Ich überreichte ihr ein Körbchen mit 30 Eiern, aber sie lehnte lachend ab und meinte:

»Diese Uraltschulden sind längst verjährt.«

Ein vielversprechender Neubeginn

Nach fast zwei Jahren Wehrbetreuung am Fliegerhorst Königsberg wurde ich zur Luftwaffen-Filmstelle in Berlin versetzt. Dann unternahm ich Truppenbetreuungstourneen nach Frankreich, Rußland, Dänemark, Finnland und Norwegen. Anschließend wurde ich als Programmgestalter zum Berliner Soldatensender abkommandiert.

Die Einnahme Berlins durch die sowjetischen Truppen erlebte ich in meiner Wohnung in Berlin-Wilmersdorf in der Nassauischen Straße 61. Bald darauf holte man mich zu dem unter sowjetischer Verwaltung stehenden Berliner Rundfunk in der Masurenallee, wo ich Hörspielmusiken und Arrangements für das Große Berliner Rundfunkorchester schrieb, das ich gelegentlich auch dirigierte. Außerdem arbeitete ich als Pianist in amerikanischen Offiziersclubs und komponierte neue Lieder, denn das Leben, so hart und entbehrungsreich es damals in dem zerstörten Berlin auch war, mußte weitergehen - bei mir, bei allen anderen.

Der Krieg war zu Ende; Not und Entbehrung bestimmten zwar noch lange Zeit das Leben, aber überall keimte neue Hoffnung und entfalteten sich unglaubliche Aktivitäten. Dabei hatte ich das große Glück, daß mein bereits 1943 im Druck erschienener und auf Schallplatte aufgenommener Schlager »Capri-Fischer«, der in den letzten Kriegsjahren vor allem wegen der Kriegserklärung Italiens an Deutschland auf der Strecke geblieben war, sich gleich nach dem Kriege zu einem Hit entwickelte. Das war für mich ein vielversprechender Neubeginn. Ich nahm es als gutes Omen, das mich an eine erfolgreiche Zukunft glauben ließ und all meine Kräfte mobilisierte.

Schütt die Sorgen in ein Gläschen Wein ...

Schlager haben oft seltsame Schicksale. Nicht selten hängt es von unkalkulierbaren Umständen ab, ob ein Lied erfolgreich ist oder in der Masse der Neuerscheinungen untergeht. Gewiß gehört Können dazu, ein origineller musikalischer Einfall, ein guter Text, eine werkgerechte Interpretation, um ein Lied zum Erfolg zu führen, aber außerdem bedarf es eines Quentchens Glück. Das Glück läßt sich aber nicht manipulieren. Popularität ist unberechenbar. Ich spreche aus Erfahrung, denn ich habe das mit meinen Kompositionen oft genug erlebt. Ich will das an einigen Beispielen beweisen.

1952 veröffentlichte ich das Lied »Mütterlein«, das ich zum 75. Geburtstag meiner Mutter komponiert hatte. Besonders die Negersängerin Leila Negra verhalf dem Lied zu einiger Popularität, aber der große Erfolg blieb aus. Dann sang Leila Negra »Mütterlein« auf einer Skandinavien-Tournee, und dort hatte das Lied sensationellen Erfolg. Es erschienen Schallplatten in schwedischer, finnischer und dänischer Sprache. Verschiedene Interpreten machten das Lied in ganz Skandinavien zu einem Hit. Geschäftstüchtige amerikanische Agenten hörten den Schlager in Schweden und erwarben die Rechte für Amerika. In der ersten amerikanischen Textfassung hieß das Lied dann: »Answer Me, Oh My Lord«. Da dieser Text in kirchlichen Kreisen Anstoß erregte, wurde er in »Answer Me, Oh My Love« abgewandelt. In dieser Textversion wurde das Lied ein Hit und stand in Amerika und England lange Zeit auf den Bestseller-Listen. Die bekannten Schallplattenstars Nat King Cole und Frankie Laine sangen »Answer Me«, und bald waren über eine Million Schallplatten verkauft.

Dieser Sensationserfolg veranlaßte uns dazu, das Lied in Deutschland mit einem neuen Text noch einmal zu starten. In Anlehnung an die amerikanische Textfassung hieß das Lied nun »Glaube mir« und wurde unter diesem Titel dann auch in Deutschland sehr populär.

In den fünfziger Jahren waren in Deutschland sentimentale volkstümliche Schlager in der Art der alten Küchenlieder sehr beliebt. Viele dieser Schlager stammten nicht von bekannten Komponisten, sondern von Außenseitern oder sogar Laien. Dies brachte einen namhaften Schallplattenproduzenten zu der Überzeugung, daß sich die renommierten Komponisten ausgeschrieben hätten oder zu überheblich geworden seien, um noch naive, anspruchslose Melodien erfinden zu können. Dieser Standpunkt ärgerte mich, und so machte ich mich - halb aus Spaß, halb im Ernst - an die Arbeit, einen volkstümlich-sentimentalen Schlager zu schreiben. Das Ergebnis reichte ich unter dem Pseudonym Peter Jan Hansen ein. Es wurde angenommen, und innerhalb kurzer Zeit waren von diesem Lied über 200.000 Schallplatten verkauft. Da aus diesem Anlaß eine Silberne Schallplatte überreicht wird, bat man Peter Jan Hansen zu einer Feier. Das Gesicht des Produzenten war unbeschreiblich, als ich dann erschien.

Auf diese Weise kam ich unbeabsichtigt und unerwartet zu einem großen Erfolg, denn »O Heideröslein«, um diesen Schlager handelt es sich hier, wurde ein internationaler Hit. Allein in Deutschland wurden weit über eine Million Schallplatten verkauft.

Mein 1952 veröffentlichtes Lied »Schütt die Sorgen in ein Gläschen Wein«, das inzwischen zu einem Evergreen geworden ist, verdankt seine Entstehung der Lebensphilosophie des Textdichters Erich Meder und meiner eigenen Überzeugung, daß ein zur rechten Zeit getrunkenes Glas Wein Wunder wirken kann. Unser Vorschlag ist also durchaus ernstgemeint. Ich habe das Rezept erfolgreich ausprobiert und bin deshalb dabei geblieben. Es muß ja nicht unbedingt Wein sein, die Hauptsache ist, daß es sich um Alkohol handelt und nicht um Wasser!

Da mein Textdichter und ich der Meinung waren, daß wir unsere Weisheit nicht für uns behalten sollten, schrieben wir sie auf. Also nicht vergessen: Schütt die Sorgen in ein Gläschen Wein - aber bitte mit Maßen, sonst entstehen neue Sorgen!

121

Gerhard Winkler im Kollegenkreis
1963 mit Ludwig Schmidseder, Nico Dostal und Franz Grothe
1969 mit Nico Dostal, Franz Grothe, Robert Stolz, Verlagsleiter Rudolf Förster, Michael Jary, Peter Kreuder, Charly Niessen

Erinnerungen an Gerhard Winkler
Zu seinem 80. Geburtstag

Prof. Dr. Erich Schulze
Generaldirektor der GEMA

Gerhard Winkler hat ebenso wie Richard Strauss gern Skat gespielt und, wie er, nicht gern verloren. E- und U-Musik machen da, wie wir sehen, keinen Unterschied.

Das Leben hat den Berliner Komponisten Gerhard Winkler, der sich bescheiden »Der kleine Künstler« nannte, verdientermaßen auf vielerlei Weise ausgezeichnet, nämlich durch ein dankbares Publikum und durch dankbare Kollegen, die ihm auch den Paul-Lincke-Ring nicht mißgönnten.

Das vorliegende Buch ist Zeugnis eines Lebens für die Musik, die Millionen Menschen unterhalten hat und weiter unterhalten wird. Wenn es dafür eines Beweises bedarf, so brauche ich nur an die »Capri-Fischer« zu erinnern. Nach vier Jahrzehnten, - so alt ist das schon damals mit großem Erfolg gespielte Lied, zu dem Ralph Maria Siegel den Text geschrieben hat, - sind die »Capri-Fischer« noch heute außerordentlich populär.

Der »kleine Künstler« hat indessen nicht nur für kleine Rechte, sondern auch für große Rechte geschrieben. Hierüber ist in Reclams Opern- und Operettenführer von Wilhelm Zentner zu lesen: »Seine Bühnenwerke, die musikalische Komödie 'Herzkönig' und die Operette 'Premiere in Mailand', sind als besonders wirksame Schöpfungen eines sicher und einfallsreich über alle zeitgemäßen Ausdrucksmittel gebietenden Komponisten überall mit Freude aufgenommen worden.«

Ob kleine oder große Rechte, wichtig ist, daß Klein und Groß die Melodien gern hören.

Richard Birnbach
Musikverleger

Der Name des Komponisten Gerhard Winkler ist mit dem Richard Birnbach Musikverlag nun schon seit fünf Jahrzehnten verbunden, denn bereits 1937 brachte mein Vater Gerhard Winklers ersten internationalen Schlager heraus, das Lied »O mia bella Napoli«. Die persönliche Beziehung reicht jedoch noch viel weiter zurück. Gerhard Winkler begann seine Ausbildung als Lehrling im Musikalienhandel 1920 in unserem Verlag. So war mein Vater zuerst Gerhard Winklers Chef, ab 1937 sein Verleger und schließlich sein Freund. Ich bin stolz darauf, daß Gerhard Winkler diese Freundschaft dann auf mich übertragen hat.

Gerhard Winkler veranlaßte nach dem Krieg meinen Vater, den Paul Schmidt Verlag zu übernehmen, der die Serie »Klänge aus aller Welt« mit dem berühmten »Neapolitanischen Ständchen« sowie eine Reihe weiterer Kompositionen von Gerhard Winkler im Katalog hatte. Ich wiederum übernahm den Transeuropa Verlag mit den Gerhard-Winkler-Operetten »Die ideale Geliebte« und »Der Fürst von Monterosso« sowie den Potpourris »Eine Italienreise mit Gerhard Winkler« und »Wiedersehen mit Italien«.

»Bunte Palette« nannte Gerhard Winkler eine seiner Suiten - und seine musikalische Palette war auch wirklich bunt. Sie reichte vom Schlager bis zur konzertanten Unterhaltungsmusik, vom Filmlied bis zur Operette, von der Tanzkomposition bis zum Klavierkonzert. Gerhard Winkler gilt als Meister der Unterhaltungsmusik, aber warum die Einschränkung? Er war ein Meister der Musik.

Es ist üblich, Ernste Musik und Unterhaltungsmusik, E-Musik und U-Musik zu unterscheiden, aber die Grenzen werden immer fließend bleiben. Franz von Suppés Ouvertüre »Dichter und Bauer« wird der U-Musik zugeordnet, während die Ouvertüre zur Oper »Donna Diana« von Emil Nikolaus von Reznicek, das Intermezzo aus der Oper »Notre Dame« von Franz Schmidt sowie das berühmte Menuett von Luigi Boccherini zur E-Musik gehören, obwohl diese Werke ebenso wie Gerhard Winklers »Neapolitanisches Ständchen« aus den Konzertprogrammen der Unterhaltungsmusik nicht mehr wegzudenken sind. Jede gute Musik lebt vom absoluten musikalischen Einfall, und deshalb kann auch Unterhaltungsmusik wertvoll und beständig sein. Gerhard Winkler hat es mit vielen seiner Kompositionen bewiesen.

Ich freue mich, daß die vorliegende Dokumentation über das Leben und Schaffen von Gerhard Winkler zu Ehren seines 80. Geburtstages im Richard Birnbach

Musikverlag erscheint. Mit diesem Kompendium, von denen es leider im Bereich der Unterhaltungsmusik kaum Vergleichbares gibt, schließt sich gewissermaßen der Kreis von Gerhard Winklers Anfängen bei meinem Vater bis zur postumen Würdigung in meinem Verlag.

Richard Bombach

Günther Schwenn
Textdichter und Librettist

Möwe, du fliegst in die Heimat...

Wenn ich an Gerhard Winkler denke, fällt mir als erstes dieses Sehnsuchtslied ein, das wir nicht irgendwo in der Ferne verfaßt hatten, sondern schlicht in unserer Heimat, 1947, im Trümmer-Berlin der Nachkriegszeit. Was bewog mich wohl, damals und dort diesen Text unter seine Musik zu setzen? Es war wohl eine Vorahnung.

Wenn ich an Gerhard Winkler denke, dann fällt mir auch eine Postkarte von 1969 ein. Eine Postkarte mit der Ansicht von Zollikon bei Zürich mit Grüßen und der Aufforderung, ihn doch bald einmal dort, in seinem neuen Domizil, zu besuchen. Er hatte mir schon öfter nach Montreux am Genfer See in die Rue du Quai geschrieben. Doch auf dieser Postkarte stand ein Straßenname, der in keinem waadtländischen Verzeichnis zu finden ist. Er hatte die Rue du Quai ganz einfach auf berlinisch umfunktioniert in *Rüdekestrasse*! Die Karte kam dennoch an.

Diese Geschichte scheint mir charakteristisch für Gerhard Winkler, den ewig »texthungrigen« Komponisten, den engagierten Aufsichtsrat der GEMA, den Bestseller-»Notierer« südlicher Rhythmen und Melodien. So wie ich es bin, war auch er vor allem ein Ur-Berliner. Daran konnten auch keine räumlichen Entfernungen etwas ändern, weder seine schicke »Winkler-Alm« in Neuhaus am Schliersee, wo ich die Freude und den Streß hatte, seine Operette »Premiere in Mailand« mit Texten auszustatten, noch sein schönes Domizil in der Münchner Maximilianstraße mit Blick auf die Staatsoper, das ich von ihm als Nachmieter übernahm, weder seine Reisen über den Großen Teich, noch seine Niederlassung in der Schweiz: Es zog ihn immer wieder zu seinen Wurzeln zurück. Mal auf Stippvisite, mal gleich für ein paar Jahre.

Berlin war sein Humus. Und so feierte er seinen 60. Geburtstag, auch wieder einmal dort »ansässig«, in der Lassenstraße im Grunewald zusammen mit Familie, Freunden und Kollegen und dem singenden und klingenden Who Is Who nicht nur von Berlin. Ich hatte mir zu diesem Jubiläum folgendes Verschen einfallen lassen:

Gerhard Winkler - in Berlin -
Gerhard Winkler - im Tessin -
krisenfest als Evergreen!
Prominenten - Winke Winke!
Konkurrenten - Stinke Stinke!
Als Kollege von Paul Lincke
Musensohn mit Pinke-Pinke!
Aufsichtsrat - und gleich daneben
»Traud-liches« Familienleben!
Komponist - und Freund - und Gatte:
'ne lebend'ge Langspielplatte!

Wenn ich an Gerhard Winkler denke, brauche ich keine seiner vielen Platten aufzulegen. Seine Musik ist mir immer gegenwärtig. Gegenwärtig ist mir auch sein Haupt-Textdichter Ralph Maria Siegel, der barocke Münchner mit internationalem Flair, gegenwärtig sind mir auch die gemeinsamen GEMA-Aufsichtsrat-Sitzungen in Berlin und München und die geballte Künstler-Kolonie am Schliersee, seinerzeit...

Heute stehe ich nun hier am Quai von Montreux, sehe die Möwen flattern und höre immer wieder dasselbe Lied in mir, das für mich mit Gerhard Winkler und Berlin so eng verbunden ist:

»Möwe, du fliegst in die Heimat,
grüß sie recht herzlich von mir,
all meine guten Gedanken
fliegen nach Hause mit dir...«

Günther Schwenn

Fred Rauch
Rundfunkmoderator und Textdichter

Ein Arbeitstag bei Gerhard Winkler

Wenn ich daran denke, wie ein Arbeitstag bei Gerhard Winkler ausgesehen hat, dann führt mich die Erinnerung zurück in sein Haus am schönen Schliersee, in dessen Musikzimmer im ersten Stock alle Lieder entstanden sind, die wir in vielen Jahren zusammen geschrieben haben. Lieder für Rudolf Schock, Vico Torriani, Leila Negra, Liselotte Malkowsky, Gottlob Frick, Willy Schneider, Franzl Lang, die Hellwigs und viele, viele andere. Ein Arbeitstag mit und bei Gerhard Winkler war fast immer eine glückliche Mischung von Arbeit und Vergnügen.
»Fredi, wir müssen wieder mal was schreiben!«
Diese Worte, die zugleich Aufforderung und Einladung waren, standen am Beginn jeder Zusammenarbeit.

Gern folgten alle dem Ruf in Gerhards urgemütliches Haus, wußte doch jeder, was ihn erwartete.

Gerhard und Traudl führten ein gastliches Haus, und so fand sich zu den Wochenenden auch immer eine mehr oder weniger große Zahl von Freunden in Schliersee ein, was dem Winklerschen Haus bald den Namen Winkler-Alm einbrachte.

Auf der Winkler-Alm fehlten natürlich auch das Brotzeitstüberl und die gepflegte Hausbar nicht, und so kam es, daß jeder Besuch zu einem zünftigen Zusammensein wurde.

Oft waren meine Frau Irmgard und ich schon Stunden früher da, so daß genügend Zeit für unsere Arbeit im Dienste der leichten Muse blieb. Während die Damen sich zu einem gemütlichen Plausch zusammenfanden, gingen Gerhard und ich hinauf ins Musikzimmer.

In dem holzgetäfelten, stimmungsvollen Raum stand der Flügel, daneben war der Arbeitstisch mit zwei bequemen Fauteuils, dazu gedämpfte Beleuchtung, kurz gesagt: Es war ein Arbeitsraum wie er sein soll. Außerdem war es ein ungeschriebenes Gesetz, daß wir während der Arbeit durch nichts und niemand gestört werden durften.

Und dann kam das, was für mich das eigentliche Arbeitserlebnis mit Gerhard Winkler war. Gerhard setzte sich an den Flügel. Nachdem wir besprochen hatten, welcher Art das neue Werk sein sollte, ob Chanson oder Schlagerlied, ein Lied für einen Tonfilm oder ein heiteres Stimmungslied, begann er zu improvisieren.

Schon nach den ersten Takten spürte man, daß die eingeschlagene Richtung stimmte. Und dann sprudelten die Melodien förmlich aus den Tasten, aus der sogenannten Vorstrophe entwickelte sich logisch der ins Ohr gehende Refrain. Jeder vorgesehene Interpret bekam sein maßgeschneidertes Lied. Für Torriani klang's italienisch, für Willy Schneider rheinisch-gemütvoll, für Gottlob Frick und Rudolf Schock klassisch-balladesk, und für Franzl Lang wurde das Berghütten- und Skihaserlmilieu haargenau getroffen.

Hatte Gerhard erst seine Vorstellung in Töne umgesetzt, dann dauerte es oft nicht länger als eine halbe Stunde, bis die Noten standen, und dann wurde kein Ton mehr geändert. Der Herr Textdichter mußte sich nun die passenden Worte einfallen lassen. Es war oft gar nicht so einfach, bis sich Wort und Musik ergänzten. Aber diese Arbeit machte viel Spaß. Gerhard saß dann in einem der beiden Fauteuils und las in irgendeinem Buch, während mir der Kopf »rauchte«. War dann der Text endlich fertig, gab's wieder den Gang zum Flügel, und kleine Textkorrekturen wurden angebracht. Quietschvergnügt sangen wir später das neue

Lied unseren Frauen vor. Da gab es oft schon den ersten Applaus im Kreis der Familie. Danach wurde aus dem Arbeitstag ein Urlaubstag. Und wenn heute irgendwo unsere gemeinsamen Lieder wie: »Zwei Spuren im Schnee« oder »Glaube mir«, »Vorhang auf« oder »Das Echo vom Königssee« erklingen, dann führt mich die Erinnerung zurück in das Haus am Schliersee; die Erinnerung an Zeiten, für die ich ewig dankbar bin.

Curth Flatow
Schriftsteller

Meine Zusammenarbeit mit Gerhard Winkler

Ende 1945 lernte ich Gerhard Winkler kennen. Das Schiffbauerdamm-Theater wollte als Uraufführung die Musikalische Komödie »Herzkönig« von Helmut Weiss herausbringen. Die Musik sollte Gerhard Winkler schreiben, und für die Liedertexte war ich vorgesehen. Klopfenden Herzens - ich war damals noch ganz neu in der Branche - begab ich mich in die Nassauische Straße. Wir arbeiteten in einem kleinen Hinterzimmer, weil es dort einen Ofen gab. Das ging etwa so vor sich:

Gerhard sagte: »Jetzt brauchen wir ein Chanson für den Rudi. Paß mal auf, ich spiel' dir was vor.« Er setzte sich an sein Klavier und fing an zu improvisieren.

Ich hatte vorher schon mit einigen anderen Komponisten zusammengearbeitet, aber diese Fülle musikalischer Einfälle erschlug mich fast. Er schüttelte die Melodien förmlich aus dem Ärmel. Dann entschied er sich für eine und fragte mich: »Curthchen, gibt's das schon?«

Ich hatte natürlich keine Ahnung und sagte auf jeden Fall erstmal nein. Wir machten uns schnell einen musikalischen »Schimmel«. Gerhard setzte sich in einen Sessel, las den »Telegraf«, und ich begann zu überlegen. Nach etwa fünf Minuten ließ Gerhard die Zeitung sinken und blickte mich neugierig an. »Na, Curthchen, wie weit bist du denn?«

Und als ich ihm dann gestand, daß mir noch gar nichts eingefallen war, schüttelte Gerhard vorwurfsvoll den Kopf und meinte: »Ralph Maria Siegel hätte mir schon mindestens fünf Zeilen angeboten.«

Ich konnte ihn leider nicht so verwöhnen wie mein großer Kollege, aber die Musikalische Komödie wurde dennoch fertig und hatte Anfang 1946 eine äußerst erfolgreiche Premiere. Rudolf Platte spielte dieses Stück zweihundert Mal, und ein Jahr später wurde »Herzkönig« auch verfilmt.

Rudolf Schröder
Musikverleger und Schallplattenproduzent

Als ich im Jahre 1950 als junger Neuling bei den Meisel-Verlagen anfing - erste Aufgaben: Adressenschreiben und Briefmarkenkleben -, war Gerhard Winkler für mich ein respekteinflößender, erfolgreicher, berühmter Komponist mit großem Namen, zu dem ich Anfänger nur aufblicken konnte. Gerhard Winklers große Erfolgskompositionen kannte ich ja schon aus meinen Jugend- und Kommißtagen. Nun durfte ich sogar für »Chianti-Lied«, »Frühling in Sorrent« und andere seiner Werke »Propaganda machen«, wie man das damals in der Branche nannte.

Bei meinen vielen Reisen zu den Kapellen in späteren Jahren stieß ich auch immer wieder auf Gerhard Winkler. Entweder wurden Kurkonzerte mit seiner Musik veranstaltet oder der Meister dirigierte sie sogar hier und da selber.

Mein Chef Will Meisel und Gerhard Winkler, zwei echte alte Urberliner aus Rixdorf, waren ja seit Jahren bekannt und befreundet, und ich entsinne mich noch einer lebhaften Diskussion zwischen beiden, wie man zum Erfolg käme. Will Meisel vertrat die Ansicht, nur durch Fleiß und Tüchtigkeit, durch Wissen und Können, aber Gerhard Winkler war davon überzeugt, daß das allein nicht reiche, sondern auch eine gehörige Portion Glück dazu nötig sei. Beide hatten Erfolg - beide hatten recht, und mir scheint, Gerhard hatte noch ein bißchen »rechter«.

Daß sich im Laufe der Jahre zwischen dem kleinen Verlagsanfänger und dem großen Meister eine persönliche, sehr herzliche Beziehung entwickelte, habe ich nicht zuletzt einem meiner Vorfahren zu verdanken:

Bei der Verleihung des Paul-Lincke-Ringes an Will Meisel im Jahre 1964 in Hahnenklee im Harz - Gerhard Winkler war schon seit 1957 Träger des Paul-Lincke-Ringes - saß eine Runde in einem Hahnenkleer Restaurant zusammen, und Gerhard Winkler erzählte aus alten Tagen und auch von seiner Zeit als Chorknabe beim Königlichen Hof- und Domchor in Berlin. Er hatte damals, ich weiß nicht mehr aus welchem Anlaß, mit dem Chordirektor Hugo Rüdel eine Meinungsverschiedenheit, kurz gesagt, er wurde seinem Chordirektor gegenüber frech. Der knöpfte sich den kleinen Gerhard vor, las ihm die Leviten und drohte ihm an, daß er wegen seines schlechten Betragens aus dem Chor fliegen würde. »Aber«, erzählte Gerhard Winkler weiter, »wir hatten so einen netten, alten Herrn mit weißen Haaren, der uns Chorknaben betreute, auch Notenwart war und sich überhaupt um alles kümmerte. Er sagte mir, 'Gerhard, es ist alles nicht so schlimm, wie es sich zuerst immer anhört. Schlaf einmal eine Nacht darüber. Morgen gehst du zu Professor Rüdel und entschuldigst dich. Du wirst sehen, es geht alles wieder in Ordnung.' Das habe ich dann auch gemacht. Mein Chordirektor war wieder versöhnt, und ich war unserem Betreuer sehr dankbar.«

Ich fragte ihn nach dem Namen des alten Herrn, und er sagte, er habe Schröder geheißen. Meine Antwort war: »Sehen Sie, und das war mein Großvater.«

Prof. Dr. Hans W. Sikorski
Musikverleger

Gerhard Winkler verfügte sowohl über eine überdurchschnittliche musikalische Kreativität wie über das erforderliche handwerkliche Können, um ein guter Komponist zu werden. Seine großen und nachhaltigen Erfolge beruhen aber mindestens gleichrangig auf seiner Liebe zur Musik und zu den Menschen. Er war umgeben von einer intakten Familie und von einem echten Freundeskreis und hatte leichten Zugang zu allen gemütsbildenden Lebensfaktoren. Nur einem solchen Menschen ist es vergönnt, ein Lebenswerk zu schaffen, wie es Gerhard Winkler hinterlassen hat.
Wir alle dürfen dafür dankbar sein!

Willi Kollo
Komponist, Textdichter und Musikverleger

Ich lernte Gerhard Winkler erst nach dem Krieg kennen und als einen der wenigen sympathischen und eigentlich gutmütig unvoreingenommenen Kollegen schätzen, an denen mein Leben nicht reich war. Er war bescheiden und zurückhaltend und konnte sich dies um so mehr leisten, als seine Erfolge ihn weltweit rühmten.

Ich war einmal bei ihm und seiner Gattin zu Gast und erinnere mich der freundlichen Atmosphäre in seinem Haus im Grunewald. Neben Bert Kaempfert ist er einer der sehr wenigen Komponisten, denen Eigenes aus der Feder floß. Niemals waren bei ihm »Anleihen« bei Dritten festzustellen. Was er schrieb, kam allein von ihm und trug sein Komponistensignum. Ich bedaure sehr, daß er nicht länger gelebt hat und daß ich mit ihm nicht öfter zusammenkam.

Das Beste, das ich, nun selbst über 80 Jahre alt, von ihm sagen kann: Ich denke gern an Gerhard Winkler.

Ulrich Sommerlatte
Komponist und Arrangeur

Ein Kollege über Gerhard Winkler

Gerhard Winkler ist in der Reihe der Erfolgskomponisten seiner Generation eine Ausnahmeerscheinung. Er teilte zwar mit seinen Kollegen die Vorteile, die die damalige Zeit deutschen Künstlern brachte: Es gab so gut wie keine ausländische Konkurrenz. Außerdem hatten viele Erfolgsautoren zu Beginn des Dritten Reiches das Land verlassen müssen. Es war also fraglos in jener Zeit für einen deutschen Komponisten leichter, zu Erfolg zu kommen, als nach Beendigung des Krieges, wo geradezu eine Flutwelle ausländischer Musik in unser Land strömte. Nun zeigte es sich: Um die meisten seiner erfolgsgewohnten Kollegen wurde es recht still (einige Ausnahmen bestätigen die Regel), Gerhard Winkler setzte die Reihe seiner Erfolge trotz hartem Gegenwind fort.

Noch etwas ist bemerkenswert: Zu jener Zeit war der Film mit Abstand der beste Promoter für ein neues Lied. Aber gerade die Unterstützung durch den Film blieb ihm weitgehend versagt. Er schrieb aber nicht Schlager, sondern Lieder, die ihren Weg von selbst machen mußten. Soll man sagen Volkslieder? Bei einigen seiner Schöpfungen ist dieser Ausdruck nicht zu hoch gegriffen. Sie haben ihren Schöpfer überdauert, eine Tatsache, die manches heute gutgläubig als »Evergreen« gefeierte Produkt erst noch wird beweisen müssen. Das eine oder andere Lied von ihm könnte dahin gelangen, daß jeder es kennt, aber niemand sich mehr an den Schöpfer erinnert.

Ehrenvolleres weiß ich über Gerhard Winkler nicht zu sagen.

Wilhelm Stephan
Dirigent
Musikinspizient der Bundeswehr

Wie soll ich einen kleinen Bericht über einen großartigen Menschen und Künstler beginnen, der, lebte er noch, in diesem Jahr, wie ich, seinen 80. Geburtstag begehen könnte?

Wir begegneten uns zum ersten Male 1950 im Hamburger Funkhaus. Ich war seit 1948 Dirigent des Hamburger Rundfunkorchesters, und wir fanden spontan Gefallen aneinander. Aus dieser gegenseitigen Zuneigung wurde bald eine Freundschaft, die später unsere Familien einschloß und die tragischen Jahre der schrecklichen Krankheit Gerhard Winklers und seinen Tod 1977 überdauerte.

Unter Musikern, Komponisten und Dirigenten hat es stets Neid und Mißgunst in hohem Maß gegeben. So war es für mich eine besonders glückliche Fügung, einem Menschen zu begegnen, der so einfach, ehrlich und ohne jeden hinterhältigen Gedanken, so hilfsbereit und verläßlich und so bescheiden, auch in der Zeit seiner größten Erfolge, war und blieb wie Gerhard Winkler. Aus seiner positiven Einstellung zum Leben erwuchsen selbstverständliche Kollegialität und herzliche Geselligkeit.

Vor allem aber war er ein genialer Komponist. Die meisten seiner Werke besitzen hohen Originalitätswert. Sein Verhältnis zur musikalischen Form war absolut. Dazu hatte er ein gutes Gespür für das, was den Menschen gefällt. Auch bei der Wahl seiner Interpreten bewies er immer wieder einen sicheren Instinkt.

Gerhard Winklers Musik wird weiterleben, denn sie ist volkstümlich in des Wortes wahrster Bedeutung.

Wilhelm Stephan

Otto Stenzel
Komponist und Dirigent

An meinem 83. Geburtstag erreichte mich ein Anruf von Traudl Winkler, die sich bei mir erkundigte, wann der französische Sänger Tino Rossi gegen Ende der dreißiger Jahre in der Berliner »Scala« gastiert habe und dort mit einer französischen Fassung von Gerhard Winklers Lied »O mia bella Napoli« sensationell erfolgreich war.

Dieser Anruf weckte in mir tausend Erinnerungen an Höhepunkte meiner Arbeit als Dirigent an der berühmten Berliner »Scala«. Ich weiß es noch wie heute: Es war 1938 und ein Triumph für den großen französischen Chansonnier Tino Rossi - aber zugleich auch ein Triumph für den Komponisten Gerhard Winkler. Darüber hinaus war es sehr vergnüglich, mitzuerleben, wie die Berlinerinnen, vor allem die ganz jungen Mädchen, in Ekstase gerieten, wenn sie Tino Rossi sahen und seine betörende Stimme hörten. Nach der Vorstellung standen diese schwärmerischen Büro- und Warenhausmädchen in Scharen am Künstlereingang und begleiteten den Sänger dann wie in einem Triumphzug auf seinem Heimweg von der »Scala« in der Lutherstraße bis zum Hotel Eden in der Budapester Straße gegenüber dem Zoo.

Natürlich habe ich Gerhard Winkler auch persönlich kennengelernt, denn er lebte nicht zurückgezogen, sondern war gesellig und weltoffen und liebte das Zusammensein mit Musikern und Freunden. Durch seine natürliche Herzlichkeit und Redlichkeit gewann er viele Freunde, zu denen auch ich gehörte. Zugleich war ich ein Bewunderer seines vielseitigen Könnens. Trotz des reichen Musiklebens dieser Zeit gab es nicht viele von Gerhard Winklers menschlichem und künstlerischen Format.

Otto Stenzel

Harald Banter
Rundfunkredakteur und Bandleader

Eine grausame, herrliche Zeit...

Berliner Rundfunk in der Masurenallee 1947. Noch ist das Territorium des Funkhauskomplexes russische Enklave im West-Sektor Berlins, und wir Berliner hungern, wie die meisten Deutschen in dieser Zeit.

Man trifft sich montagmorgens in der Kantine zum Frühstück. Die Wochenration von 1500 Gramm Nährmittelmarken wird für ein frisches Brot abgegeben und dieses anschließend auf einmal verzehrt. Einmal in der Woche richtig satt sein! Das ist ein Gefühl wie Weihnachten. Was dann die übrigen Tage der Woche gefrühstückt wird, besteht aus Roter Beete oder irgendetwas Eßbarem, was man durch Tausch erworben hat.

Als Tonmeister-Volontär hatte ich das Glück, manchmal mit Künstlern zu tun zu haben, die in dieser furchtbaren Zeit irgendwas Herrliches zum Essen mitbrachten. Zu ihnen gehörte auch Gerhard Winkler, dieser Großartige Musiker und liebenswerte Kollege. Er dirigierte oft das große Unterhaltungsorchester des Berliner Rundfunks und arbeitete mit vielen damals bekannten Solisten wie Magda Hain und Rudi Schuricke.

Eines Tages war Aufnahme, und auf dem Produnktionsplan stand eine Auftragskomposition, Gerhard Winklers mehrsätzige Orchester-Suite mit dem Titel »Wintermärchen«.

Ich erinnere mich noch heute, nach fast 40 Jahren, ganz genau an die fabelhafte Musik, die danach nie mehr aufgeführt wurde. Ganz besonders aber erinnere ich mich an das riesige blaue Einkaufsnetz, das Gerhard Winkler mitbrachte. Es war prall gefüllt mit herrlichen weißen Semmeln, die er an uns mit großem Spaß verteilte. Kein Mensch wußte, wo er sie aufgetrieben hatte, denn es war eine ausgesprochene Rarität, und manch einer konnte sich kaum noch erinnern, wie so was schmeckte.

Eine grausame Zeit, aber auch eine herrliche Zeit, wenn man an die Menschen denkt, die mithalfen, sie zu überwinden.

Erwin Lehn
Bandleader, Komponist und Arrangeur

Gerhard Winkler habe ich nach dem Krieg in Berlin kennengelernt. Damals war ich noch Pianist und Arrangeur im Radio-Berlin-Tanzorchester. Da es für mich in der damaligen Zeit noch sehr viel Neues zu entdecken gab, vor allem auf dem Gebiet des Jazz und der Tanzmusik, war es stets interessant, von erfahrenen Kollegen, zu denen Gerhard Winkler gehörte, Details aus ihrem Schaffen zu hören.

Viele Kollegen spielten bereits vor dem Krieg in namhaften Orchestern oder waren als Arrangeure für Film, Funk und Schallplatte tätig. Auch die Komponisten konnten manche Geschichte über die Entstehung ihrer Kompositionen erzählen. So auch Gerhard Winkler, einer der Großen seiner Zeit.

Wie oft haben wir mit Rudi Schuricke seine »Capri-Fischer« erklingen lassen! Schon als Klarinettist im Musikkorps habe ich während des Krieges das »Neapolitanische Ständchen« und all seine Italien-Melodien kennengelernt und große Hochachtung vor dem Können und dem Ideenreichtum von Gerhard Winkler empfunden.

Willy Schneider
Sänger

Ich glaube fest daran, daß zwischen Gerhard und mir eine tiefe seelische und künstlerische Verbindung bestand, weil alle seine Lieder, die ich gesungen habe, mir wie auf den Leib geschrieben waren, und ich versucht habe, sie in seinem und auch in meinem Sinne dem Hörer zu vermitteln - nun schon über viele Jahrzehnte hinweg.

Ilse Werner
Filmschauspielerin und Sängerin

»So wird's nie wieder sein... «

Diese Komposition wurde Anfang der vierziger Jahre von meinem Freunde Gerhard für mich geschrieben!
Das Lied wurde ein großer Erfolg und ist noch heute als Evergreen in meinem Repertoire. Überhaupt ist es eins meiner Lieblingslieder, und deshalb habe ich auch mein Buch danach benannt: »So wird's nie wieder sein.«

Ilse Werner

Kurt Reimann
Rundfunk- und Schallplattentenor

Unmittelbar nach dem Kriege lernte ich 1945 durch den Textdichter Hans Fritz Beckmann den bekannten Komponisten Gerhard Winkler kennen. Er fand damals sofort an meiner Tenorstimme Gefallen. Als großer Förderer junger Talente erklärte er sich sogleich bereit, für mich Lieder zu schreiben. So entstanden u. a. die Lieder »Mutterhände«, »Warum läßt du mich so allein« und »Die Gondeln am Lido«. Besonders mit dem Lied »Mutterhände« erlangte ich schlagartig große Popularität. In vielen öffentlichen Veranstaltungen sowie bei zahlreichen Rundfunksendern habe ich unter seiner Stabführung gesungen. Auch die mit ihm gemeinsam produzierten Schallplatten waren sehr erfolgreich. Gerhard Winklers stets bezwingende Herzlichkeit, sein Humor und sein großes Verständnis für mein Lampenfieber und seine Geduld den Orchestermitgliedern gegenüber machten ihn in hohem Maße beliebt.

Sein allzu früher Tod hat nicht nur mich tief bewegt. So kann ich heute nur noch sagen: Es war wunderbar und schön, daß es ihn gab.

Rudolf Schock
Kammersänger

Der Name des Komponisten Gerhard Winkler war mir schon in jungen Jahren bekannt. Nach dem Kriege, im Jahre 1947 lernte ich ihn in Berlin persönlich kennen, wo er des öfteren die Oper besuchte.

Der Zufall wollte es, daß wir beide den Sommerurlaub 1947 in Binz auf Rügen verbrachten. Auch meine Tenor-Kollegen Julius Katona und Kurt Reimann waren zur gleichen Zeit dort. Bei einem Zusammentreffen kamen wir auf die Idee, ein gemeinsames Konzert zu veranstalten. Das war in der damaligen Zeit etwas Besonderes, vor allem weil drei Tenöre an einem Abend sangen. Gerhard Winkler, der die Begleitung übernahm, hatte es gar nicht einfach, denn es waren kaum Noten vorhanden. Aber das war für ihn kein unlösbares Problem: Mühelos begleitete er aus dem Gedächtnis die schwersten Arien. Ich sang beispielsweise aus der Oper »La Bohème« die Arie »Wie eiskalt ist dies Händchen...«. Ohne Noten hat Gerhard Winkler mich begleitet. Ich erinnere mich, daß ich damals über seine vielseitige Musikalität sehr erstaunt war, denn ich wußte ja, daß er »nur« Unterhaltungsmusik komponierte.

Später hatte ich das Glück, daß er für meine Filme »König der Manege« und »Die Stimme der Sehnsucht« die Musik schrieb. Er verstand sehr viel von Stimmen und komponierte mehrere Tenor-Lieder für mich, wobei mir das Lied »Das ist der Liebe Freud und Leid« ganz besonders in Erinnerung geblieben ist. Die beiden Filme waren große Erfolge, und besonders die Lieder meines Freundes Gerhard hatten es dem Publikum angetan.

Trotz seiner großen Erfolge als Komponist ist er immer natürlich und bescheiden geblieben. Er war mir ein echter Freund.

Erika Köth
Kammersängerin

Gerhard Winkler wäre in diesem Jahr 80 Jahre alt geworden. Das ist Grund genug, mit Dankbarkeit seiner zu gedenken. Ich habe seine Lieder oft und gern gesungen. Wie nur wenige, kannte er den Umfang einer Stimme. Seine Lieder sind mit dem Verstand und mit dem Herzen geschrieben und wurden deshalb Erfolgsschlager im besten Sinne des Wortes. In der schrecklichen Kriegszeit und in der Notzeit der Nachkriegsjahre hat seine Musik immer wieder schwere Stunden und Sorgen vergessen lassen. Dafür allein gehört ihm noch heute unser Dank.

Gerhard Winkler war nicht nur ein exzellenter Komponist, sondern auch ein vorzüglicher Dirigent. Es waren für mich immer wieder glückliche Stunden, wenn ich unter seiner Stabführung Konzerte in Berlin oder München singen durfte. Vor allem die Schallplattenaufnahmen mit ihm waren für mich ein Erlebnis, weil ich dabei den großartigen Menschen Gerhard Winkler kennen- und schätzengelernt habe. Wann immer es seine Zeit erlaubte, besuchte er meine Opernvorstellungen in Berlin, vor allem Mozarts Opern liebte er sehr.

Neben Franz Grothe ist Gerhard Winkler für mich einer der Größten der deutschen Unterhaltungsmusik unserer Zeit. Mit großer Freude gebe ich nun als Professorin ihre Melodien an meine vielen Gesangsschüler weiter.

Johannes Heesters
Schauspieler und Sänger

In meinem langen Leben habe ich alle Rollen meines Faches, die zum Standard des klassischen Operettenrepertoires gehören, unzählige Male auf der Bühne, im Film und auch im Fernsehen gespielt und gesungen. Jeder wird verstehen, daß es unter diesen Umständen eine große und dankbare Aufgabe ist, hin und wieder auch mal eine gute neue Operette zu präsentieren. Wie glücklich war ich damals über die Möglichkeit, der neuen Operette »Hochzeitsnacht im Paradies« von Friedrich Schröder zum Durchbruch zu verhelfen oder mich später in den Musicals »Kiss Me, Kate« und »Gigi« für ein neues Genre einzusetzen.

Zu den moderneren Werken, die mir interessante Aufgaben boten, gehörte nicht zuletzt auch Gerhard Winklers Operette »Die ideale Geliebte«, die wir 1957 im Bayerischen Rundfunk aufgenommen haben. Der Dirigent Werner Schmidt-Boelcke, den ich schon vom Berliner Metropol-Theater her gut kannte, hatte die musikalische Leitung. Mit mir sangen und spielten Gretel Hartung, Liselotte Schmidt, Brigitte Mira, Otto Storr und der unvergessene Harry Friedauer. Obwohl zu dieser Zeit die Operette längst totgesagt war, gelang es Gerhard Winkler, durch die Frische seiner Melodien und die Originalität seiner musikalischen Einfälle das Publikum bestens zu unterhalten.

Sári Barabás
Kammersängerin

Ich erinnere mich sehr gern an manche persönliche Begegnung mit Gerhard Winkler in Berlin. Die meisten kennen ihn sicherlich heute nur noch als erfolgreichen Schlagerkomponisten, aber für viele Sänger und Musiker ist er weit mehr: Er bereicherte die konzertante Unterhaltungsmusik mit vielen wirkungsvollen Instrumentalstücken, und wie kaum ein anderer Unterhaltungskomponist dieser

Zeit verstand er es, Lieder zu schreiben, die dem Sänger alle Möglichkeiten bieten, seine Stimme zu entfalten. Für mich als Koloratursängerin, die außer der Oper und der klassischen Operette auch gern die großen Lieder der Unterhaltungsmusik gesungen hat, war es immer eine besondere Freude, die Koloraturlieder von Franz Grothe und von Gerhard Winkler zu singen. Leider ist die neuere Unterhaltungsmusik ja nicht allzu reich an solchen Liedern.

Unvergessen geblieben ist mir bis heute, wie ich im Kriegsjahr 1944 Magda Hain mit dem »Casanova-Lied« im Budapester Rundfunk gehört und mir dabei gewünscht habe, auch einmal dieses Lied zu singen. Als ich dann auf einem Pferdewagen von Ungarn nach Deutschland flüchtete, habe ich nicht mehr daran geglaubt, daß ich jemals wieder als Sängerin auf einer Bühne stehen und später tatsächlich Gerhard Winklers »Casanova-Lied« im Konzert und im Rundfunk singen würde. In den fünfziger Jahren entstand beim RIAS Berlin meine Aufnahme mit dem Streichorchester Adolf Wreege.

Heute tut es mir leid, daß ich damals nicht noch mehr Lieder von Gerhard Winkler gesungen habe, aber ich war zu dieser Zeit zu sehr von internationalen Opernaufgaben in Anspruch genommen.

Auch mein Mann - Kammersänger Franz Klarwein - hat ganz persönliche Erinnerungen an Gerhard Winkler und seine Lieder. Er hat mir erzählt, daß er im Rundfunk bei der Übertragung der Wunschkonzerte für die deutschen Soldaten oft und gern das »Chianti-Lied« von Gerhard Winkler gesungen hat. Die Begeisterung war jedesmal so stürmisch, daß er das Lied immer ein- oder sogar zweimal wiederholen mußte. Die große Popularität dieses Liedes ist nicht zuletzt auch Franz Klarweins Einsatz für Gerhard Winkler zu verdanken.

Jimmy Jungermann
Programmgestalter und Rundfunkmoderator

Gerhard Winkler und die Silberne Schallplatte

Trotz seiner erstaunlichen Karriere ist Gerhard Winkler stets der herzensgute, einfache und natürliche Mann geblieben, der sich mit der Verkäuferin Lieschen

Müller und dem Tankstellenwart Fritz Krause von Mensch zu Mensch unterhält. Dabei erfährt er ganz genau, was gerade in der Luft liegt. Das ist der Grund, weshalb Gerhard Winklers Schlager so richtig liegen - das schrieb ich einst für eine Schallplattenzeitschrift. Heute sind Gerhard Winklers Lieder keine Tagesschlager mehr, sondern schon Evergreens.

Bescheiden, wie er war, scheute er sich vor offiziellen Interviews. Wollte ich über ihn schreiben oder erzählen, setzte ich mich mit ihm zu einem Glas Bier zusammen. Ein verstecktes Mikrophon nahm den »Originalton Winkler« auf: den unverwechselbaren, einmaligen, heiter-nachdenklichen Redestrom - denn Gerhard konnte stundenlang erzählen.

Einmal erzählte mir Gerhard Winkler schmunzelnd in seinem unverkennbaren Berliner Tonfall: »Ich kam aus der Schweiz, wo ich für mein Lied 'O Heideröslein' eine Silberne Schallplatte erhalten hatte. An der Grenze brachte ich den deutschen Zöllner mit meiner Silbernen Schallplate in höchste Verlegenheit. Er konnte in seinen Unterlagen keinen Hinweis darauf finden, - weder unter dem Stichwort Edelmetalle noch unter Schallplatten-Einfuhr -, wie ein solcher Import zu behandeln sei. Als er erfuhr, daß ich der Komponist dieses Liedes war, das der brave Zöllner gut kannte und liebte, ließ er schließlich mit sich reden. Ich gab ihm ein Autogramm und durfte passieren.«

Die Gespräche mit dem erfolreichen Komponisten und Ur-Berliner Lebenskünstler Gerhard Winkler gehören zu den schönsten Erinnerungen an meine vielen Jahre beim Rundfunk.

Christian Bruhn
Komponist

Der melodische Einfall und seine musikalisch logische Fortführung, beide für möglichst viele Menschen verständlich, ohne an Originalität zu verlieren - das ist für mich das Wichtigste in der Musik.

Gerhard Winkler war so ein Melodienschöpfer, er schrieb entzückende Weisen, nie platt, immer von wahrhaft sinnlicher Kraft und beglückender Musikalität. Ich bewundere ihn von Herzen.

Heinrich Riethmüller
Pianist, Arrangeur und Kapellmeister

>Wenn ich an Gerhard Winkler denk',
>hör' ich die schönen Melodien,
>die er uns machte zum Geschenk
>und die ihm größten Ruhm verliehn.
>Und dabei war er einfach, schlicht,
>sprach meist Berliner Dialekt,
>auch wenn er stand im Rampenlicht -
>ihn hat nun mal Berlin entdeckt.
>Ihr kennt von ihm die großen Hits;
>er hat mehr Werke noch geschrieben,
>gerade die haun mich vom Sitz,
>und wer sie hört, wird sie auch lieben.
>
>Was mich mit Gerhard stets verband:
>Er schrieb Musik mit Herz und Hand
>und nutzte dieses schöne Pfand,
>das ihm der liebe Gott verliehn.
>--- Lieber Gerhard Winkler ---
>ich danke dir für deine Melodien!

Die »Winkler-Alm« in Neuhaus am Schliersee

Traudl Winkler

»In meinem Gästebuch, da stehen Namen drin ...«

Fritz Schulz-Reichel, Karin Hübner, Loni Heuser,
Gerhard Winkler, Hans Söhnker, Brigitte Mira

Das Gästebuch

Text: Kurt Feltz   Langsamer Foxtrot   Musik: Gerhard Winkler

In mei-nem Gä - ste-buch, da ste-hen Na - men drin ...

Ralph Maria Siegel, Ilse Werner, Kurt Feltz,
Alfred Jack, Michael Jary, Werner Eisbrenner, Helmut Zacharias

Gerhard Wendland, Franz Grothe, Fred Rauch,
Zarah Leander, Heinz Munsonius, Werner Egk, Hans Gerig

»Hänschen« G. Orling, Grethe Weiser, Will Meisel,
Rosl Seegers, Erich Kunz, Hans Arno Simon

Peter Igelhoff, Erich Schulze, Rudi Schuricke,
Juan Llossas, Ludwig Schmidseder, Magda Hain, Adalbert Lutter

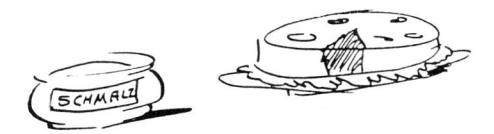

Man kann bei Winkler's essen und trinken was man will, man kriegt sowieso keinen Dank!

Winkleralm.
14./IV.54

Will Höhne, Ralph Maria und Inge (»Sternchen«) Siegel, Fred Rauch

Es war einmal ein Musikus,
der spielte im Café
und spielte, spielte, spielte
sich langsam in die Höh'.
Und heute ist er, wie Ihr wißt,
ein ganz bekannten Komponist!

                Die Fans aus Töpen

LIEDER DIE MILLIONEN SINGEN
WEIL SIE IHNEN FREUDE BRINGEN
LIEDER DIE MILLIONEN LIEBEN
HAT DER JUBILAR GESCHRIEBEN
SEINE LIEDER GEHN INS OHR
SIND VOLL HERZ UND VOLL HUMOR
GANZ EGAL WO SIE ENTSTANDEN
OB IN MÜNCHEN ZÜRICH OB TESSIN
ECHTE GERHARD WINKLER LIEDER
SIND MUSIKE AUS BERLIN

                Hans und Renate Bradtke

Walter Brandin, Hans Fritz Beckmann, Willy und Hanni Schneider,
Käthe Haack, Ulrich Sommerlatte, Henry Koster, Gerhard Jussenhoven

Mimi Thoma, Willy Richartz, Walter Rothenburg,
Paul Klinger, Heino Gaze, Marte Harell, Peer Schmidt

Die Komponisten und Autoren,
die meistens in Berlin geboren,
erzählten mir die schönsten Sachen,
was Winklers hier am Schliersee machen.
Und jeder sagt mit heiterm Sinn:
»Mensch, Rudi, da mußt du mal hin«.

Und als ich nun in München sang,
hört ich von ferne Almenklang,
Da gab's für mich nur die Devise:
Jetzt mußt Du hin zu Winklers Wiese!

Ja Gerhard, hier bei Euch ist's schön,
ich freu' mich auf ein Wiedersehn!

Dir, liebe Traudl, und Dir, lieber Gerhard,
immer Euer

Wilhelm Stephan, Hildegard Knef,
Klaus S. Richter, Gottlob Frick, Mady Rahl, Hans Carste

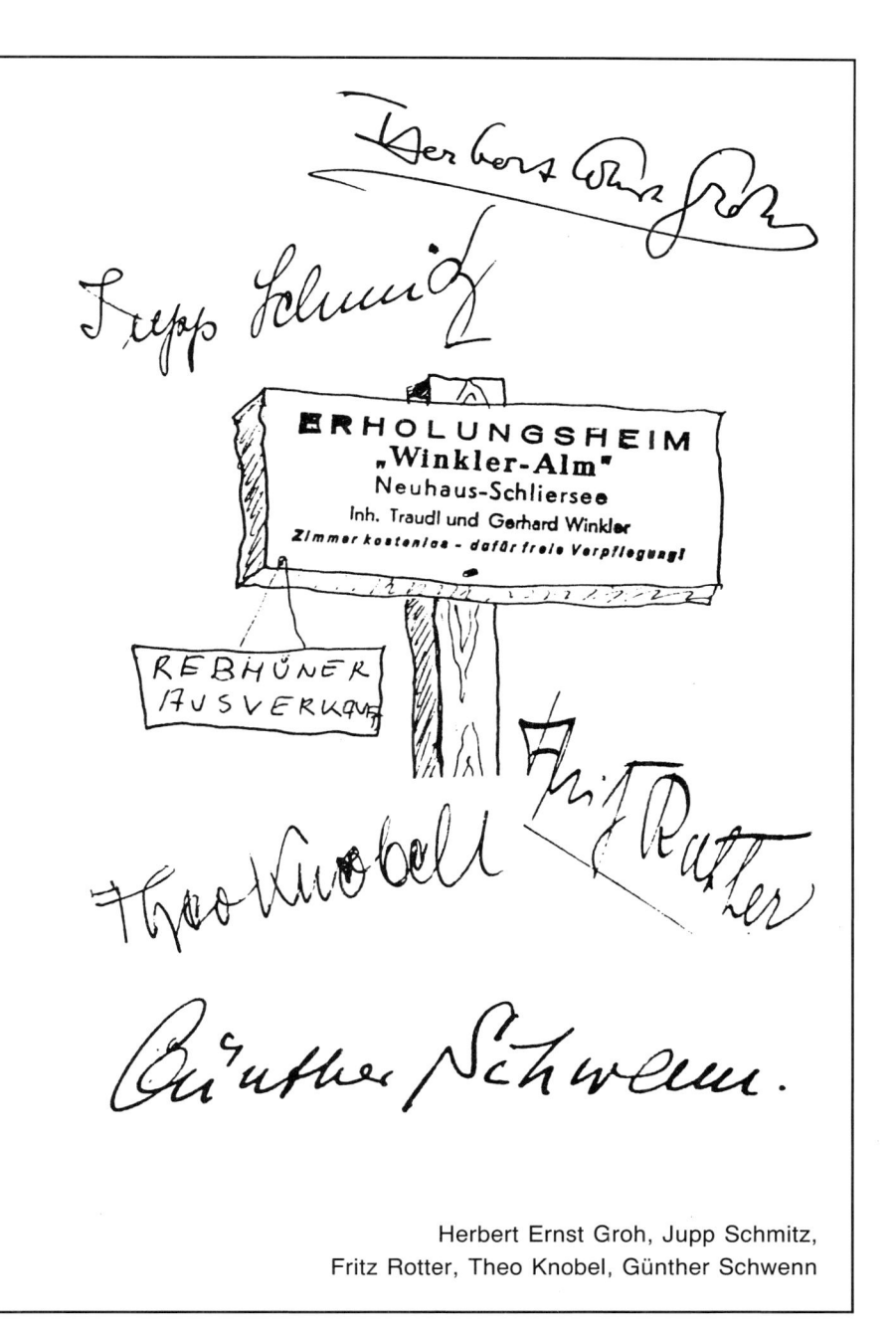

Herbert Ernst Groh, Jupp Schmitz,
Fritz Rotter, Theo Knobel, Günther Schwenn

Adolf Steimel, Max Hansen, Peter und Hilde Alexander,
Hermann Prey, Willy Berking, Kirsten Heiberg, Ernst Fischer

Kurt Schwabach, Walter Gross, R. A. Stemmle,
Horst Pillau, Fritz Schulz-Reichel, Willi Schaeffers, Charly Niessen

Marta Eggerth, Erich Meder, Friedrich Schröder,
Hubert von Meyerinck, Brigitte Mira, Leo Breiten, Werner Bochmann

Meine lieben Winklers.

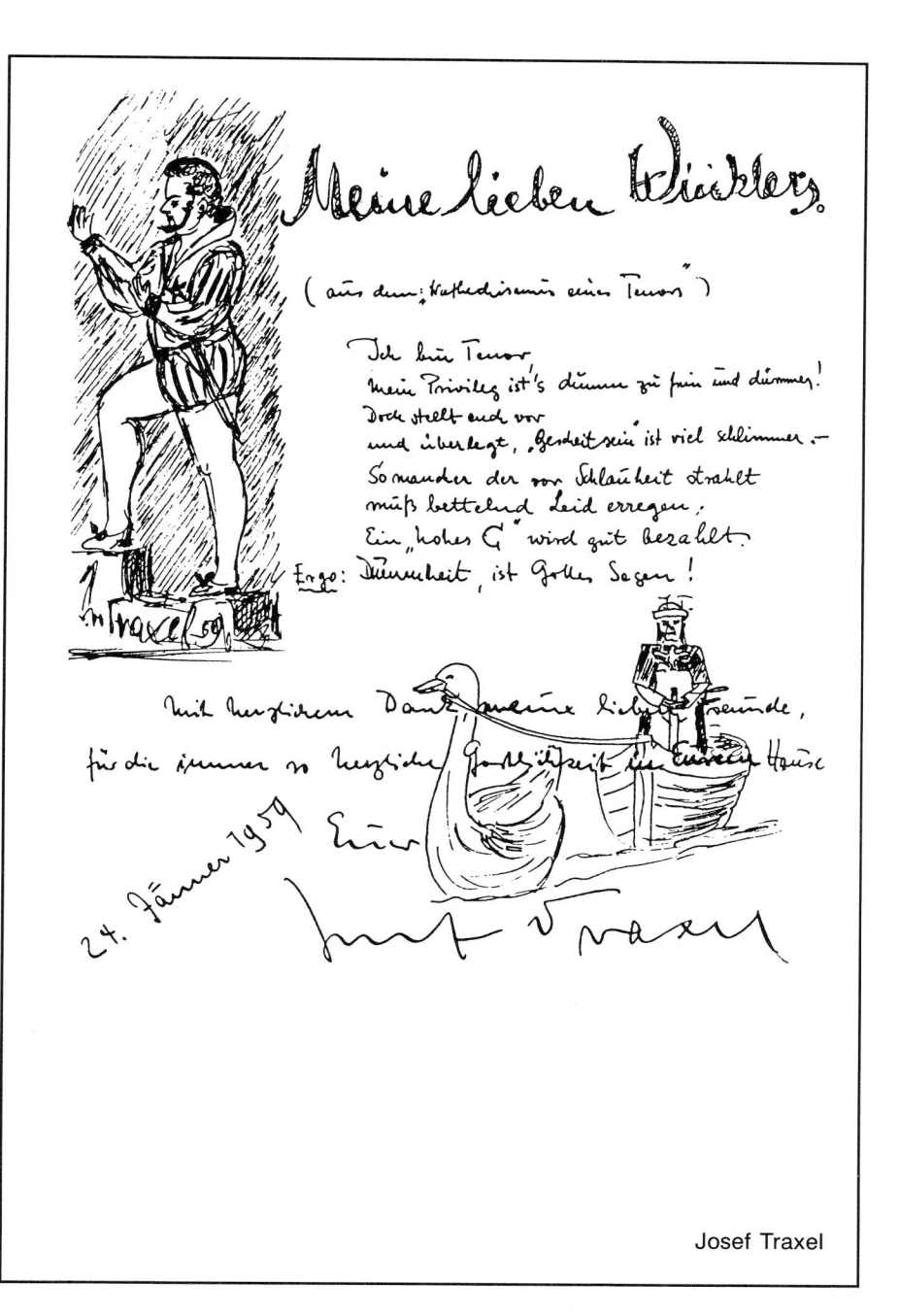

(aus dem "Katechismus eines Tenors")

Ich bin Tenor,
mein Privileg ist's dümmer zu sein und dümmer!
Doch stellt euch vor
und überlegt, "Gescheit sein" ist viel schlimmer —
So mancher der vor Schlauheit strahlt
muß bettelnd Leid erregen,
Ein "hohes C" wird gut bezahlt.
Ergo: Dummheit ist Gottes Segen!

Mit herzlichem Dank meine lieben Freunde,
für die immer so herzliche Gastlichkeit in Eurem Hause

24. Jänner 1959   Euer

Josef Traxel

Theo Mackeben, Loni Heuser, Willy Mattes, Wolfgang Staudte, Friedl Schuster, Hilde Seipp, Sonja Ziemann

Bibi Johns, Bernhard Etté, Rudolf Schock, Hans Sikorski,
Hans Bradtke, Erich Börschel, Nico Dostal, Lale Andersen

Zum 12. September 1966
Gerhard Winkler - in Berlin-
Gerhard Winkler - im Tessin -
krisenfest als Evergreen!

Prominente - Winke - Winke!
Konkurrenten - Stinke-Stinke!
Als Kollege von Paul Lincke -
Musensohn mit Pinke-Pinke!

Aufsichtsrat - und gleich daneben
»Traud-liches« Familienleben!
Komponist und Freund und Gatte:
'ne lebend' ge Langspielplatte!

Gerhard Winkler - 3 x Twen -
Mensch, bleib so, wie ich Dich kenn'
ein produktiver Music-Man!
Na denn! -
Das wünscht Dir Günther Schwenn.

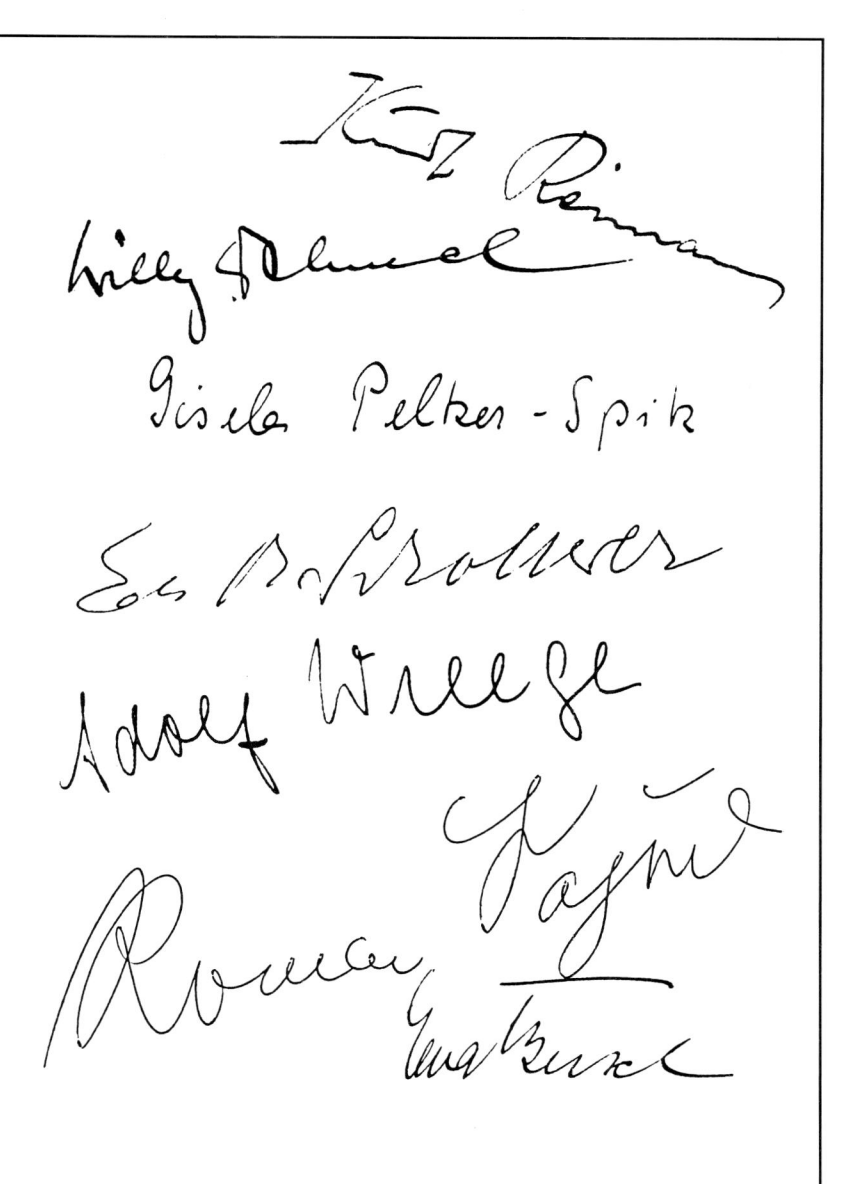

Kurt Reimann, Willy Dehmel, Gisela Peltzer-Spitz,
Edith Schollwer, Adolf Wreege, Roman Najuch, Eva Busch

Julius Katona, Harry Hermann Spitz, Marvelli, Margit (»Manci«) Symo, Renée Franke, Edith von Ebeling, Günther Schwerkolt

Ralph Maria Siegel, Rudi Schuricke,
Will Glahé und Gerhard Winkler

Gerhard Winkler und Werner Finck 1959

»Schützenliesel, dreimal hat's gekracht ...«

Stephan Pflicht

Anekdoten zu den Noten
Heiteres aus dem Leben und Schaffen von Gerhard Winkler

So unglaublich es heute auch klingen mag: Gerhard Winkler und sein Textdichter Ralph Maria Siegel hatten große Mühe, für ihr Lied »Ja, ja, der Chianti-Wein« einen Verlag zu finden. Keiner wollte es haben. Man beanstandete, »Chianti« sei viel zu schwer auszusprechen und das Lied - halb Tarantella, halb Tango - für die Tanzkapellen nicht geeignet. Erst als der Verleger Will Meisel erfuhr, daß der bekannte Tenor Herbert Ernst Groh eine Schallplattenaufnahme des »Chianti-Liedes« machen wollte, erklärte er sich bereit, das Werk zu drucken.
Dann aber meinte der Produzent: »Ein Lied macht noch keine Schallplatte! Wir brauchen noch so was Ähnliches für die B-Seite.«
»Kein Problem«, sagte Gerhard Winkler, »ich habe da etwas Geeignetes in der Schublade.«
Er eilte zu seinem Textdichter Ralph Maria Siegel und improvisierte einige Melodien. Bald war das richtige gefunden, und Ralph Maria Siegel dichtete: »Es war einmal ein Märchenprinz ...«.
»Ganz hübsch«, meinte Gerhard Winkler, »aber die wollen doch was Italienisches ...«.
Daraufhin schrieb Ralph Maria Siegel: »Es war an einem Frühlingstag im sonnigen Sorrent ...«.
Herbert Ernst Groh hat dann den Tango »Frühling in Sorrent« zusammen mit dem »Chianti-Lied« aufgenommen, und das Besondere an dieser Schallplatte war, daß nicht nur die A-Seite mit dem »Chianti-Lied«, sondern auch die so spontan entstandene B-Seite gleichermaßen große Erfolge und Evergreens wurden.

Bei Gerhard Winkler nimmt man immer an, er habe vorwiegend italienische Lieder komponiert. In Wahrheit finden sich in seinen Werken auch viele andere nationale Farben. So schrieb er zum Beispiel mehrere argentinische Tangos, mit denen er schon in den dreißiger Jahren erfolgreich war. Damals hatte er gerade unter dem Pseudonym G. Herman den Tango »El Paraiso« veröffentlicht. Ein Musikerkollege zeigte ihm die Noten dieses Tangos und gab Gerhard Winkler, der damals noch am Anfang seiner Karriere stand, den gutgemeinten Rat: »So was müßten Sie mal schreiben, Herr Winkler, das kommt an! Damit kann man sich einen Namen machen und viel Geld verdienen!«
Der Musiker konnte nicht ahnen, daß dieser Tango von Gerhard Winkler stammte.

𝄞

Gerhard Winklers Textdichter Ralph Maria Siegel erzählte immer besonders gern, wie sie ihr Lied »Der kleine Postillion« dem Verleger schmackhaft gemacht haben:
»Wir hatten gerade dieses Lied geschrieben und pfiffen es dauernd während einer Taxifahrt zum Kölner Sender unserem Freund und Verleger Wilhelm Gabriel vor, bis er interessiert fragte: 'Was pfeift Ihr denn da?'
Wir erklärten ihm, dies sei unser neustes Lied, und wir hätten dafür auch schon einen Verleger.
Hierauf wurde er ganz verrückt nach unserem 'Kleinen Postillion' und bestürmte uns, ihm zuliebe die Vereinbarung rückgängig zu machen und das Lied in seinen Verlag zu geben.
In Wahrheit hatten wir das Lied noch keinem Verleger vorgespielt, aber unsere List war erfolgreich. So schnell hatten wir noch nie ein Lied an den Mann gebracht.«

Unmittelbar nach dem Kriege herrschte überall in Deutschland große Not. Auch Gerhard Winkler hungerte und fror in seiner Berliner Wohnung. Da läutete es, und an der Tür stand eine junge Frau, die ihm als dem berühmten Komponisten erfolgreicher Italien-Lieder einen selbstverfaßten Text mit dem Titel »Die Gondeln am Lido« zur Vertonung anbot. Sie stellte sich als Tochter eines Bäckermeisters vor, und, hereingebeten, packte sie auch gleich ein Brot und frische Brötchen aus. Fröstelnd bemerkte sie: »Bei Ihnen ist es aber schrecklich kalt!«
»Kein Wunder«, sagte Gerhard Winkler, »ich habe nämlich keine Kohlen.«
»Dem Manne kann geholfen werden«, sagte sie lachend, »ich werde Ihnen welche bringen.«
»Das wird nicht viel nützen«, entgegnete Gerhard Winkler, »denn ich habe auch keinen Ofen.«
Sie versprach, auch dafür zu sorgen.
Und tatsächlich kamen bald darauf ein Ofen und auch Kohlen. In einer warmen Stube, gut versorgt mit frischen Brötchen, komponierte dann Gerhard Winkler das Lied von den Gondeln am Lido.
Und seitdem schaukeln die venezianischen Gondeln nicht nur auf den Kanälen und der Lagune, sondern - getragen von der Italien-Sehnsucht und der blühenden Phantasie einer Berliner Bäckermeisterstochter - auch auf den Meereswellen der an den Badestrand des Lido wogenden Adria.

𝄞

In der Nachkriegszeit, als der Schwarzmarkt blühte und jeder von Tauschgeschäften lebte, trieb auch Gerhard Winkler Handel. Er hatte gerade einen Rucksack voll Fondants erstanden und fuhr mit dem Fahrstuhl zu seiner Wohnung. Im Lift stand eine junge Frau, und die beiden kamen ins Gespräch.
Als sie hörte, daß er Fondants in seinem Rucksack habe, wollte sie gern ein Viertelpfund davon erwerben. Er lehnte ab, da er die Ware nur auf dem Tauschwege und nur kartonweise abgeben könne.
So lernte Gerhard Winkler seine spätere Frau Traudl kennen.

Magda Hain und Rudi Schuricke waren zu Besuch in Gerhard Winklers Haus am Schliersee. Es war herrliches Sommerwetter, und die Gastgeberin Traudl Winkler lud die beiden berühmten Interpreten von Gerhard Winklers Liedern zu einer Kahnfahrt ein. Vom See aus hatten sie dann einen eindrucksvollen Blick auf den Landsitz des Komponisten inmitten der bayrischen Berge. Rudi Schuricke betrachtete sinnend die »Winkler-Alm« und sagte dann zu Magda Hain: »Das hat er doch eigentlich alles nur uns zu verdanken!«

𝄞

Gerhard Winklers Mutter hörte 1952 im Rundfunk das von Friedel Hensch und den Cypris gesungene Lied »Wir sind füreinander bestimmt«. Da ihr Sohn gerade kurz vor seiner zweiten Ehe stand und sie der festen Überzeugung war, daß er in seiner Traudl eine ideale Frau gefunden hatte, wollte sie das Lied den beiden schenken. Sie schrieb an den Rundfunk und erhielt die Adresse des Verlages. Als dann die Noten bei ihr eintrafen, mußte sie verblüfft feststellen, daß ihr Sohn der Komponist dieses Liedes war.

𝄞

Von dem Showmaster Peter Frankenfeld befragt, was er selbst für seine beste Komposition halte, zog Gerhard Winkler ein Foto seines zweijährigen Söhnchens Hans Andreas aus der Brieftasche und erklärte stolz: »Das hier ist meine beste Komposition!«

Angeregt von dem Text des berühmten Gerhard-Winkler-Liedes »Wenn in Florenz die Rosen blühn, möcht' ich so gern gen Süden ziehn ...« unternahm eine alte Dame im Hochsommer eine Reise nach Florenz. Hinterher schrieb sie an den Komponisten einen entrüsteten Brief, in dem sie sich bitter beklagte, wie beschwerlich diese Reise gewesen sei: Zugverspätungen, überfüllte Hotels, dazu eine unerträgliche Hitze - und weit und breit keine blühenden Rosen!

𝄞

»Nicolo, Nicolo, Nicolino heißt der Wirt der Taverne von Padua; und ich trinke bei ihm meinen Vino, komm' im Urlaub ich mal nach Italia ...«, so beginnt ein erfolgreicher Italien-Schlager von Gerhard Winkler, der Mitte der fünfziger Jahre überall in Deutschland gesungen wurde.
Zu dieser Zeit unternahm der Kölner Komponist Gerhard Jussenhoven mit seiner Frau eine Italien-Reise, die ihn auch nach Padua führte. Von dort aus schickte er an Gerhard Winkler ein Telegramm mit folgendem Wortlaut: »Sind seit gestern in Padua - Stop - Suchen verzweifelt die Taverne von Nicolo, Nicolo, Nicolino - Stop - Ist hier völlig unbekannt - Stop - Erbitten eiligst genaue Adresse!«

𝄞

Da Gerhard Winkler die meisten seiner erfolgreichen Italien-Lieder komponierte, bevor er das Land selbst kennengelernt hatte, so wie Karl May seine Erlebnisse unter den Indianern geschildert hat, ohne zu dieser Zeit Amerika und die Indianer aus eigener Anschauung zu kennen, wurde Gerhard Winkler von einem Journalisten einmal als »Karl May des Schlagers« bezeichnet.

O MIA BELLA NAPOLI

(STRASSENSÄNGER VON NEAPEL)

LIED UND TANGO

TEXT VON
RALPH MARIA SIEGEL

GERHARD WINKLER

MUSIK VON
GERHARD WINKLER

BOCCACCIO VERLAG
(RICHARD BIRNBACH)
BERLIN SW 68

Jetzt: Verlag Richard Birnbach
Berlin-Lichterfelde-West

Im Jahre 1975 erklangen in einer Fernsehsendung mit dem Titel »O mia bella Napoli« Gerhard Winklers bekannte Lieder »O mia bella Napoli« und »In Santa Lucia«, ohne daß der Komponist erwähnt wurde. Unter anderem Namen schrieb Traudl Winkler an das Zweite Deutsche Fernsehen und erkundigte sich, von wem diese beiden Lieder komponiert wurden oder ob es sich vielleicht um Volkslieder handle. Daraufhin erhielt sie einen am 10. November 1975 datierten Brief der »Programmredaktion Kultur«, in dem es voller Naivität heißt:
»'Santa Lucia' und 'O mia bella Napoli' sind keine Volkslieder - sie sind von Komponisten aus dem 19. Jahrhundert geschrieben.«

𝄞

In einem Zeitschriftenartikel über Robert Stolz wurde unter seinen berühmt gewordenen Kompositionen auch das Lied »O mia bella Napoli« genannt. Daraufhin erhielt die Redaktion eine empörte Leserzuschrift, daß dieses Lied nicht von Robert Stolz, sondern 1937 von Gerhard Winkler komponiert worden sei. Die Redaktion antwortet: Das mag wohl stimmen, aber Robert Stolz hat sein »O mia bella Napoli« schon 1931, also lange vor Gerhard Winkler geschrieben.
Tatsächlich gibt es in der Operette »Venus in Seide« von Robert Stolz ein Lied mit dem Titel »O mia bella Napoli«, es erreichte jedoch nicht die große Popularität von Gerhard Winklers Komposition.

𝄞

Wie Richard Strauss und Paul Lincke, so war auch Gerhard Winkler ein passionierter Skatspieler. Um sich zu entspannen, ging er häufig mit Freunden zu Skatabenden und kam oft erst spät in der Nacht nach Hause zurück. Traudl, die dann lange auf die Rückkehr ihres Mannes warten mußte, war davon nicht gerade begeistert, und meinte einmal, sie werde sich, wenn das so weiterginge, einen Hausfreund anschaffen. Gerhard Winkler stutzte einen Augenblick und sagte dann schmunzelnd: »Aber bitte keinen aus unsrer Skatrunde!«

Fred Rauch, Gerhard Winkler und Kurt Feltz

Traudl und Gerhard Winkler machten einen kleinen Urlaub im Ostseebad Travemünde. Dort las Gerhard Winkler die Ankündigung eines Preis-Skats. Als leidenschaftlicher Skatspieler ging er selbstverständlich hin und kam nach einigen Stunden mit einem riesigen Räucheraal ins Hotel zurück. Traudl Winkler war ganz stolz auf ihren »Skatkönig«, bis sie eines Tages erfuhr, daß damals insgesamt zwölf Preise ausgesetzt waren und, weil es im ganzen nur zwölf Teilnehmer gegeben hatte, jeder einen der zwölf herrlichen Räucheraale bekommen hatte.

Über Gerhard Winkler, der viele seiner Italien-Lieder schrieb, bevor er dieses Land je gesehen hatte, erzählten sich seine Skatfreunde eine freilich erfundene Geschichte:
Um die von ihm so erfolgreich besungene Insel Capri endlich kennenzulernen, hatte sich Gerhard Winkler zu einer Italien-Reise aufgemacht. In Neapel bestieg er das Schiff nach Capri. Als begeisterter Skatspieler vertrieb er sich die Zeit der Überfahrt mit gleichgesinnten deutschen Passagieren. Nachdem der Dampfer im Hafen angelegt hatte, rief einer: »Herr Winkler, die Capri-Fischer erwarten Sie!«
Der in das Skatspiel versunkene Gerhard Winkler drehte sich nicht einmal um und brummte nur: »Aber doch nicht jetzt, wo ich so ein gutes Blatt habe!«

1956 wollte eine deutsche Filmgesellschaft unter dem Titel »Die Stimme der Sehnsucht« auf der Insel Capri einen Musikfilm mit Rudolf Schock drehen und beauftragte Gerhard Winkler, für diesen Film einige italienische Lieder zu schreiben.

Gerhard Winkler, der 1953 erstmals und nur für zwei Tage auf Capri gewesen war, sah eine Chance, die von ihm so erfolgreich besungene Insel genauer kennenzulernen. Er bat deshalb die Filmgesellschaft, ihm zur Anregung seiner musikalischen Inspiration eine Italien-Reise zu finanzieren.

Der Produzent lehnte ab und erklärte kategorisch: »Völlig überflüssig diese Reise! Winkler, Sie schreiben viel bessere Italien-Lieder, wenn Sie hier in Berlin bleiben!«

GERHARD WINKLER

Zeichnung: Koglin

In einem Hotel in Kassel wurde Gerhard Winkler um eine Eintragung in das Gästebuch gebeten. Er blätterte in dem Buch und stellte fest, daß der letzte Eintrag auf einer rechten Seite ganz oben von Konrad Adenauer stammte.
Gerhard Winkler dachte einen Augenblick nach, dann ließ er die ganze Seite frei und schrieb an den unteren Rand:
»Mit gebührendem Abstand - Gerhard Winkler«.

𝄞

Vor einem abendlichen Festessen der GEMA begrüßte Gerhard Winkler seinen wohlbeleibten Komponistenkollegen Ludwig Schmidseder mit den Worten: »Du siehst aus, als ob du schon gegessen hättest.«

𝄞

Als Gerhard Winkler im Stadttheater von Sankt Gallen eine Orchesterprobe seiner Operette »Die ideale Geliebte« leitete, war er mit den Hornisten unzufrieden. Er klopfte ab und sagte: »Die Hörner sind zu leise, ich höre fast gar nichts. Bitte, meine Herren, blasen Sie lauter!«
Darauf erhob sich einer der Hornisten und meinte: »Wenn wir lauter blasen könnten, Herr Winkler, dann säßen wir nicht hier!«

𝄞

In Bad Mergentheim hörte Gerhard Winkler beim Kurkonzert ein Stück, das ihm besonders gut gefiel. Er ging zum Orchester und erkundigte sich, was da gerade gespielt worden sei. Der Kapellmeister war verblüfft und antwortete dann: »Aber Herr Winkler, das war doch eine Komposition von Ihnen!«

Ein bekannter Musikproduzent war ständig auf der Suche nach neuen Liedern für Peter Alexander und sprach darüber auch mit dem Musikverleger Richard Birnbach. Der Verleger hatte gerade ein neues Lied von Gerhard Winkler zum Druck angenommen und meinte deshalb, dafür wäre doch Winkler der richtige Mann.

Der Produzent winkte aber ab und meinte nur: »Was wollen Sie mit dem, der ist doch längst ausgeschrieben!«

Richard Birnbach, der von der Qualität des neuen Gerhard-Winkler-Liedes fest überzeugt war, gab aber nicht auf. Wenig später schickte er ohne Nennung des Komponisten das Lied mit dem Hinweis an den Produzenten, daß er inzwischen etwas Geeignetes gefunden habe.

Peter Alexander war von dem Lied begeistert, und unter dem Titel »Schenk mir ein Bild von dir« wurde es ein großer Erfolg für den Sänger und für Gerhard Winkler.

𝄞

Als Herausgeber der vorliegenden Dokumentation stieß ich bei der Durchsicht der Druckausgaben auf Gerhard Winklers Slowfox »Mondlicht« aus dem Jahre 1936 und intonierte dabei den heute weltbekannten Song »Memory« aus dem Musical »Cats« von Andrew Lloyd Webber mit dem deutschen Text von Michael Kunze: »Mondlicht, schau hinauf in das Mondlicht ...«.

Gerhard Riethmüller, der gerade intensiv eine Orchesterpartitur von Gerhard Winkler las, fuhr erschreckt hoch: »Was, das hat Gerhard Winkler schon geschrieben?« und meinte dann lachend: »Das gäbe ja einen saftigen Plagiats-Prozeß mit Webber!«

Ein andermal spöttelte ich über die Banalität der vielen pseudovolkstümlichen Titel in Gerhard Winklers Schaffen aus den fünfziger Jahren. Ich zog einige Titel zusammen und bat Traudl Winkler, doch gelegentlich einmal bei der GEMA anzufragen, wer das Lied komponiert habe: »Der alte Kapitän hat an der scharfen Ecke von St. Pauli bei der lustigen Wirtin vom Goldenen Roß unterm blühenden Wacholderstrauch von der Nachtigall vom Zillertal das Jodeln gelernt«.

Amüsiert ging Traudl Winkler auf den Spaß ein - die Antwort der GEMA steht noch aus.

Capri-Fischer

Lied und Tango-Serenade
Musik: Gerhard Winkler
Text: Ralph Maria Siegel

Wenn bei Capri die rote Sonne im Meer versinkt und vom Himmel die bleiche Sichel des Mondes blinkt, zieh'n die Fischer mit ihren Booten aufs Meer hinaus, und sie legen im weiten Bogen die Netze aus. Nur die Sterne, sie zeigen ihnen am Firmament ihren Weg mit den Bildern, die jeder Fischer kennt. Und von Boot zu Boot das alte Lied erklingt, hör' von fern, wie es singt: Bella, bella, bella Mari, bleib mir treu, ich komm zurück morgen früh! Bella, bella, bella Mari, vergiß mich nie! Sieh den Lichterschein draußen auf dem Meer, ruhelos und klein, was kann das sein, was irrt dort spät nachts umher! Weißt du, was da fährt! Was die Flut durchquert! Ungezählte Fischer, deren Lied von fern man hört.

Die »Capri-Fischer« im Spiegel der Nachkriegspresse

Gewiß sind die »Capri-Fischer« nicht Gerhard Winklers beste Komposition, aber ohne Zweifel seine populärste. Die Fülle von Karikaturen, zeitgenössischen Glossen und Presseberichten beweist, daß dieser vielgepriesene und oft gescholtene Schlager nach dem Kriege eine Volkstümlichkeit besaß, die wir uns heute kaum noch vorstellen können. Nach Gerhard Winklers »Capri-Fischern« hat wohl kein deutscher Schlager je wieder eine so weltweite und über Jahrzehnte anhaltende Resonanz gehabt.

Wie beliebt der Schlager von den Capri-Fischern nach dem Kriege war und wie begehrt vor allem die Noten und die Schallplattenaufnahmen waren, beweisen die unzähligen Druckausgaben und Raubdrucke sowie die hohen Schallplattenauflagen dieses Liedes in einer Zeit, in der Papier und Schellack zu den Mangelwaren gehörten.

So erklärten vor dem Landgericht in Hannover drei Diebe, die 1948 Tausende fabrikneuer »Capri-Fischer«-Schallplatten gestohlen hatten, daß speziell diese Platten die begehrtesten waren und sich mühelos teuer verkaufen ließen.

Die Diebe wurden im Januar 1949 zu Gefängnisstrafen von neun bis einundzwanzig Monaten verurteilt.

𝄞

Nach dem Kriege bei einer Weihnachtsfeier für Berliner Kinder forderte der Conférencier Willi Schaeffers die Jungen und Mädchen auf, zum Abschluß gemeinsam ein Lied zu singen. Er überließ ihnen die Wahl, welches Lied sie singen wollten, und rechnete mit einem der bekannten Weihnachtslieder. Stattdessen sangen die Kinder spontan: »Wenn bei Capri die rote Sonne im Meer versinkt ...«.

Singvogel-Unterricht 1947: „**Also nochmal von vorn: Wenn bei Capri die rote Sonne ins Meer versinkt...**"
Zeichnung: Franke

Berliner Zeitung, 26.4.1947

Die »Capri-Fischer« im Landessender Dresden

In bunter Vielfalt regnet es Tag für Tag Zuschriften an das Wunschprogramm der Dresdner Sendefolge »Was sich Hörer wünschen«, die von vielen schon selbstverständlich als »Wunschkonzert für Kriegsgefangene« bezeichnet wird. Wer einmal die zahllosen Briefe gelesen hat, in denen sich die deutschen Gefangenen vertrauensvoll an »ihren Sender Dresden« wenden, der weiß, daß es keine bessere Brücke zwischen den Gefangenen und der Heimat geben kann als jene Sendereihe. Die Volkssolidarität konnte durch sie schon manche wertvolle Hilfe leisten. Sie alle, aus Berlin, Bremen, Hannover und Köln, aus München und Heidelberg, die der Krieg nach Amerika, Frankreich, Italien und Ägypten, Livorno und Northanks verstreut hat, warten auf einen Heimatgruß aus Dresden. Und sie wünschen sich noch immer und immer noch die »Capri-Fischer«, »La Paloma« oder »Heimat, du Inbegriff der Liebe«, weil eben diese bei uns mit manchem Achselzucken betrachteten Lieder drüben für sie eine Bedeutung haben. Wenn es die Fülle der Wünsche auch nicht mehr erlaubt, einzelne Namen zu nennen, so sollen doch die Wunschmelodien eine Verbindung bleiben von der Heimat zu ihren gefangenen Söhnen.

Die Union
Dresden, 2. 4. 1947

Ein Ohrwurm

Gegenwärtig können sie einem überall begegnen. In jedem Haus, jeder Straße, an Straßenbahnhaltestellen, Bahnhöfen, in Warteräumen, Zügen und Autobussen. Mit direkt hundertprozentiger Sicherheit allerdings kann man ihre Bekanntschaft in öffentlichen Gärten und Anlagen machen. Es ist zwar eine etwas merkwürdige Sache mit ihnen und schwer zu definieren. Zuerst gefallen sie durch ihre melodiöse Grazie, dann entdeckt man einen Schuß südlichen Sentiments, dessen man leicht überdrüssig wird, und schließlich wendet man sich fast brüsk von ihnen ab, denn man hat von diesem leicht süßlichen Getändel genug. Das heißt, man möchte sich abwenden, man kann es aber schon nicht mehr so energisch, wie man es gerne täte. Denn jetzt beginnen sie ihre Verfolgung und - das wird mir jeder hinterrücks durch Radio oder Stimmungskapelle von ihnen Überfallene bestätigen - jetzt stellt sich heraus, daß Gerhard Winklers »Capri-Fischer« trotz Liebesseligkeit und Mittelmeer-Melancholie unerhört zähe Gesellen sind. Sie bekommen es sogar fertig, die ernstesten Gedankengänge mit ihrer Aufdringlichkeit zu stören, und ehe man es selbst richtig begreift, erfährt schon die mehr oder weniger davon beglückte Umgebung, daß »Bella, bella, bella Marie« auch in diesem Falle wieder einmal gesiegt hat.

Doch Spaß beiseite: Es ist etwas Eigenartiges um Schlagerlieder im allgemeinen und um dieses im besonderen. Die erste Jugend hat es nun zwar schon hinter sich, kleine musikalisch-kosmetische Korrekturen aber scheinen sein Dasein immer wieder zu verlängern, und eine Tanzveranstaltung ohne zwölfmaliges Wiederholen mit allen Variationen ist schon gar nicht mehr zu denken. Wenn es nicht gerade in der künftigen Sommerhitze in trockenen Kehlen verdurstet, ist demnach zu erwarten, daß wir uns diesen anspruchslosen Singsang noch nächsten Winter in die Ohren trillern werden ...

Die Rheinpfalz
23. 4. 1947

In den ersten Nachkriegsjahren wollte Gerhard Winkler mit seinem Textdichter Leo Breiten in Berlin einen Freund besuchen, der in einem Hinterhaus wohnte. Da es dort zwei Aufgänge gab und die beiden nicht wußten, welches der richtige war, wollten sie den Freund ans Fenster locken und sangen deshalb lauthals »Wenn bei Capri die rote Sonne im Meer versinkt ...«. Daraufhin gingen überall die Fenster auf. Man hielt die beiden für Bettler und warf ihnen Geld herab. Auch der Freund erschien auf seinem Balkon im vierten Stock, und so wußten die beiden, welchen Aufgang sie benutzen mußten. Sie zählten die Groschen - es war eine Mark fünfunddreißig - und freuten sich noch lange über ihren unerwarteten Erfolg als Berliner Hinterhofsänger.

Zeichnung: Franke

„... und da habe ich mich erschossen, um endlich vor diesem Liede Ruhe zu haben!"

Die Tagespost, Potsdam, 24.4.1947

Unsterbliche Melodie von Wassi /46

Die »Capri-Fischer« in München

Im Deutschen Museum fand kürzlich die Premiere des neuen Programms des Deutschen Theaters statt. Unter dem Motto »Triumph der Heiterkeit« brachten zahlreiche prominente Künstler vom Rundfunk und Varieté frohe Stunden der Unterhaltung. Die Solistenkapelle Kurt Hohenberger sorgte für flotte Musik.
Claire Waldoff und Rudi Schuricke - er sang zum 1997. (!) Male die »Capri-Fischer« - hatten mit ihren Liedern großen Erfolg und errangen anhaltenden Beifall.

Die Berliner Nationalhymne

Wer kennt sie nicht, die »Capri-Fischer«?
Wenn « am Himmel die bleiche Sichel des Mondes blinkt ...«, ziehen leider nicht nur die »Capri-Fischer« aufs Meer hinaus, sondern auch die Autodiebe auf Raub aus. Gestern abend um halb zwölf klauten sie dem Komponisten Gerhard Winkler seine graue DKW-Limousine BG 20 788 in der Johann-Sigismund-Straße in Halensee. Wer hat sie gesehen? Der trauernde Besitzer verpflichtet sich, dem Wiederbringer zur Belohnung 24 Stunden lang ununterbrochen die »Capri-Fischer« vorzuspielen.

Der Abend
Berlin, 30. 7. 1947

Lustige Straßenmusikanten

Zwei abenteuerliche, leicht abgerissene Gestalten liegen im Celtistunnel. Die Rücken lehnen sie gegen die gekachelte Wand, die Beine strecken sie so lang wie möglich über den Gehsteig. Auch wer nicht gerade darüber stolpert, kann sie schwer übersehen. Wer sie dennoch übersieht, kann sie nicht überhören. Die beiden machen nämlich Musik mittels Geige und Akkordeon. Nicht einmal schlechte Musik. Und womit versuchen sie das Herz der Vorübergehenden zu rühren? Spielen sie schwermütige Melodien, sentimentale Lieder, mitleiderregende Serenaden? Nichts von alledem. Sie spielen »Das war in Schöneberg im Monat Mai«, die »Böhmische Polka« und sie werfen in weitem Bogen die Netze der »Capri-Fischer« aus. Die beiden scheinen keine schlechten Psychologen zu sein. Sie wissen wahrscheinlich aus langer Erfahrung, daß gute Laune das Geld lockert. Und die Fünfer und Zehner klimpern in die zerknautschte Soldatenmütze ...

Nürnberger Nachrichten
7. 5. 1947

Über eine Rundfunk-Matinée zu Ehren der inzwischen legendären Berliner Trümmerfrauen berichtete der »Nachtexpreß« vom 30. 7. 1947:
Peter Huchel, der stellvertretende Intendant, und Nikolaus Bernhard vom FDGB begrüßten die fleißigen Bauarbeiterinnen, die nun ihrerseits einmal »erbaut« werden sollten. Anfangs mit »Lohengrin«, »Ave Maria«, »Tom, der Reimer« und »Am Brunnen vor dem Tore« - es war fast zu feierlich. Später wurde es bunter. Mit Schwung leitete Otto Dobrindt das Große Unterhaltungsorchester. Als Höhepunkt der Veranstaltung trat Gerhard Winkler ans Pult und dirigierte seine umjubelten »Capri-Fischer«.

»Capri-Fischer« werden Export

Die »Capri-Fischer« von Gerhard Winkler und »Zwei Gitarren am Meer« von Franz Funk sind die erfolgreichsten deutschen Schlager aus den letzten Jahren, erklärte der fast täglich über den amerikanischen Armeerundfunk (AFN) mit seiner Musik zu hörende amerikanische Komponist Julius Dikson in einem Interview. Die Amerikaner in Deutschland seien begeistert von diesen beiden Schlagern. Er beabsichtige, diese Lieder einem der größten amerikanischen Musikverleger nach New York zu schicken, um so die moderne deutsche Unterhaltungsmusik in Amerika wieder zur Geltung zu bringen.

Der Neue Tag
10. 3. 1948

»Telegraf«-Reporter als Berliner Leierkastenmann

Wenn die erste warme Frühlingssonne die Kinder mit Kreisel und Roller auf die Straße lockt, wenn die Berliner Hausfrauen beim Reinemachen und Geschirraufwaschen die neusten Schlager singen, daß es laut über die Höfe schallt, darf eine alte Berliner Type nicht fehlen. Wer kennt ihn nicht, den alten Leierkastenmann oder - wie er sich selber nennt - den Drehorgelspieler? Ewig jung sind seine Walzen! Wer hat das Lied von den Capri-Fischern nicht schon gehört? Selbst Großmutter greift unter die Schürze, zückt ihr Portemonnaie, nimmt von ihrer kargen Monatsrente einen funkelnden Sechser und wirft ihn, gut verpackt, dem Leierkastenmann zu, der seinen Gesang mit den Worten: »Vielen Dank, die Herrschaften!« unterbricht. Der Leierkastenmann bringt Freude auf die dunkelsten Höfe. Einer dieser Leierkastenmänner war für einen Tag auch ich. Man lieh mir eine Drehorgel, ich ließ mir einen Bart wachsen und zog los. Kinder riefen: »Onkel, kommste uff unsern Hof?« Der »Onkel« hatte aber noch Hemmungen zu überwinden. In der Eulerstraße war es dann endlich soweit. Die Schiebermütze tiefer ins Gesicht gezogen, die blaue Brille zurechtgerückt und hinein in das erste Haus! Erschreckend laut tönte das Rollen der Eisenräder im Hausflur. Fröhliche Kinderstimmen, und dann stand ich auf dem Hof. Fast zu grell schienen mir die ersten Töne der »Capri-Fischer«. Aber dann drehte ich munter drauf los und hatte sogar bald das richtige Tempo heraus. Im vierten Stock baumelten drei Paar lange Unterhosen in der Sonne.

Hinterhofmusik

Funk-Illustrierte, 28.8.1949
Zeichnungen: Yo

Einige verpappte Fenster öffneten sich, lachende Gesichter erschienen, und Kinder tanzten nach dem Tango Gerhard Winklers. In den engen, düsteren Hinterhof kam plötzlich Leben. Die ersten in Papier gewickelten Münzen prasselten aufs Pflaster. Eine dankbare Verbeugung meinerseits folgte, und ich murmelte in meinen zwei Tage alten Bart: »Herzlichen Dank, die Herrschaften!«

Telegraf
Berlin, 25. 4. 1948

Aus der damaligen Beliebtheit der »Capri-Fischer« erklärt sich auch ihre kuriose Verwendung in einer Nummer im Programm des im September 1949 neueröffneten Berliner Friedrichstadt-Palastes. Dieses traditionsreiche Varieté- und Revuetheater brachte in seinem bunten Programm mit Lotte Werkmeister, Udo Vietz, Maria Beling und Adi Apelt eine Szene mit dem in Berlin sehr populären »Stralauer Fischzug«. Zu diesem folkloristischen Alt-Berliner Brauch erklangen als musikalische Untermalung Gerhard Winklers »Capri-Fischer«. Mit Recht fand der Berichterstatter der Berliner Zeitung »Tribüne« eine solche Kombination »total deplaciert«.

Die weltweite Popularität der »Capri-Fischer« hatte aber auch ihre positiven Seiten. Mit diesem Lied überwand Gerhard Winkler für die deutsche Unterhaltungsmusik im Ausland viele durch Nationalsozialismus und Weltkrieg bedingte Ressentiments, übersprang Grenzen, öffnete Herzen und schuf nicht zuletzt auch wichtige Voraussetzungen für neue kulturelle Beziehungen und wirtschaftliche Kontakte. So heißt es in einer Berliner Zeitung vom Dezember 1951 in Würdigung der Verdienste von Gerhard Winklers Schlagerschaffen:

Caprifischer brach Blockade
Deutsche Schlager wandern wieder um die Welt

Der deutsche Schlager, für den die Grenzen jahrelang gesperrt waren, ist nun wieder in vielen Ländern zu Hause ... Das verriegelte Tor zur Welt wieder geöffnet zu haben, ist nicht zuletzt auch das Verdienst des in Berlin beheimateten Musikverlegers Peter Schaeffers, der Gerhard Winklers »Capri-Fischer« druckte ... Den dichten Sperrgürtel einer ideellen Blockade durchbrachen als erste die »Capri-Fischer«. Mit frischem Berliner Wind in den Segeln gingen sie zunächst in Großbritannien an Land und von dort auf große Fahrt nach Amerika. Damit war das kompakte Eis der Ablehnung gebrochen. Millionen in aller Welt summten und sangen die auf Tausenden von Schallplatten verbreitete Melodie von Gerhard Winkler.

Deutsche Touristen auf Capri:
»Wenn bei Capri die rote Sonne ...«

Zeichnung: G. Bri
Der Stern, August 1970

Welches war der erfolgreichste deutsche Nachkriegsschlager? Nun, wer es aus dem Stegreif nicht weiß, dem wird die GEMA offizielle Auskunft geben können. Das ist nämlich jene Gesellschaft, die über die Aufführungsrechte der Komponisten wacht und dafür sorgt, daß ihnen ihre Tantiemen zufließen. Danach flossen sie am reichlichsten bei den »Capri-Fischern«. Der Berliner Komponist Gerhard Winkler durfte zufrieden sein. Daß man ihm aber noch dazu auf der von ihm besungenen Insel ein Denkmal setzte, ist unter Schlagerkomponisten ein Novum, und niemand wird darüber mehr überrascht gewesen sein als der Schöpfer dieser Melodie selbst. Doch es steht nun einmal - zwischen Capri und Anacapri, unterhalb von San Michele - und die Inschrift lautet:

»Dem großen Propagandisten unserer Insel
Die dankbaren Capri-Fischer«

Auch wenn es sich um einen Touristenscherz handelt, so müßten es die Neapolitaner den Capri-Fischern nachtun, denn ihre Stadt hat Gerhard Winkler, der Sänger südlicher Sehnsucht, in zwei bekannten Kompositionen ebenfalls besungen: Vor anderthalb Jahrzehnten stand das »Neapolitanische Ständchen« auf dem Programm aller Unterhaltungskapellen der Welt; und das Lied »O mia bella Napoli« trat nicht minder erfolgreich die Reise durch die Welt an.

Und auch die toskanischen Weinbauern hätten alle Ursache, auf einem ihrer Berge seine Büste aufzustellen, denn Gerhard Winklers »Chianti-Lied« wird noch heute gesungen und dürfte mehr zum Ruhm dieses italienischen Rotweins beigetragen haben als alle moderne Werbung.

Hamburger Abendblatt
10. 7. 1951

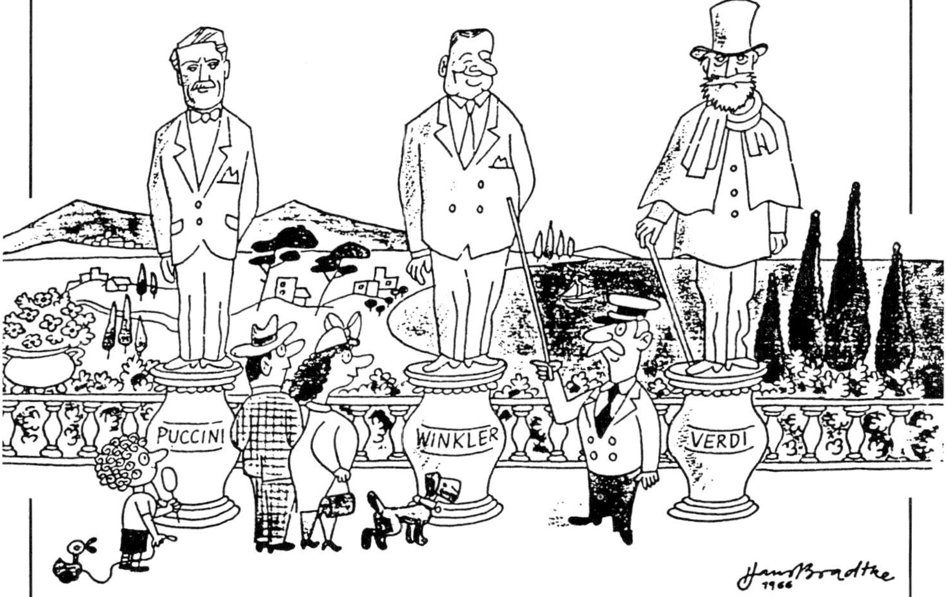
PUCCINI
WINKLER
VERDI
Hans Brandtke 1966

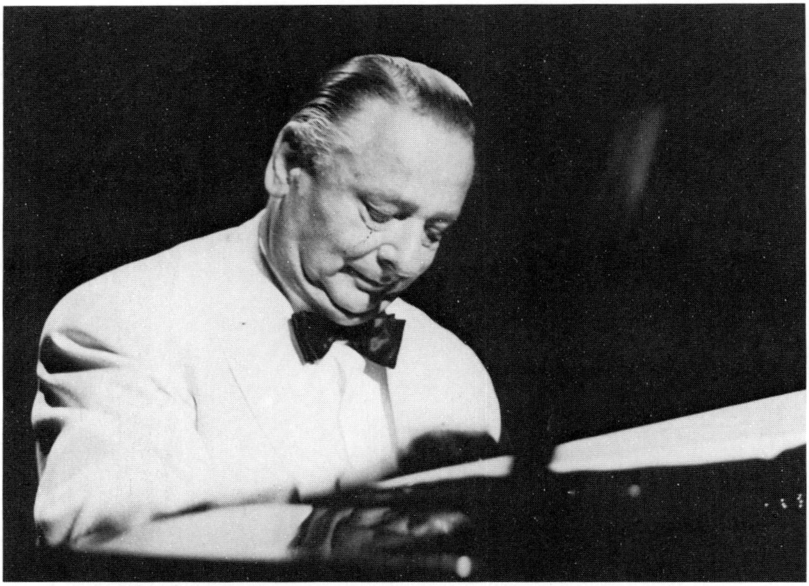

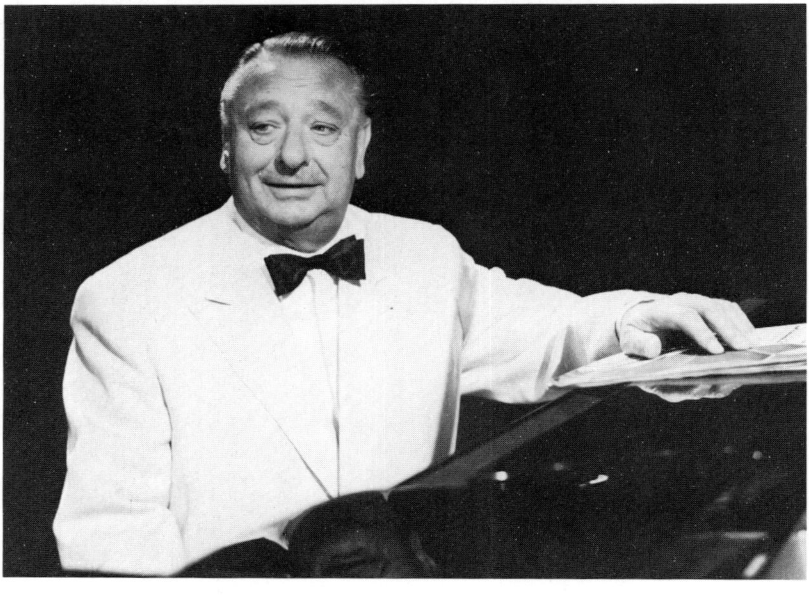

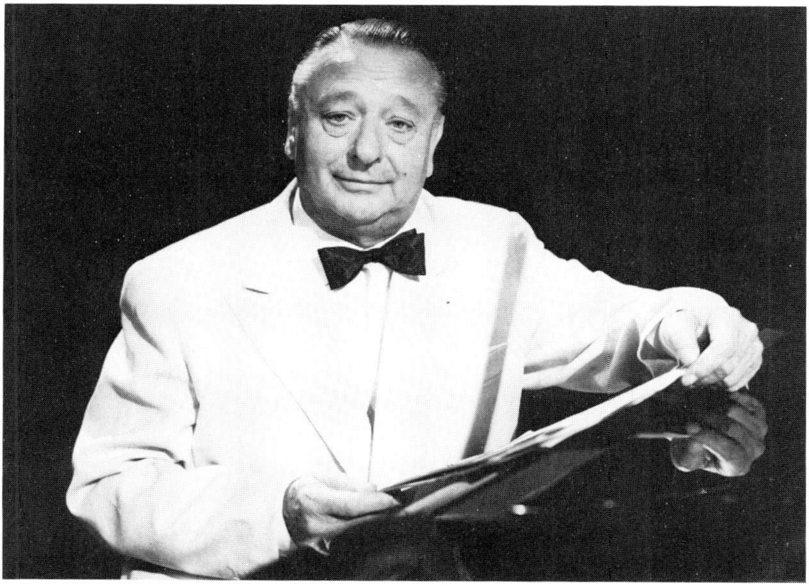

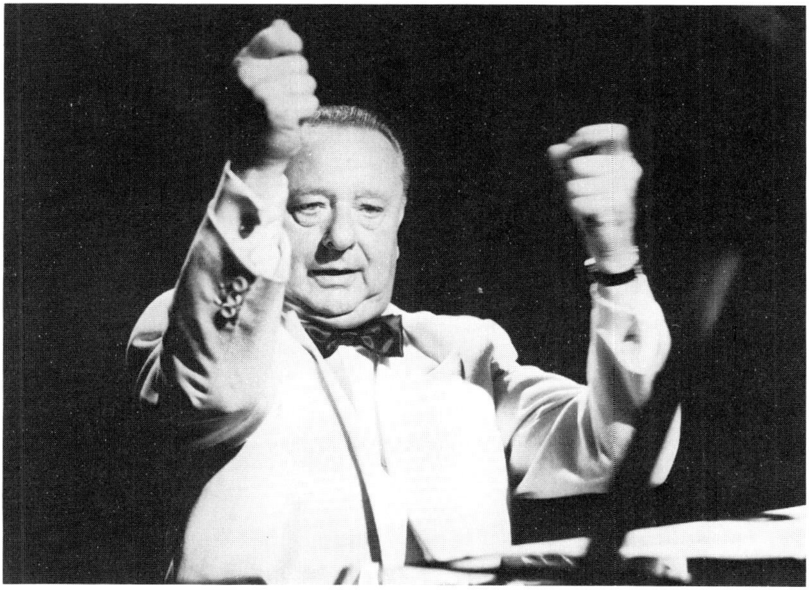

Gerhard-Winkler-Werkverzeichnis

von
Stephan Pflicht

Das Werkverzeichnis bietet in alphabetischer Anordnung eine repräsentative Auswahl aus dem Gesamtschaffen des Komponisten, das laut GEMA-Statistik über 1000 Titel umfaßt.
Die hier systematisch und in alphabetischer Folge erfaßten Werke sind in ihrer zeitlichen Aufeinanderfolge nach dem Erscheinungsdatum der Druckausgaben in die Gerhard-Winkler-Chronik dieses Buches eingeordnet.

Abends wenn im Dorf die Glocken läuten
s. Kleine Sennerin

Abschiedsmelodie (Schwarzwaldmelodie)
Geht eine Liebe zu Ende ... (V)
Lied und Langsamer Walzer
aus dem Film »Schwarzwaldmelodie«
Text von Fred Rauch
Musik-Edition Europaton (Peter Schaeffers), Berlin 1956

Ach bleib doch stehn
s. Schenk mir dein Herz, Lucia

Ach, Sibylle-bille-bille
Herr Müller sitzt am Badestrand ...
Lied und Polka
Text von Hans Bradtke
Musik von Ben Bern (Gerhard Winkler)
Peter Schaeffers Musikverlag, Berlin 1950

Ach, so gern möcht' er nach Hause gehn
s. Ein armer Musikant

Äiti pien
s. Mütterlein

Alabama-Blues
s. Das alte Lied von Alabama

Al fine
Konzertstück
Ries & Erler, Berlin 1938

Alle Damen fahren gern nach Italien
Und schon wieder ... (V)
Lied und Foxtrott
Text von Charly Niessen
Edition Fortuna, Berlin 1957

Alle sind entzückt
   s. Der Meisterjodler von Daxenbach

Alles, was dein Herz begehrt
   s. Ich hab' nur ein Hemd

Alles wird wieder besser
Lied und Marsch-Foxtrott
Text von Kurt Grabau
Musikverlag Paul Schmidt, Berlin 1934
jetzt: Richard Birnbach Musikverlag

Alle Verliebten singen
Komm, laß die Zeit nicht vergehn ... (V)
Walzerlied
aus dem Film »Die schöne Meisterin«
Text von Günther Schwenn
Edition Continent, München 1956

Alle Wunder der Welt
Wenn ich im Regen geh' ... (V)
Lied und Slowfox
Text von Kurt Hertha
Edition Fortuna (Peter Schaeffers), Berlin 1960
Anm.:   Gesungen von Gerhard Wendland
           3. Preis beim Deutschen Schlager-Festival
           für den Grand Prix Eurovision 1960

All I Wanted
s. Georgine

Als ich Abschied von dir nahm
s. Wenn die Kastanien blühn

Als ich tat die ersten Schritte
s. Mütterlein

Alt-Berliner Kremserfahrt
Wenn es Sonntag war in Spree-Athen ...
Draußen geht ein Leben los ... (V)
Lied und Foxtrott
Text von Ralph Maria Siegel
Musikverlag Fritz Hädrich, Chemnitz o. J. (1943)
jetzt: Apollo-Verlag Paul Lincke
Anm.: Gesungen von Magda Hain
Das Werk ist mit dem Copyright 1966 erneut im Druck erschienen (Apollo-Verlag Paul Lincke, Berlin).

Der alte Kellermeister
Du alter Kellermeister ...
Leer bis auf das letzte Tröpfchen ... (V)
Lied
Text von Fred Rauch
Transeuropa Bühnen- und Musikverlag, Wiesbaden 1958
jetzt: Richard Birnbach Musikverlag

Die alte Laube
Irgendwo am Wiesenhang ...
Wir werden wieder in der alten Laube sitzen ... (Rf)
Lied
Text von Günther Schwenn
Musikverlag Peter Schaeffers, Berlin 1943
Anm.: Das zunächst als Nr. 2 einer unter dem Titel »Briefe des Herzens« konzipierten Sammlung von drei Liedern des Komponisten veröffentlichte Werk ist auch ohne Hinweis auf die Sammlung in dem Heft »Ganz leis erklingt Musik in 7 Liedern gesungen von Rudi Schuricke« (Bote & Bock, Berlin o. J.) im Druck erschienen.

Das alte Lied von Alabama
Das ist das alte Lied von Alabama ...
Träge fließt der alte Mississippi ... (V)
Lied und Slowfox
aus dem Film »An jedem Finger zehn«
Text von Aldo von Pinelli und Günther Schwenn
Musik-Edition Europaton (Peter Schaeffers), Berlin 1954

Alt-Heidelberg
Lied
Text von Bruno Balz
Transeuropa Bühnen- und Musikverlag Wiesbaden 1958
jetzt: Richard Birnbach Musikverlag

Am Himmel ziehn die Wolken in die Ferne
Feiertagsruhe liegt über dem Land ... (V)
Lied und Slowfox
Text von Hans G. Orling
Wiener Bohème Verlag, Berlin 1944
Anm.:   Gesungen von Magda Hain

Am Kaminfeuer
   s. Wintermärchen-Suite

Am Rio del Caribe
   s. Ay, ay, ay, die Sonne brennt sehr

Am Sonntag ist Kirchweih
Ist die Ernte vorüber ...
Walzerlied
Text von Sepp Haselbach (Fred Rauch)
Musik von Ben Bern (Gerhard Winkler)
Edition Continent, München 1955
Anm.:   Das Werk wurde auch verwendet für den 1956 gedrehten Film
        »Schwarzwaldmelodie«.

Andalusischer Tanz
Konzertstück
Musikverlag Paul Schmidt, Berlin o. J. (1938)
jetzt: Richard Birnbach Musikverlag

Anm.: Das Werk ist als Nr. 11 einer vom Komponisten unter dem Titel »Klänge aus aller Welt« konzipierten Serie von 15 Konzertstücken im Druck erschienen.
Eine Neuausgabe dieses Werkes ist dann ohne Hinweis auf die Serie mit dem Copyright 1936 im Druck erschienen.

An der blauen Adria
Suite in 4 Sätzen
für Orchester
1. Dem Süden entgegen
2. Auf der Lagune
3. Träumendes Fischerdorf
4. In der Osteria

Manuskript
Gerhard-Winkler-Archiv

Anm.: Die Rechte an diesem ab 23. 4. 1941 von Heinrichshofen's Verlag vertretenen, jedoch nicht im Druck erschienenen Werk wurden am 22. 3. 1961 an den Komponisten zurückgegeben.
Der 3. und 4. Satz des Werkes sind 1965 unabhänig von ihrem konzeptionellen Zusammenhang mit der Suite »An der blauen Adria« als eigenständige und unter dem Titel »Italienische Impressionen« zusammengefaßte Konzertstücke (Richard Birnbach Musikverlag, Berlin) im Druck erschienen.

An der scharfen Ecke von St. Pauli
Seh' ich Cuxhaven und grüßt die Alte Liebe ... (V)
Seemannslied
Text von G. V. Otten (Georg Schröter)
Musik-Edition Europaton (Peter Schaeffers), Leipzig 1948

Anm.: Das Werk ist in einer unter dem Titel »Auf allen sieben Meeren« konzipierten Sammlung von 5 Seemannsliedern des Komponisten im Druck erschienen.

Angélique
Medium-Foxtrott
Edward Kassner & Co., Berlin 1961
Anm.:   Das Werk ist auch unter dem Titel »Barbara« auf Schallplatte erschienen.

An jedem Finger zehn (F)
  s. Das alte Lied von Alabama

Anna-Greta
  s. Zwischen Heidekraut und Heiderosen

Answer Me
Answer Me, My Love
Answer Me, Oh Lord
  s. Mütterlein

Appuntamento nel Wienerwald
  s. Stelldichein im Wienerwald

Arabischer Mokka
Konzertstück (Intermezzo)
für Akkordeon oder Klavier
Edition Fortuna (Peter Schaeffers), Berlin 1955
Anm.:   Das Werk ist als Nr. 7 einer vom Komponisten unter dem Titel »Leckerbissen« konzipierten Sammlung von 8 Konzertstücken im Druck erschienen.

Artisten-Ballade (Vorhang auf)
Ihr seht uns immer nur lachen ...
Vorhang auf, frei die Manege ... (Rf)
Lied
für Tenor und Großes Orchester
Text von Fred Rauch
Musik-Edition Europaton (Peter Schaeffers), Berlin 1961
Anm.:   Das Werk (Verlagsvertrag vom 1. 12. 1955) ist eine musikalische und textliche Neufassung des Liedes »Vorhang auf (Artisten-Marsch)« aus dem Film »König der Manege«.

Artisten-Marsch
   s. Vorhang auf

A travers la prairie
   s. Prärieritt

A Trip in Switzerland
Konzertstück (Bounce)
Brillant-Musik (Hans Gerig), Köln 1969

Auch der allerschönste Sommer geht zu Ende
Leise küßt der Wind das Sonnenland ... (V)
Lied und Slowfox
aus dem Film »Die schöne Meisterin«
Text von Günther Schwenn
Edition Continent, München 1956

Auch der Herbst hat seine schönen Tage
Blätter fallen leise ...
Lied und Slowfox
Text von Günther Schwenn
Edition Fortuna (Peter Schaeffers), Berlin 1957

Auf allen sieben Meeren
5 Seemannslieder
nach Texten von G. V. Otten (Georg Schröter)
   s. An der scharfen Ecke von St. Pauli
   s. Auf allen sieben Meeren (Lied)
   s. Erst einmal ganz sachte
   s. Heini Bumm
   s. Die »Schwarze Jenny«

Auf allen sieben Meeren
Es liegt ein rotes Backsteinhaus ...
Seemannslied
Text von G. V. Otten (Georg Schröter)
Musik-Edition Europaton (Peter Schaeffers), Leipzig 1948
Anm.: Das Werk ist in einer unter dem Titel »Auf allen sieben Meeren« konzipierten Sammlung von 5 Seemannsliedern des Komponisten im Druck erschienen.

Auf der kleinen Insel in der großen Nordsee
  s. Friesenmädel

Auf der Lagune
  s. An der blauen Adria (Suite)

Auf der Reise durch den goldnen Süden
  s. Frühling in Sorrent

Auf einer Südseeinsel
Konzertstück (Impression)
Musikverlag Paul Schmidt, Berlin o. J. (1940)
jetzt: Richard Birnbach Musikverlag
Anm.: Das Werk ist als Nr. 14 einer vom Komponisten unter dem Titel »Klänge aus aller Welt« konzipierten Serie von 15 Konzertstücken im Druck erschienen.

Aus den Augen, aus dem Sinn
Sagt ein Herz einmal ade ... (V)
Lied und Langsamer Walzer
Text von Hans Werner
Edition Imperial, Berlin 1955

Aus Portugal im Pokal roten Portwein
  s. In Portugal

Avanti, avanti
Paso doble
Richard Kaun Verlag (Robert Rühle), Regensburg 1950

Ay, ay, ay, die Sonne brennt sehr
(Baumwollpflücker-Lied)
Am Rio del Caribe ... (V)
Lied und Medium-Foxtrott
aus der Operette »Die ideale Geliebte«
Text von Hermann Hermecke und Eva Engelhardt
Transeuropa Bühnen- und Musikverlag, Berlin 1958
jetzt: Richard Birnbach Musikverlag

Der Bach im Wiesengrunde
s. Bunte Palette (Suite)

Ballade
s. Oceana-Suite

Ballett im alten Stil
aus der Operette »Der Fürst von Monterosso«
   1. Gavotte à la Rameau
   2. Valse à la Delibes
   3. Cancan à la Offenbach
Transeuropa Bühnen- und Musikverlag, Berlin 1961
jetzt: Richard Birnbach Musikverlag

Barbara
s. Angélique

Barcarole d'amore
Fällt in die Gondel ein Rosenblatt ...
Mondlicht vom Himmelszelt ... (V)
Text von Fred Rauch
Papageno-Verlag (Hans Sikorski), Hamburg 1953

Bärenjagd in Alaska
Heiaho, wir sind auf Bärenjagd ...
Männer, dicht in Pelz gehüllt ... (V)
Marschlied
Text von Fred Rauch und Axel Weingarten (Hans Bertram)
Edition Continent, München 1956

Baumwollpflücker-Lied
s. Ay, ay, ay, die Sonne brennt sehr

Bayrische Berge und bayrische Seen
s. Heiliges Vaterland

Bayrischer Dirndl-Walzer
Dirndel, gib acht ...
Walzerlied
aus dem Film »Meine Frau, die Schützenkönigin«
Text und Musik von Gerhard Winkler
Wiener Bohème Verlag, Berlin 1934

Beate (F)
s. Ich bin nicht liebeskrank
s. Traum und Wirklichkeit

Beates Sprung ins Glück (F)
s. Beate (F)

Bei Tanzmusik im Strandhotel
Sonnenschein, Wellenschaum ...
Lied und Foxtrott
Text von Bruno Elsner und R. U. Raffaelli
Musikverlag Sterbini & Co., Berlin 1936

ital.: Quel non so che
Anm.: Unter dem Titel »Bei Tanzmusik im Strandhotel (Quel non so che)« ist das Werk auch mit einer italienischen Textversion von Piero Tosi (ISETEM, Rom o. J.) im Druck erschienen.
Das Werk wurde auch verwendet für das Musikalische Lustspiel »So gut wie verlobt« und ist in diesem Zusammenhang unter dem Titel »Tanzmusik« mit einer von Günther Schwenn und Bobby E. Lüthge neugefaßten Textversion 1947 erneut im Druck erschienen (Edition Heinz Elsberg, Berlin).

Bella, bella, bella Marie
s. Capri-Fischer

Bella, bella Donna
Lied und Foxtrott
Text von Kurt Feltz
Edition Rialto (Hans Gerig), Köln 1953

Bella, bella Marie
s. Capri-Fischer

Bella, bella Signorina
Ich bin in ein Mädchen verliebt ...
Mia bella, bella, bella Signorina ... (Rf)
Lied und Foxtrott
aus der Operette »Die ideale Geliebte«
Text von Hermann Hermecke und Eva Engelhardt
Transeuropa Bühnen- und Musikverlag, Berlin 1958
jetzt: Richard Birnbach Musikverlag

Bella Marie
s. Capri-Fischer

Bella Pepita
Wo Kastagnetten klingen ...
Lied von Bruno Elsner
Dreiklang-Verlag, Berlin 1937

Berlin, Berlin
s. 0-3-1-1 Berlin, Berlin

Berliner Kremserfahrt
s. Alt-Berliner Kremserfahrt

Der Bienenkorb
Konzertstück
Manuskript
Gerhard-Winkler-Archiv (35)

Bier-Walzer
Was wären wir, wir, wir ohne das Bier, Bier, Bier ...
Es ist noch nicht zu Ende mit der Gemütlichkeit ... (V)
Walzerlied
aus dem Film »Die schöne Meisterin«
Text von Günther Schwenn
Edition Continent, München 1956

Bildnis der Madonna
Konzertstück
für Violoncello und Orchester
Herbert Moeschk Musikverlag, Berlin 1947
jetzt: Manuskript
Gerhard-Winkler-Archiv

engl.:   Portrait of the Madonna
frz.:   Image de la vierge
Anm.:   Das Werk ist als Nr. 6 einer vom Komponisten unter dem Titel »Teekonzert« konzipierten Sammlung von 12 Konzertstücken im Druck erschienen.

Bimbalo
Negertrommeln dröhnen durch die Tropennacht ...
Lied und Samba
Text von Hans G. Orling
Matth. Hohner Musikverlag, Trossingen/Württ. o. J. (1950)
jetzt: Manuskript
Gerhard-Winkler-Archiv

Blätter fallen leise
  s. Auch der Herbst hat seine schönen Tage

Blätter fallen ringsumher
  s. Der Sommer ging vorbei

Blau sind die Nächte in Spanien
Lied
für Koloratursopran
Text von Ralph Maria Siegel
Wiener Bohème Verlag, Berlin 1943
Anm.: Gesungen von Magda Hain

Bleibe du bei mir, wenn die Sonne sinkt
  s. Miteinander, füreinander

Bleibe noch ein Weilchen hier
Du bist mein ein und alles ...
Lied und Slowfox
Text von Kurt Grabau
Musikverlag Paul Schmidt, Berlin 1934
jetzt: Norddeutscher Musikverlag Hamburg
engl.: Stay Just a Little While
Anm.: Herrn Kapellmeister James Kok in aufrichtiger Verehrung zugeeignet
Das Werk ist dann unter dem Titel »Bleibe noch ein Weilchen hier (Stay Just a Little While)« erneut im Druck erschienen (Norddeutscher Musikverlag, Hamburg o. J.).

Bleib so wie du bist
Wie ein Traum kommt mir die Welt ... (V)
Lied und Slowfox
Text von Fini Busch
Edition Continent, München 1955

Blumen aus Florenz
Konzertstück (Serenade)
Richard Birnbach Musikverlag, Berlin 1938
engl.: Florentine Flowers
frz.: Fleurs de Florence
ital.: Fiori di Firenze

Blütenfest in Japan
Konzertstück
Musikverlag Paul Schmidt, Berlin o. J. (1940)
jetzt: Richard Birnbach Musikverlag

Anm.: Das Werk ist als Nr. 13 einer vom Komponisten unter dem Titel »Klänge aus aller Welt« konzipierten Serie von 15 Konzertstücken im Druck erschienen.

Blütenkind im Schnee (Bw)
Romantisches Wintermärchen in drei Akten
von Kurt Longa
Musik von Gerhard Winkler
UA: Koblenz, Stadttheater, 29. 11. 1964
Edition Kasparek, München 1965

Anm.: Das Werk war ursprünglich unter dem Titel »Schneebällchen« konzipiert.

Bohemian Wedding
s. Böhmische Bauernhochzeit

Böhmische Bauernhochzeit
Konzertstück (Polka)
Wiener Bohème Verlag, Berlin 1939

engl.: Bohemian Wedding
frz.: Mariage champêtre en Bohème
Anm.: Laut Verlagsvertrag vom 14. 4. 1939 war der ursprüngliche Titel des Werkes »Böhmische Polka«.

Böhmische Musikanten
Musikanten sind aus Böhmen da ...
Lied und Polka
Text von Erich Meder
Francis, Day & Hunter, Frankfurt am Main (1952)

Anm.: Laut Mitteilung des Verlages vom 14. 4. 1986 ist das Werk versehentlich mit dem Copyright 1942 im Druck erschienen.

Böhmische Polka
   s. Böhmische Bauernhochzeit

Boulevard-Bummel
Konzertstück
Matth. Hohner Musikverlag, Trossingen/Württ. 1955
jetzt: Manuskript
Gerhard-Winkler-Archiv

Boxkampf und Sechstagerennen
   s. Wenn ich mit dir im Kino bin

Briefe des Herzens
3 Lieder
nach Texten von Günther Schwenn
   s. Die alte Laube (2)
   s. Liebe Mutter, weine nicht (3)
   s. Mach dir um mich doch bitte keine Sorgen (1)

Die Broadway-Melodie
Das ist die Broadway-Melodie ...
Es strahlen Hunderttausende von Lichtern ... (V)
Lied und Foxtrott
aus dem Film »Die Rosel vom Schwarzwald«
Text von Fred Rauch
Edition Continent, München 1956

Buenos Aires
Reisen ist schön ...
Lied und Marsch-Foxtrott
Text von Ralph Maria Siegel
Echo Musikverlag, Berlin 1939
   Anm.:   Gesungen von Rudi Schuricke

Bunte Palette
Suite in 4 Sätzen
für Orchester
  1. Prater-Spaziergang
  2. Segelboote auf der Adria
  3. Der Bach im Wiesengrunde
  4. Fröhliche Weinlese
Musikverlag Paul Schmidt, Berlin o. J. (1940)
jetzt: Richard Birnbach Musikverlag

Buon giorno, amico
Konzertstück (Kleiner Italienischer Marsch)
Manuskript
Gerhard-Winkler-Archiv (40)

Campanilla blanca
  s. Schneeglöckchen

Camping am blauen Meer
  s. Neapolitanisches Ständchen

Cancan à la Offenbach
  s. Ballett im alten Stil

Canción de amor del violin
Canzone d'amore del violino
  s. Der Geige Liebeslied

La canzone del Chianti
  s. Chianti-Lied

Capri-Fischer
Wenn bei Capri die rote Sonne im Meer versinkt ...
Lied und Tango
Text von Ralph Maria Siegel
Dacapo-Verlag (Peter Schaeffers), Wien 1943
jetzt: Musik-Edition Europaton

engl.:	Bella, bella Marie
	(The) Fishermen of Capri
frz.:	Bella Marie
niederl.:	De vissers van Capri
Anm.:	Unter dem Titel »Bella Marie (Fishermen of Capri)« ist das Werk auch als zweisprachige Ausgabe (Editions Musicales Peter Maurice, Paris o. J.; für Belgien: World Music, Brüssel; für die Schweiz: Mondiamusic, Genf) mit einer französischen Textversion von André Hornez sowie einer englischen Textversion von Don Pelosi und Leo Towers (»Copyright 1947 by Peter Maurice Music Co Ltd., London: for the entire world except U.S.A. et Canada; Peter Maurice Music Co Ltd., New York: for U.S.A. et Canada«) ohne Hinweis auf den Originalverlag und ohne Nennung des deutschen Textautors im Druck erschienen. Außerdem ist das Werk unter dem Titel »De vissers van Capri« (Les Editions Int. Basart N. V., Amsterdam) in einer niederländischen Textversion von Steggerda auf Schallplatte erschienen. Der Originalverlag und das Gerhard-Winkler-Archiv sind um die Registrierung weiterer fremdsprachiger Druckausgaben und Schallplattenaufnahmen bemüht.

Caramba
Nun bin ich am Ziel ...
Lied und Bolero
aus der Operette »Die ideale Geliebte«
Text von Hermann Hermecke und Eva Engelhardt
Transeuropa Bühnen- und Musikverlag, Berlin 1958
jetzt: Richard Birnbach Musikverlag

Anm.:	Diese Nummer ist in dem 1956 im Druck erschienenen Klavierauszug der Operette »Die ideale Geliebte« nicht enthalten und wurde erst später in das Bühnenwerk eingefügt.

Caroline
Viele schöne Frau'n ... (V)
Lied und Foxtrott
aus dem Film »Denn die Musik und die Liebe
in Tirol«
Text von Hanns Stani
Hermann Schneider Musikverlag, Wien 1963
Karl Heinz Busse Musikverlag, München 1963
Anm.: Gesungen von Gus Backus

Casanova-Bossa-Nova
s. Casanova-Lied

Casanova-Lied
Komm, Casanova, komm, Casanova, küß mich ...
Walzerlied
für Koloratursopran
Text von Ralph Maria Siegel
Edition Meisel & Co., Berlin 1943
Anm.: Gesungen von Magda Hain
Das Werk ist auch unter dem Titel »Komm, Casanova, küß mich« mit dem Copyright 1953 sowie unter dem Titel »Casanova-Bossa-Nova« im Druck erschienen.

Casanova wider Willen (TV)
Manuskript
Gerhard-Winkler-Archiv
Anm.: Ein Manuskript dieser 1963 entstandenen TV-Filmmusik war nicht eruierbar.

Chant d'amour du violon
s. Der Geige Liebeslied

Charleston-Charlie
Was ist modern, was tanzt man gern ...
Einmal nur mit Charlie wieder Charleston tanzen ... (Rf)
Lied und Charleston
Text von Heino Gaze
Peter Schaeffers Musikverlag, Berlin 1950

Chérie-Waltz
Langsamer Walzer
Manuskript
Gerhard-Winkler-Archiv (146)

Anm.: Die Rechte an diesem ab 31. 3. 1965 vom DEHACE Musikverlag vertretenen, jedoch nicht im Druck erschienenen Werk wurden am 24. 11. 1981 an den Rechtsnachfolger des Komponisten zurückgegeben.

Chianti-Lied
Hoch die Gläser, hoch das Leben ...
Ja, ja, der Chiantiwein ...
Lied und Tarantella
Text von Ralph Maria Siegel
Edition Meisel & Co., Berlin 1940

engl.:	Chianti Song
frz.:	Vive le bon vin
ital.:	Si, si, beviam
	La canzone del Chianti
span.:	De noche en Napoli
niederl.:	Ja, ja, die Chianti-wijn
schwed.:	En flaska eldigt vin
tsch.:	Pijácká

Anm.: Unter dem Titel »Chianti Song« ist das Werk auch in einer Subausgabe für Großbritannien, USA und Kanada (UNIT Music Publishing Co., o. O. 1957); unter dem Titel »Vive le bon vin« mit einer französischen Textversion von Jacques Larue (Les Nouvelles Editions Méridian, Paris 1950); unter dem Titel »Si, si, beviam (La canzone del Chianti)« mit einer italienischen Textversion von Renato Rosati (Edizioni EDIR, Rom 1951); unter dem Titel »De noche en Napoli (Chianti-Lied)« mit einer spanischen Textversion von J. Pal (Musica del Sur, Barcelona 1952); unter dem Titel »Chianti-Lied (Ja, ja, die Chianti-wijn)« als zweisprachige Ausgabe mit dem deutschen Originaltext und einer niederländischen

Textversion von Ferry (Les Editions Int. Basart N. V., Amsterdam 1951); unter dem Titel »Chianti-Lied (En flaska eldigt vin)« mit einer schwedischen Textversion von S. S. Wilson und dem deutschen Originaltext (Stockholms Musikproduktion, Stockholm o. J.) sowie unter dem Titel »Pijácká (Chianti-Lied)« als zweisprachige Ausgabe mit einer tschechischen Textversion von Josef Khun und dem deutschen Originaltext (ČSSR Státní hudební vydavatelství, Prag 1961) im Druck erschienen.
Das Werk ist auch mit dem Copyright 1951 im Druck erschienen.

Chiaro di luna
s. Mondlicht

Clarina
Konzertstück
für Klarinette und Orchester
Transeuropa Verlag (R. Erdmann KG), Wiesbaden 1968
jetzt: Richard Birnbach Musikverlag

Close to You
s. Nah bei dir

Cornemuse éccossaise
s. Schottischer Dudelsack

Le coucou
s. Die Kuckucksuhr

Cowboy, was ist denn schon dabei
s. Whisky und Pferde

Cuando Paco se và a la corrida
s. El Picador

Cuba
Fern von hier ...
So blau ist nur der Himmel über Cuba ... (Rf)
Lied und Langsamer Walzer
Text von Bruno Elsner
Boccaccio-Verlag (Richard Birnbach), Berlin 1939

The Cuckoo-Clock
   s. Die Kuckucksuhr

Da hab' ich nun am Telefon die Stadt
   s. 0-3-1-1 Berlin, Berlin

Das ist das alte Lied von Alabama
   s. Das alte Lied von Alabama

Das ist der Liebe Freud und Leid
   s. Der Liebe Freud und Leid

Das ist die Broadway-Melodie
   s. Die Broadway-Melodie

Das muß der Sonnenschein in deinen Augen sein
Lied und Medium-Foxtrott
Text von Hans Bradtke
Edition Primus (Rolf Budde), Berlin 1974

Deinen Kuß, deinen Kuß, Madeleine
   s. Tanz diesen Walzer, Madeleine

Dem Süden entgegen
   s. An der blauen Adria (Suite)

Denn die Musik und die Liebe in Tirol (F)
   s. Caroline

De noche en Napoli
   s. Chianti-Lied

Deprimiert, resigniert
   s. Jeder Mann tut mir leid

Der Geige Liebeslied
Konzertstück
für Violine und Klavier oder Orchester
Otto Wrede (Regina-Verlag), Berlin 1938
engl.: The Violin's Love Song
frz.: Chant d'amour du violon
ital.: Canzone d'amore del violino
span.: Canción de amor del violin

Der Liebe Freud und Leid (Liebeslied)
Das ist der Liebe Freud und Leid ...
Lied
aus dem Film »Die Stimme der Sehnsucht«
Text von Fred Rauch
Edition Fortuna, Berlin 1956
Anm.: Gesungen von Rudolf Schock

Der Sonne entgegen
Konzertstück (Fantasie)
für Klavier und Großes Orchester
Manuskript
Gerhard-Winkler-Archiv (20)
Anm.: GEMA-Registrierung vom 26. 9. 1952

Des feuilles fanées
s. Welke Blätter

Des Morgens schon um vier
s. Das Militär, das Militär

Deutsche Altershilfe (Fernsehlotterie)
s. Miteinander, füreinander

Deutsche Hymne
s. Heiliges Vaterland

Die Dicken sind immer gemütlich
Lieber Doktor ...
Walzerlied
Text von Erich Meder
Musik von Ben Bern (Gerhard Winkler)
Edition Continent, München 1957

Dir kann ich doch nicht böse sein
Es vergeht kein Tag ... (V)
Lied und Slowfox
Text von Heinz Korn
Edition Rialto (Hans Gerig), Köln 1966

Dirndel, gib acht
  s. Bayrischer Dirndl-Walzer

Dixieland-Fox
  s. Wo, wo, wo liegt Dixieland

Don Alvarez
Tango
Musik von G. Herman (Gerhard Winkler)
Edition Majestic (Erwin Paesike), Berlin o. J. (1951)
Anm.:   Verlagsvertrag vom März 1951

Don Diego
Konzertstück (Spanische Ouvertüre)
Otto Junne Musikverlag, Leipzig 1939

Donna Chiquita
Konzertstück (Spanische Ouvertüre)
Otto Junne Musikverlag, Leipzig 1937

Don Pedro
Nachts in einer Tanzbar ...
Keiner spielt so schön Gitarre wie Don Pedro ... (Rf)
Lied und Paso doble
Text von Bruno Elsner
Dreiklang-Verlag, Berlin 1936

Die Dorfmusikanten sind da
Sechs Tage Arbeit, die gehen vorbei ...
Walzerlied
Text von Sepp Haselbach (Fred Rauch)
Musik von Ben Bern (Gerhard Winkler)
August Seith Musikverlag, München 1953

Dorita
Gib acht heute nacht, o Dorita ... (Rf)
Lied und Paso doble
Text von Bruno Elsner
Dreiklang-Verlag, Berlin 1938

Dort wo die grünen Tannen stehn
Die Welt ist so schön ...
Hör der Finken Schlag ... (V)
Marschlied
aus dem Film »Schwarzwaldmelodie«
Text von Charly Niessen
Musik-Edition Europaton (Peter Schaeffers), Berlin 1956

Dort wo die Zitronen blühn
  s. O Mona, Mona Lisa

Draußen geht ein Leben los
  s. Alt- Berliner Kremserfahrt

Drei Mädchen im Bikini (Bw)
(Liebes-Toto)
Musikalische Komödie in drei Akten
von Richard Busch
UA: Berlin, Theater in der Lutherstraße, 9. 6. 1960
Transeuropa Bühnen- und Musikverlag, Berlin o. J. (1960)
jetzt: Manuskript
Gerhard-Winkler-Archiv

Drei Schritte weiter
Lied und Slowfox
Text von Kurt Feltz
Edition Rialto (Hans Gerig), Köln 1964

Droben bei San Michele
Überall in weiten Fernen ... (V)
Lied
Text von Klaus S. Richter
Edition Meisel & Co., Berlin 1950
Anm.:   Gesungen von Magda Hain

Drum, Kinder, macht's nur so wie ich
Lied und Foxtrott
Text und Musik von Oscar Simon und Gerhard Winkler
Efi-Ton-Verlag, Berlin 1932

Du alter Kellermeister
  s. Der alte Kellermeister

Du bist mein ein und alles
  s. Bleibe noch ein Weilchen hier

Du bist meine stille Liebe
Lied und Slow-Rock
Text von Fred Rauch
Matth. Hohner Musikverlag, Trossingen/Württ. 1960
jetzt: Manuskript
Gerhard-Winkler-Archiv

Du bist sehr charmant
  s. Ich bin nicht liebeskrank

Du bist so abgespannt
  s. Schütt die Sorgen in ein Gläschen Wein

Du hast was erreicht
  s. Immer hübsch bescheiden sein

Dulli-dulli-dulliöh
Der Radi wächst hier kiloschwer ...
Kommt ein Fremder an ... (V)
Lied und Foxtrott
aus dem Film »Die schöne Meisterin«
Text von Günther Schwenn
Edition Continent, München 1956

Durch die grüne Heide geht ein Mädchen jung und schön
  s. O Heideröslein

Durst ist eine Tugend im schönen Bayernland
  s. Thomas-Polka

Du schreibst mir so zärtliche Briefe
  s. Mach dir um mich doch bitte keine Sorgen

Das Echo vom Königssee
Wenn mich die kleinen Schifflein tragen ...
Lied
Text von Sepp Haselbach (Fred Rauch)
Musik von Ben Bern (Gerhard Winkler)
Edition Continent, München 1956

Egon kommt um drei Uhr nachts nach Haus
  s. Sei doch nicht so pingelig

Ein armer Musikant
Ach, so gern möcht' er nach Hause gehn ... (V)
Lied und Slowfox
aus dem Film »Schwarzwälder Kirsch«
Text von Bruno Balz
Edition Continent, München 1958

Ein bißchen Liebesglück
Lied und Tango
Text von Kurt Grabau
Musikverlag Fritz Blum, Dortmund-Sölde 1934

Anm.: Erwin Hartung, dem bekannten und beliebten Rundfunktenor, in aufrichtiger Verehrung gewidmet

Ein blonder Schlagzeugmann
Lied und Foxtrott
Text von Richard Busch
Wiener Bohème Verlag, Berlin 1934

Ein Brief aus der Heimat
s. Mach dir um mich doch bitte keine Sorgen

Eine Geige spielt leise von Liebe
Eine schöne Melodie ...
Lied und Langsamer Walzer
Text von Peter Holm
Peter Schaeffers Musikverlag, Hamburg 1949

Anm.: Gesungen von Magda Hain und Rudi Schuricke
Laut Mitteilung des Wiener Musikverlages Doblinger vom 21. 4. 1986 wurde die gemäß Vertrag vom 26. 3. 1943 geplante Druckausgabe des Werkes wegen des Krieges nicht realisiert. Die Verlagsrechte sind dann 1949 an Peter Schaeffers übergegangen.

Eine kleine Frage
Lied und Slowfox
Text von Bruno Elsner
Dreiklang-Verlag, Berlin 1935

Eine Konzertfolge von Gerhard Winkler
2 Konzertstücke
Musikverlag N. Simrock, Leipzig 1939 f.
  s. Santa Maria (1)
  s. Ständchen am Morgen (2)
Anm.: Nach Abschluß der Serie »Klänge aus aller Welt« begann der Komponist 1939 mit dieser neuen Reihe von Konzertstücken, die jedoch nach Erscheinen des zweiten Werkes im Jahre 1940 vermutlich wegen des Krieges nicht fortgesetzt wurde.

Eine Liebe ohne Ende
Wenn sich Herz um Herz ... (V)
Lied und Langsamer Walzer
Text von Walter Rothenburg
Tempoton-Verlag (Hans Sikorski), Hamburg o. J. (1969)
Anm.: Verlagsvertrag vom 10. 4. 1969
Laut Mitteilung des Verlages vom 20. 3. 1986 ist das Werk nicht im Druck erschienen. Ein Manuskript des Werkes befindet sich im Archiv des Verlages.

Eine Mutter kämpft um ihr Kind (F)
  s. Monika (F)

Eine Nacht in Sevilla beim Karneval
  s. Karneval in Sevilla

Eine Nacht so wie heut
Wundersam, daß ich zu dieser Stunde kam ... (V)
Lied und Langsamer Walzer
aus der Operette »Die ideale Geliebte«
Text von Hermann Hermecke und Eva Engelhardt
Transeuropa Bühnen- und Musikverlag, Berlin 1958
jetzt: Richard Birnbach Musikverlag

Eine Reise nach Hawaii
Lied und Foxtrott
Text von Bruno Balz
Boccaccio-Verlag (Richard Birnbach), Berlin 1940

Einer will heut nur Kurt Weill
s. Musik im Blut

Eine schöne Melodie
s. Eine Geige spielt leise von Liebe

Eines Tages zieh' ich ein
s. Ein Häuschen mit Garten

Ein geheimnisvoller Bann
s. Mandolinen der Liebe erklingen

Ein Glas voll mit Wein
Lied und Foxtrott
Text und Musik von Gerhard Winkler, Licco Stein und Ernst Wengraf
Monopol-Liederverlag (Ernst Wengraf), Berlin 1931

Ein Häuschen mit Garten
Eines Tages zieh' ich ein ... (V)
Lied und Tango
Text von Walter Rothenburg
Musik von Jürgen Heidemann (Gerhard Winkler)
Edition Capella (Hans Gerig), Köln 1955
Anm.:   Gesungen von Willi Hagara

Ein Herz bleibt allein (F)
s. Mein Leopold (F)

Ein kleiner Akkordeonspieler
Ein paar schöne Wochen sind vergangen ... (V)
Lied und Tango
Text von Leo Breiten
Edition Tanzmelodie, München 1950
Anm.:   Gesungen von Liselotte Malkowsky

Ein kleiner Schwips
Was kann das sein ... (V)
Lied
Text von Fred Kraus und H. B. König (Hilde Berndt-König)
Edition Fortuna, Berlin 1966

Ein Liebeslied
s. Der Liebe Freud und Leid

Ein Lied, das einst die Mutter sang
Lied und Tango
Text von Kurt Grabau
Edition Huhn, Potsdam 1934
jetzt: Manuskript
Gerhard-Winkler-Archiv

Ein Lied ohne Ende
Leider muß ich fern von dir sein ... (V)
Lied und Langsamer Walzer
Text von Ralph Maria Siegel
Wiener Bohème Verlag, Berlin 1935
Anm.: Gesungen von Herbert Ernst Groh

Einmal etwas Großes erleben
Palmen am Strande ...
Lied
aus der Musikalischen Komödie »Herzkönig«
Text von Curth Flatow
Heinz Funke Musikverlag, Berlin o. J. (1946)

Einmal kam das Glück zu mir
  s. Träumen, immer nur träumen

Einmal nur mit Charlie wieder Charleston tanzen
  s. Charleston-Charlie

Ein paar schöne Wochen sind vergangen
s. Ein kleiner Akkordeonspieler

Ein Platz an der Sonne (Fernsehlotterie)
s. Junge Herzen haben Sehnsucht

Ein Schwarzwälder Mädel und ein Schwarzwälder Kirsch
Mitten drinnen im dunklen Tann ... (V)
Lied und Foxtrott
aus dem Film »Die Rosel vom Schwarzwald«
Text von Fred Rauch
Edition Continent, München 1956

Ein Seemann liebte zwei blaue Sterne
s. Zwei blaue Sterne

Ein Sommer ging vorbei
s. Der Sommer ging vorbei

Einst war nicht wie heut
s. Ja, das Tempo von heut

Ein Tag in Neapel
Suite in 3 Sätzen
für Orchester
  1. Neapolitanisches Ständchen
  2. Napoli bei Nacht
  3. O mia bella Napoli
Richard Birnbach Musikverlag, Berlin 1966

  Anm.:   Für diese Suite hat der Komponist den Satz »Napoli bei Nacht« neu komponiert und seine vom gleichen Verlag vertretenen Werke »Neapolitanisches Ständchen« und »O mia bella Napoli (Straßensänger von Neapel)« verwendet.

Ein Walzer ins Glück (F)
s. Herzkönig (F)

Ein weißes Schiff
Hawaii, Hawaii, du Traumparadies ... (V)
Lied und Langsamer Walzer
Text von Axel Weingarten (Hans Bertram)
West Ton Verlag, Köln 1955

Eiswalzer
   s. Wintermärchen-Suite

Endlich allein
Mitten in der großen Stadt ... (V)
Lied (Duett) und Langsamer Walzer
aus dem Musikalischen Lustspiel »So gut wie verlobt«
Text von Günther Schwenn und Bobby E. Lüthge
Edition Heinz Elsberg, Berlin 1947
jetzt: Manuskript
Gerhard-Winkler-Archiv

Anm.:   Gesungen von Magda Hain und Rudi Schuricke

En flaska eldigt vin
   s. Chianti-Lied

Erinnerung an einen Sommertag
Konzertstück (Intermezzo)
Herbert Moeschk Musikverlag, Berlin 1947
jetzt: Manuskript
Gerhard-Winkler-Archiv

engl.:   In Remembrance of a Summer-Day
frz.:   Souvenir d'un jour d'été
Anm.:   Das Werk ist als Nr. 4 einer vom Komponisten unter dem Titel »Teekonzert« konzipierten Sammlung von 12 Konzertstücken im Druck erschienen.

Erinnerung an Rheinsberg
Konzertstück
Musikverlag Matth. Hohner, Trossingen/Württ. 1942
jetzt: Manuskript
Gerhard-Winkler-Archiv

Erst die Violin'
s. Heut kommt es auf den Rhythmus an

Der erste Frühling einer großen Liebe
Wenn zwei Menschen sich verstehen ... (V)
Lied und Tango
Text von Leo Breiten
Musik von G. Herman (Gerhard Winkler)
West Ton Verlag, Köln 1953

Erst einmal ganz sachte
Der Seemann fährt auf seinem Schiff ...
Seemannslied (Walzerlied)
Text von G. V. Otten (Georg Schröter)
Musik-Edition Europaton (Peter Schaeffers), Leipzig 1948
Anm.: Das Werk ist in einer unter dem Titel »Auf allen sieben Meeren« konzipierten Sammlung von 5 Seemannsliedern des Komponisten im Druck erschienen.

Der erste Sonnenstrahl an deinem Fenster
Hörst du von fern die Glocken klingen ... (V)
Lied und Tango
Text von Leo Breiten
Heinz Funke Musikverlag, Berlin o. J. (1946)

Erst wenn du in der Fremde bist
Ist's der Meeresstrand ... (V)
Lied und Tango
aus dem Film »Die Rosel vom Schwarzwald«
Text von Erich Meder und Fred Rauch
Edition Continent, München 1956

Es balzt im Wald der Auerhahn
s. Und das alles geschah in der Nacht

Es blühen fremde Blumen
Tief in der Nacht ... (V)
Lied
aus der Operette »Premiere in Mailand«
Text von Günther Schwenn
Astoria Bühnen- und Musikverlag
Peter Schaeffers Musikverlag
Berlin 1949

L'escalier roulant
  s. Die Rolltreppe

Esel-Ballade
  s. He, Borro, he

Es gibt kein Wort dafür
  s. Liebeslied

Es ist mit den Menschen so wie mit dem Wein
  s. Wenn du auch nicht mehr der Jüngste bist

Es ist noch nicht zu Ende mit der Gemütlichkeit
  s. Bier-Walzer

Es ist nur ein Schritt von hier
Leise spielt die Schrammelmusik ... (V)
Lied und Tango
aus der Operette »Premiere in Mailand«
Text von Günther Schwenn
Astoria Bühnen- und Musikverlag
Peter Schaeffers Musikverlag
Berlin 1949

Es liegt ein rotes Backsteinhaus
  s. Auf allen sieben Meeren (Lied)

Española
Paso doble
Edition Gabriel, Berlin 1939
Anm.: Das Werk ist auch mit dem Copyright 1947 sowie
mit dem Copyright 1961 im Druck erschienen.

Es schäumt das Bier ganz frisch vom Faß
  s. Thomas-Polka

Es stand mal ein Haus irgendwo in Berlin
Manches Bild aus alter Zeit ...
Lied
Text von Bruno Balz
Apollo-Verlag Paul Lincke, Berlin 1966

Es steht ein Schloß im Süden
Heut sing' ich euch ein Lied aus ferner Zeit ...
Lied
Text von Peter Kirsten und Ralph Maria Siegel
Musikverlag Albert Bennefeld, Berlin 1941

Es strahlen Hunderttausende von Lichtern
  s. Die Broadway-Melodie

Es vergeht kein Tag
  s. Dir kann ich doch nicht böse sein

Es war an einem Frühlingstag
  s. Frühling in Sorrent

Es zogen drei Burschen
Ein Studentenlieder-Potpourri im 3/4-Takt
zusammengestellt von Gerhard Winkler und Ernst Wengraf
Arrangement: Gerhard Winkler
Monopol-Liederverlag (Ernst Wengraf), Berlin 1931

Etelän yössä
  s. Südliche Nächte

Fahr durch die Nacht
s. Gondoliere

Fahrt durchs Winterparadies
s. Wintermärchen-Suite

Fallende Blätter
s. Im Herbst (Suite)

Fällt in die Gondel ein Rosenblatt
s. Barcarole d'amore

Fantôme dans la nuit
s. Das Nachtgespenst

Faselhans
Konzertstück (Polka)
Edition Standard (Erich Plessow), Berlin o. J. (1940)
Anm.:   GEMA-Registrierung vom 12. 8. 1940

Fegt bei allem Seemannsglück
s. Hummel-Hummel

Feiertagsruhe liegt über dem Land
s. Am Himmel ziehn die Wolken in die Ferne

Fernsehlotterie Deutsche Altershilfe
s. Miteinander, füreinander

Fernsehlotterie »Ein Platz an der Sonne«
s. Junge Herzen haben Sehnsucht

Fern von der Heimat
s. Sonny, o Sonny

Fern von hier
s. Cuba

Fest der Freude
Konzertstück (Ouv)
Musikverlag Wilhelm Halter, Karlsruhe 1951
Anm.: Verlagsvertrag vom 24. 11. 1942

Festlicher Marsch
Manuskript
Gerhard-Winkler-Archiv (43)

Festtags-Ständchen
Konzertstück
Edition Insel-Ton, Insel Reichenau/Bodensee 1952

Feuilles fanées
  s. Des feuilles fanées

Finale
  s. Oceana-Suite

Fiori di Firenze
  s. Blumen aus Florenz

(The) Fishermen of Capri
  s. Capri-Fischer

Fleurs de Florence
  s. Blumen aus Florenz

Flocken im Wind
Schweigendes Träumen im Winterwalde ...
Lied
Text von Richard Busch
Musikverlag Froboess & Schlag, Berlin 1947
jetzt: Manuskript
Gerhard-Winkler-Archiv
Anm.: Gesungen von Magda Hain

Florentine Flowers
s. Blumen aus Florenz

Frauen und Wein (Italienische Eselsfahrt)
Über Stock und über Stein ...
Lied und Foxtrott
Text von André Hoff und Kurt Feltz
Cineton Verlag, Hamburg 1952

Der fremde Mann vom Montparnasse (King's Alley)
In Paris, das weiß doch jeder ...
Lied und Foxtrott
Text von Rudolf-Günter Loose
Hi-Fi Musikverlag, Berlin 1963
jetzt: Manuskript
Gerhard-Winkler-Archiv

Anm.: Ein Manuskript des ursprünglich unter dem Titel »Königsallee (King's Alley)« ohne Text konzipierten Werkes befindet sich im Gerhard-Winkler-Archiv.

Freudlos gehst du durch das Leben
s. Das Glück ist für uns alle da

Fridolin, der Schlagbassist
Wenn das Orchester spielt in Dur und Moll ...
Lied und Foxtrott
Text von Leo Breiten
Musik von Ben Bern (Gerhard Winkler)
West Ton Verlag, Bonn 1952

Friesenmädel
Auf der kleinen Insel in der großen Nordsee ...
Wolken wehen und vergehen ... (Rf)
Walzerlied
Text von Walter Rothenburg
Musik von Peter Hansen (Gerhard Winkler)
August Seith Musikverlag, München 1954

Fritz, was ist mit dir heut los
Lied und Wechselschrittler
Text von Walter Carlos
Musik von Walter Carlos und Gerhard Winkler
Musikverlag Paul Schmidt, Berlin 1933
jetzt: Richard Birnbach Musikverlag

Das fröhliche alte Gasthaus
   s. The Merry Old Inn

Der fröhliche Musikant
Mit seiner Klarinette ...
Lied
für Koloratursopran
Text von Ralph Maria Siegel
Ralph Maria Siegel Musikedition, München 1952
   Anm.:   Das im Juni 1950 bei der GEMA registrierte und im gleichen Jahr von Magda Hain auf Schallplatte gesungene Lied ist 1952 im Druck erschienen.

Fröhliche Weinlese
   s. Bunte Palette (Suite)

Froschkonzert
Was ist heut im Schilf nur los ...
Heut ist großes Froschkonzert ... (Rf)
Lied und Foxtrott
Text von Bruno Elsner
Musikverlag Peter Schaeffers, Berlin 1942
   Anm.:   Das Werk ist auch unter dem Titel »Das Froschkonzert« im Druck erschienen.

Früchte des Meeres
   s. Frutti di mare

Früher spielten Hans und Gretchen
   s. Puppen-Parade

Frühling in (der) Toskana
Konzertstück (Ständchen)
Richard Birnbach Musikverlag, Berlin 1939

engl.: Springtime in Toscana
frz.: Le printemps en Toscana
ital.: Primavera in Toscana
Anm.: Das ursprünglich unter dem Titel »Toskanischer Frühling« komponierte Werk ist unter dem Titel »Frühling in Toskana« im Druck erschienen.
Die Klavier-Ausgabe des Werkes ist mit dem Copyright 1941 im Druck erschienen.

Frühling in Paris
Wenn es Frühling in Paris ...
Frühling in strahlender Pracht ... (V)
Lied
für Koloratursopran
Text von Leo Breiten
Peter Schaeffers Musikverlag, Hamburg 1949
Anm.: Gesungen von Magda Hain

Frühling in Sorrent
Auf der Reise durch den goldnen Süden ...
Es war an einem Frühlingstag ... (Rf)
Lied und Tango
Text von Ralph Maria Siegel
Monopol-Liederverlag, Berlin (1940)
jetzt: Edition Meisel & Co.

frz.: Sous le ciel bleu de Catari
ital.: La luna di Sorrento
port.: Primavera em Sorronto
niederl.: Heimwee
schwed.: Våren i Sorrent
finn.: Kevät Sorrentossa

Anm.: Die SO-Ausgabe des Werkes ist mit dem Copyright 1941 im Druck erschienen.
Unter dem Titel »Sous le ciel bleu de Catari« ist das Werk auch mit einer französischen Textversion von Jacques Larue (Les Nouvelles Editions Méridian, Paris 1950); unter dem Titel »La luna di Sorrento (Frühling in Sorrent)« als zweisprachige Ausgabe mit einer italienischen Textversion von Biri-Gurm und dem deutschen Originaltext (Edizioni Melodi, Mailand 1950); unter dem Titel »Frühling in Sorrent (Primavera em Sorrento)« als zweisprachige Ausgabe mit dem deutschen Originaltext und einer portugiesischen Textversion von Paulo Fontes (Irmãos Vitale, São Paulo o. J.); unter dem Titel »Frühling in Sorrent (Heimwee)« als zweisprachige Ausgabe mit dem deutschen Originaltext und einer niederländischen Textversion von Ferry (Les Editions Int. Basart N. V., Amsterdam); unter dem Titel »Våren i Sorrent)« als zweisprachige Ausgabe mit einer schwedischen Textversion von Rune Moberg und dem deutschen Originaltext (Stockholms Musikproduktion, Stockholm o. J.) sowie unter dem Titel »Kevät Sorrentossa (Våren i Sorrent)« als zweisprachige Ausgabe mit einer finnischen Textversion von Kullervo und der schwedischen Textversion von Rune Moberg (Oy Fazerin Musiikkikauppa, Helsinki o. J.) im Druck erschienen.

Frühling in strahlender Pracht
s. Frühling in Paris

Frühling in Toskana
s. Frühling in der Toskana

Frühlingswind
Konzertstück
für Violine und Orchester
Herbert Moeschk Musikverlag, Berlin 1947
jetzt: Manuskript
Gerhard-Winkler-Archiv
engl.: Vernal Winds
frz.: Vent printanier
Anm.: Das Werk ist als Nr. 9 einer vom Komponisten unter dem Titel »Teekonzert« konzipierten Sammlung von 12 Konzertstücken im Druck erschienen.

Frühling war's
  s. Rosen erblühten, als wir uns fanden

Frutti di mare
Wenn das Boot durch Wind und Wellen zieht ...
Früchte des Meeres ... (Rf)
Lied und Tarantella
aus dem Film »Die Stimme der Sehnsucht«
Text von Fred Rauch
Edition Fortuna, Berlin 1956
Anm.:   Gesungen von Rudolf Schock

Die fünf vom »Titan« (F)
  s. Vor uns liegt das Leben (F)

Der Fürst von Monterosso (Bw)
Operette in drei Akten
von Hermann Hermecke
UA: Augsburg, Städtische Bühnen, 19. 2. 1960
Transeuropa Bühnen- und Musikverlag, Berlin 1960
jetzt: Richard Birnbach Musikverlag
Einzelausgabe:
  s. Ballett im alten Stil

Der Fürst von Monterosso (Ouv)
Ouvertüre
zu der gleichnamigen Operette
Transeuropa Bühnen- und Musikverlag, Berlin 1961
jetzt: Richard Birnbach Musikverlag

Ganz allein bist du vor Jahren
  s. Schwarzwald, mein Schwarzwald

Ganz unter uns
Heut am Telefon ... (V)
Lied und Foxtrott
Text von Fred Rauch
August Seith Musikverlag, München 1953

Das Gästebuch
In meinem Gästebuch, da stehen Namen drin ...
Lied und Slowfox
Text von Kurt Feltz
Edition Rialto (Hans Gerig), Köln 1965
Anm.: Gesungen von Sacha Distel

Gavotte à la Rameau
s. Ballett im alten Stil

Geh mit mir durchs ganze Leben
Lied und Slowfox
Text von Kurt Hertha
Capriccio Musikverlag, Hamburg 1963

Geht der Sonntagsjäger froh durch Wald und Heide
s. Horrido (Der Sonntagsjäger)

Geht eine Liebe zu Ende
s. Abschiedsmelodie

Geigen, Flöten und der Kontrabaß
s. Die große Trommel macht bum-bum

Georgine
Ist es nicht ein herrliches Gefühl ...
Lied und Foxtrott
Text von Ralph Maria Siegel
Edition Gabriel, Berlin 1939
engl.: All I Wanted
Anm.: Das Werk ist auch mit dem Copyright 1952 im Druck erschienen.

Gern denk' ich an die Zeit zurück
s. Kerzen-Serenade

Gesundheit und ein langes Leben
s. Das Glückwunsch-Lied

Gib acht heute nacht, o Dorita
  s. Dorita

Gi meg din hånd
  s. Mach dir um mich doch bitte keine Sorgen

Gina, das Mädchen, und Tino, der Mann
  s. Die Mondschein-Serenade

Gioco pastorale
  s. Schäferspiel

Die Gitarre spielt ein Lied
Rot erglänzt im Abendsonnenschein ... (V)
Lied und Tango
Text von Leo Breiten
Musik-Edition Europaton (Peter Schaeffers), o. O. 1948
  Anm.:   Das Werk wurde auch für den 1953 gedrehten Film »Südliche Nächte« verwendet.

Giv mig din Haand
  s. Mach dir um mich doch bitte keine Sorgen

Gjøksangen
  s. Der Kuckuck ruft

Glaube mir
  s. Mütterlein

Glauben Sie, ich kann so manchen Mann sehn
  s. O Monsieur

Die Glocken von Rom
Der Wandrer, er kommt ...
Lied
Text von Kurt Feltz
Edition Rialto (Hans Gerig), Köln 1962
  Anm.:   Gesungen von Sándor Kónya

Das Glück ist für uns alle da
Freudlos gehst du durch das Leben ... (V)
Lied und Langsamer Walzer
Text von Fini Busch
Musik von Ben Bern (Gerhard Winkler)
Edition Continent, München 1957

Glück nach Noten (Bw)
  s. Premiere in Mailand (Bw)

Glücks-Tango
Kinder, heut bin ich ja so glücklich ... (Rf)
Lied und Tango
Text von Kurt Grabau
Celesta Musikverlag, Berlin 1933

Das Glückwunsch-Lied
Gesundheit und ein langes Leben ...
Text von Fred Rauch
Transeuropa Bühnen- und Musikverlag, Wiesbaden 1958
jetzt: Richard Birnbach Musikverlag

Göksången
  s. Der Kuckuck ruft

Die Gondeln am Lido
Nie hat warm ein Herz für mich geschlagen ... (V)
Lied und Tango
Text von Edith Metza
Musikverlag Froboess & Schlag, Berlin 1946
  Anm.:   Gesungen von Kurt Reimann

Gondoliere
Schönes Venedig, Stadt der tausend Lieder ...
Fahr durch die Nacht ... (Rf)
Lied und Tango
Text von Paul Clemens (Kurt Feltz)
Musik-Edition Europaton (Peter Schaeffers), Berlin 1952

Goulaschsuppe
Ober, eine Goulaschsuppe ...
Lied und Polka
Text von Fred Rauch
Musik von Ben Bern (Gerhard Winkler)
Musik-Edition Europaton (Peter Schaeffers), Berlin 1954

Die Gratulanten kommen
Konzertstück (Intermezzo)
Edition Insel-Ton, Insel Reichenau/Bodensee 1952

Grau scheint uns oft die ganze Welt
  s. Das Leben geht weiter

Große Leute reisen gern
  s. Nimm mich mit, mit, mit

Die große Trommel macht bum-bum
Geigen, Flöten und der Kontrabaß ...
Marschlied
Text von Sepp Haselbach (Fred Rauch) und Claus Rupp (Fini Busch)
Musik von Ben Bern (Gerhard Winkler)
Edition Continent, München 1955
Anm.:   Das Werk wurde auch verwendet für den 1956 gedrehten Film »Schwarzwaldmelodie«.

Großmütterlein
Lied
für Koloratursopran
Text von Ralph Maria Siegel
Edition Meisel & Co., Berlin 1943
Anm.:   Gesungen von Magda Hain

Gute Reise
  s. Junge Herzen haben Sehnsucht

Hallo, Chérie, bist du endlich erwacht
  s. Mademoiselle, Mademoiselle, Mademoiselle

Happy Day
Konzertstück (Foxtrott)
Musik von Ben Bern (Gerhard Winkler)
Edition Insel-Ton, München 1953
  Anm.:   Die spätere Klavier-Ausgabe des Werkes ist mit dem Copyright 1953 (Prisma Musikverlag Rolf Budde, Berlin) im Druck erschienen.

Harems-Tanz
Konzertstück
Edition Marbot, Hamburg 1960

Harzer Suite
(Harz-Suite)
  s. Kleine Harzer Suite

Hasenjagd
Konzertstück
Taunus-Verlag (H. L. Grahl), Frankfurt am Main 1952

Havanna-Blues
Matth. Hohner Musikverlag, Trossingen/Württ. 1960
jetzt: Manuskript
Gerhard-Winkler-Archiv

Hawaii, Hawaii, du Traumparadies
  s. Ein weißes Schiff

Hawaiin Wiegenlied
  s. Träumst du von Hawaii, mein Liebling

He, Borro, he (Esel-Ballade)
So ein Esel, glaubet mir ...
Lied und Foxtrott
aus dem Film »Die Stimme der Sehnsucht«
Text von Fred Rauch
Edition Fortuna, Berlin 1956
Anm.: Gesungen von Rudolf Schock

Heiaho, wir sind auf Bärenjagd
　s. Bärenjagd in Alaska

Heidekraut und Heiderosen
　s. Zwischen Heidekraut und Heiderosen

Heideröslein
　s. O Heideröslein

Heiliges Vaterland
Bayrische Berge und bayrische Seen ...
Hymne
Text von Bruno Balz
Richard Birnbach Musikverlag, Berlin 1941

Heimat meiner Träume
　s. El Paraiso

Heimat-Tango
In meiner Heimat, da weiß ich ein Häuschen ... (Rf)
Lied und Tango
Text von Kurt Grabau
Celesta Musikverlag, Berlin 1933

Heimlich und verstohlen
　s. Die Liebe müßte wie ein Märchen sein

Heimwee
　s. Frühling in Sorrent

Heimweh nach Hawaii
Wenn die Gitarre von der Südsee singt ...
Lied und Langsamer Walzer
Text von Jonny Bartels
Edition Rialto (Hans Gerig), Köln 1954

Heini Bumm
Seemannslied
Text von G. V. Otten (Georg Schröter)
Musik-Edition Europaton (Peter Schaeffers), Leipzig 1948
   Anm.:   Das Werk ist in einer unter dem Titel »Auf allen sieben Meeren« konzipierten Sammlung von 5 Seemannsliedern des Komponisten im Druck erschienen.

Hell erklingen Schlittenglocken
   s. Schlittenglocken

Herbstliche Gedanken
Konzertstück (Rêverie)
Herbert Moeschk Musikverlag, Berlin 1947
jetzt: Manuskript
Gerhard-Winkler-Archiv
   Anm.:   Das Werk ist als Nr. 5 einer vom Komponisten unter dem Titel »Teekonzert« konzipierten Sammlung von 12 Konzertstücken im Druck erschienen.

Herbstlied
   s. Im Herbst (Suite)

Herrlich weißer Schnee
   s. Zwei Spuren im Schnee

Herr Mayer wird verlangt
Wer wünscht denn bloß Herrn Mayer ...
Lied und Foxtrott
Text von Erich Meder
Hermann Schneider Musikverlag, Wien 1951

Herr Müller sitzt am Badestrand
   s. Ach, Sibylle-bille-bille

Der Herr vom Fenster vis-à-vis
Wenn ich morgens aus dem Schlaf erwache ...
Lied und Foxtrott
Text von Leo Breiten
Musikverlag Froboess & Schlag, Berlin 1946

Das Herz ist oft so sehnsuchtsschwer
   s. Musik hat mich glücklich und reich gemacht

Herzkönig (Bw)
Musikalische Komödie in drei Akten
von Helmut Weiss
Gesangstexte von Curth Flatow
UA: Berlin, Schiffbauerdamm-Theater, 29. 3. 1946
Arion Bühnenverlag, Berlin o. J. (1946)
jetzt: Astoria Bühnen- und Musikverlag

Einzelausgaben (Heinz Funke Musikverlag, Berlin):
   s. Einmal etwas Großes erleben
   s. Heut bin ich der König
   s. Ja, die Gräfin Melanie
   s. Schweb' ich im Walzer
   s. Über allem steht die Liebe
   s. Was auf dieser Welt passiert
   s. Wie kann ein Mann sich so verändern

Herzkönig (Ouv)
Ouvertüre
zu der gleichnamigen Musikalischen Komödie
Manuskript
Gerhard-Winkler-Archiv (90)

Herzkönig (F)
   s. Ich bin heut so vergnügt
   s. Wer denkt in seiner Hochzeitsnacht ans Schlafen

Heut am Telefon
s. Ganz unter uns

Heut bin ich der König
Lied und Foxtrott
aus der Musikalischen Komödie »Herzkönig«
Text von Curth Flatow
Heinz Funke Musikverlag, Berlin o. J. (1946)
Anm.: Diese Nummer wurde unter dem Titel »König deines Herzens« mit einer neuen Textversion von Curth Flatow für den 1947 gedrehten Film »Herzkönig« verwendet und ist nur in dieser textlichen Neufassung mit Genehmigung des Originalverlages in dem Notenheft »Herzkönig« (Capriccio-Musikverlag, Berlin 1947) als Einzelausgabe im Druck erschienen.

Heut bist du heiß verliebt
s. Optimismus ist die beste Medizin

Heute geht's hinaus
s. Wenn ich Urlaub hab'

Heute nacht ist Hochzeit in der braunen Pußta
s. Hochzeit in der Pußta

Heut ist großes Froschkonzert
s. Froschkonzert

Heut ist Kaffeeklatsch bei Tante Linchen
s. Kaffeeklatsch

Heut ist Schützenfest im Goldnen Lamm
s. Schützenliesl-Polka

Heut ist uns alles ganz egal
Sitzen wir in später Stunde ...
Walzerlied
Text und Musik von Gerhard Winkler
F. Marxen Verlag, Mainz 1930

Heut kommt es auf den Rhythmus an
Erst die Violin' ... (V)
Lied und Foxtrott
aus der Operette »Premiere in Mailand«
Text von Günther Schwenn
Astoria Bühnen- und Musikverlag
Peter Schaeffers Musikverlag
Berlin 1949

Heut marschiert die Garde auf
  s. Puppen-Parade

Heut sing' ich euch ein Lied aus ferner Zeit
  s. Es steht ein Schloß im Süden

Hexentanz
Jüngst fuhr ich mit der Lilo durch den Harz ...
Lied und Foxtrott
Text von Bruno Balz
Musikverlag Albert Bennefeld, Berlin 1939

Hexentanz auf dem Bocksberg
  s. Kleine Harzer Suite

Hildegard
Lied und Tango
Text von Rolf Richwald
Celesta Musikverlag, Berlin 1933

Hinter einer Düne
Stundenlang spazier' ich am Strand entlang ...
Lied und Foxtrott
Text von Bruno Balz
Edition Standard (Erich Plessow), Berlin 1938

Hinter uns liegen Tage voller Grauen
  s. Wenn unsre Träume

Hoch die Gläser, hoch das Leben
s. Chianti-Lied

Hochzeit in der Pußta
Heute nacht ist Hochzeit in der braunen Pußta ...
Lied und Csárdás
für Koloratursopran
Text von Ralph Maria Siegel
Peter Schaeffers Musikverlag, Hamburg 1949

Anm.: Gesungen von Magda Hain
Laut Mitteilung des Wiener Musikverlages Doblinger vom 21. 4. 1986 wurde die gemäß Vertrag vom 1. 5. 1944 geplante Druckausgabe des Werkes wegen des Krieges nicht realisiert. Die Verlagsrechte sind dann 1949 an Peter Schaeffers übergegangen.

Hochzeitsreise im Mai
Konzertstück (Intermezzo)
Musikverlag Wilhelm Halter, Karlsruhe 1942

Holländischer Holzschuhtanz
Konzertstück
Musikverlag Paul Schmidt, Berlin o. J. (1938)
jetzt: Richard Birnbach Musikverlag

Anm.: Ein Druckbeleg der Erstausgabe dieses als Nr. 9 einer vom Komponisten unter dem Titel »Klänge aus aller Welt« konzipierten Serie von 15 Konzertstücken im Druck erschienenen Werkes war nicht erreichbar.
Die spätere Neuauflage dieses Werkes ist ohne Hinweis auf die Serie im Druck erschienen.

Hör der Finken Schlag
s. Dort wo die grünen Tannen stehn

Höre ich der Mandolinen Weisen
s. Mandolino, Mandolino

Horrido (Der Sonntagsjäger)
Geht der Sonntagsjäger froh durch Wald und Heide ...
Horrido, so tönt's durch Wald und Heide ... (Rf)
Marschlied
Text von Sepp Haselbach (Fred Rauch)
Musik von Ben Bern (Gerhard Winkler)
August Seith Musikverlag, München 1953
niederl.: Horrido (De Zondagsjager)
Anm.: Unter dem Titel »Horrido/De Zondagsjager (Horrido/Der Sonntagsjäger)« ist das Werk auch als zweisprachige Ausgabe mit einer niederländischen Textversion von Kees Schilperoort und Henk Jansen van Galen und dem deutschen Originaltext (Les Editions Int. Basart N. V., Amsterdam 1954) im Druck erschienen.
Das Werk wurde auch verwendet für den von Rudolf Schündler inszenierten und 1956 uraufgeführten Film »Die schöne Meisterin«.

Hörst du das Lied der Liebe
Nie war so schön die Nacht ...
Duett
für Koloratursopran und Tenor
Text von Ingeborg Kappelhoff und Günther Schwenn
Richard Birnbach Musikverlag, Berlin o. J. (1944)
Anm.: Gesungen von Magda Hain und Herbert Ernst Groh
Verlagsvertrag vom 20. 1. 1944

Hörst du die Geigen
s. Rot-Weiß-Grün

Hörst du die Glocken läuten
s. Senkt sich die Nacht übers Tal

Hörst du von fern die Glocken klingen
s. Der erste Sonnenstrahl an deinem Fenster

Hört ihr, wie die Straßensänger singen
s. O mia bella Napoli

Hummel-Hummel
Fegt bei allem Seemannsglück ...
Lied und Polka
aus dem Film »Die schöne Meisterin«
Text von Günther Schwenn
Edition Continent, München 1956

Hurra, der Zirkus ist da
Lied
Text von Klaus S. Richter und Fritz Reiter
Manuskript
Gerhard-Winkler-Archiv (79)
Anm.: Gesungen von Magda Hain
Laut Mitteilung des Wiener Musikverlages Doblinger vom 21. 4. 1986 wurde die gemäß Vertrag vom 1. 5. 1944 geplante Druckausgabe des Werkes wegen des Krieges nicht realisiert. Der Vertrag wurde gelöst. Ein mit dem Copyright 1944 versehener Korrekturabzug der geplanten Druckausgabe des Werkes befindet sich im Gerhard-Winkler-Archiv.

Hvide Rose
s. O Heideröslein

Ich bin dir treu
s. Mach dir um mich doch bitte keine Sorgen

Ich bin ein Reisender
Wenn mich in meinem blauen Cadillac ...
Lied und Foxtrott
aus der Operette »Die ideale Geliebte«
Text von Hermann Hermecke und Eva Engelhardt
Transeuropa Bühnen- und Musikverlag, Berlin 1958
jetzt: Richard Birnbach Musikverlag

Ich bin heut so vergnügt
Lied und Foxtrott
aus dem Film »Herzkönig«
Text von Curth Flatow
Capriccio-Musikverlag, Berlin 1947
(SO-Ausgabe: Edition Heinz Elsberg, Berlin 1947)
jetzt: Manuskript
Gerhard-Winkler-Archiv

Ich bin in ein Mädchen verliebt
  s. Bella, bella Signorina

Ich bin nicht liebeskrank
Du bist sehr charmant ...
Lied und Foxtrott
aus dem Film »Beate«
Text von Curth Flatow
Musik-Edition Artus Verlag, Berlin 1948

Ich bin nicht reich
Ich hab' kein Auto mit Benzin ...
Lied und Tango
aus dem Musikalischen Lustspiel »So gut wie verlobt«
Text von Günther Schwenn und Bobby E. Lüthge
Edition Heinz Elsberg, Berlin 1947
jetzt: Manuskript
Gerhard-Winkler-Archiv

Ich geh' durch diese Zeit
  s. Was auf dieser Welt passiert

Ich hab' kein Auto mit Benzin
  s. Ich bin nicht reich

Ich hab' Musik, ich hab' Musik im Blut
  s. Musik im Blut

Ich hab' nur ein Hemd
Alles, was dein Herz begehrt ...
Lied und Medium-Foxtrott
Text von Ralph Maria Siegel
Ralph Maria Siegel Musikedition, München 1950
Anm.:   Gesungen von Maria von Schmedes

Ich hab' schon vieles gesehn
   s. Tegernsee

Ich schließ' mein Lebensbuch noch lang nicht ab
Die Philosophen, die haben recht ... (V)
Lied
Text von Kurt Feltz
Edition Rialto (Hans Gerig), Köln 1972
Anm.:   Gesungen von Willy Schneider

Ich sende mein Herz auf die Reise
Schön war's, als an einem Sommertag ... (V)
Lied und Langsamer Walzer
Text von Rudi Schuricke
Musik-Edition Europaton (Peter Schaeffers), Berlin 1953
Anm.:   Gesungen von Rudi Schuricke

Ich such' für mein Motorrad eine Braut
Wenn der Sonntag kommt ...
Lied und Foxtrott
Text von Fred Rauch
Musik-Edition Europaton (Peter Schaeffers), Berlin 1952

Ich suchte nach Gold Jahr für Jahr
   s. Wilde Rose von Arizona

Ich träume, Sie wären die Frau, die mich liebt
   s. Wir träumen bei singenden Geigen

Ich trau' mich gar nicht hinzusehn
Pin-up-Fotos sieht man täglich ... (V)
Lied und Tango
aus dem Film »Die schöne Meisterin«
Text von Günther Schwenn
Edition Continent, München 1956

Ich warte, ich warte auf dich
Lied
Text von Klaus S. Richter und Fritz Reiter
Manuskript
Gerhard-Winkler-Archiv

Anm.: Gesungen von Magda Hain
Laut Mitteilung des Wiener Musikverlages Doblinger vom 21. 4. 1986 wurde die gemäß Vertrag vom 1. 5. 1944 geplante Druckausgabe des Werkes wegen des Krieges nicht realisiert. Der Vertrag wurde gelöst. Ein Manuskript des auf Tonträger dokumentierten Werkes war nicht eruierbar.

Ich will auf Händen dich tragen
  s. Das Leben ist schön, wenn man richtig verliebt ist

Ich ziehe durch die weite Welt
Wenn der Tag erwacht ...
Lied
Text von Hans G. Orling
Manuskript
Gerhard-Winkler-Archiv (79)

Anm.: Gesungen von Magda Hain
Laut Mitteilung des Wiener Musikverlages Doblinger vom 21. 4. 1986 wurde die gemäß Vertrag vom 1. 5. 1944 geplante Druckausgabe des Werkes wegen des Krieges nicht realisiert. Der Vertrag wurde gelöst. Ein Manuskript des Werkes befindet sich im Gerhard-Winkler-Archiv.

Das ideale Brautpaar (F)
  s. Wir sind füreinander bestimmt

Die ideale Geliebte (Bw)
Operette in einem Vorspiel und drei Akten
von Hermann Hermecke
Gesangstexte von Hermann Hermecke und Eva Engelhardt
Nürnberg, Städtische Bühnen (Opernhaus), 2. 3. 1957
Transeuropa Bühnen- und Musikverlag, Berlin 1956
jetzt: Richard Birnbach Musikverlag
Einzelausgaben:
- s. Ay, ay, ay, die Sonne brennt sehr
- s. Bella, bella Signorina
- s. Caramba
- s. Eine Nacht so wie heut
- s. Ich bin ein Reisender
- s. Das Militär, das Militär
- s. O Monsieur
- s. Pelagua
- s. Wir träumen bei singenden Geigen

Die ideale Geliebte (Ouv)
Ouvertüre
zu der gleichnamigen Operette
Transeuropa Bühnen- und Musikverlag, Berlin 1957
jetzt: Richard Birnbach Musikverlag

Ihr seht uns immer nur lachen
- s. Artisten-Ballade

Image de la vierge
- s. Bildnis der Madonna

Im alten Schlosse war ich zu Gast
- s. Das Nachtgespenst

Im Frühling und zur Maienzeit
- s. Der Kuckuck ruft

Im Goldnen Löwen war's zu Sankt Goar
Nie kann ich die schöne Nacht vergessen ...
Lied
Text von Hermann Frey
Richard Birnbach Musikverlag, Berlin 1941

Im grünen Rock (F)
  s. Der Schrecken vom Heidekrug (F)

Im Harem sitzen heulend die Eunuchen
  s. Skandal im Harem

Im Herbst
Suite in 3 Sätzen
für Orchester
  1. Fallende Blätter
  2. Herbstlied
  3. Parforcejagd
Musikverlag Paul Schmidt, Berlin o. J. (1938)
jetzt: Richard Birnbach Musikverlag

Im Kerzenschimmer
Konzertstück
Ries & Erler, Berlin 1940

Immer hübsch bescheiden sein
Du hast was erreicht ... (V)
Lied
Text von Kurt Feltz
Edition Rialto (Hans Gerig), Köln 1964
Anm.:   Gesungen von Willy Schneider

Immer lustig, Weanerleut
Was a Weana von Natur ...
Marschlied
Text von Walter Simlinger
Musikverlag Adolf Robitschek, Wien 1936

Immer nur allein möchte niemand sein
s. Nimm Platz, mein Schatz

Im Paradies
s. El Paraiso

Impression
s. Auf einer Südseeinsel

Im Wald, im grünen Wald
Man arbeitet sechs lange Tage ...
Wie fröhlich schlägt mir das Herz im Wald ... (Rf)
Walzerlied
aus dem Film »Der Schrecken vom Heidekrug«
Text von Richard Busch
Wiener Bohème Verlag, Berlin 1934

In deiner Heimat
Lied und Langsamer Walzer
Text von Hans G. Orling
Manuskript
Gerhard-Winkler-Archiv

   Anm.:   Gesungen von Magda Hain
            Laut Mitteilung des Wiener Musikverlages Doblinger vom 21. 4. 1986 wurde die gemäß Vertrag vom 1. 5. 1944 geplante Druckausgabe des Werkes wegen des Krieges nicht realisiert. Der Vertrag wurde gelöst. Ein Manuskript des auf Tonträger dokumentierten Werkes war nicht eruierbar.

In der Osteria
s. An der blauen Adria (Suite)

In einer kleinen Winzerstube
Lied und Tango
Text von Bruno Elsner
Boccaccio-Verlag (Richard Birnbach), Berlin 1938

In fröhlicher Gesellschaft
Konzertstück (Intermezzo)
Herbert Moeschk Musikverlag, Berlin 1947
jetzt: Manuskript
Gerhard-Winkler-Archiv

Anm.:   Das Werk ist als Nr. 1 einer vom Komponisten unter dem Titel »Teekonzert« konzipierten Sammlung von 12 Konzertstücken im Druck erschienen.

In Gedanken an dich
Konzertstück (Valse)
Herbert Moeschk Musikverlag, Berlin 1947
jetzt: Manuskript
Gerhard-Winkler-Archiv

engl.:   Thinking of You
frz.:   Pensant à toi
Anm.:   Das Werk ist als Nr. 10 einer vom Komponisten unter dem Titel »Teekonzert« konzipierten Sammlung von 12 Konzertstücken im Druck erschienen.

In meinem Gästebuch, da stehen Namen drin
  s. Das Gästebuch

In meinem Herzen klingt ein kleines Lied
Walzerlied
Text von Hans Müller-Winter
F. Marxen Verlag, Mainz 1930

In meiner Heimat, da weiß ich ein Häuschen
  s. Heimat-Tango

In Moskau und in Groß-Berlin
  s. Die Sprache der Liebe

In Paris, das weiß doch jeder
  s. Der fremde Mann vom Montparnasse

In Portugal
Aus Portugal im Pokal roten Portwein ... (Rf)
Lied und Paso doble
Text von Bruno Elsner
Dreiklang-Verlag 1938

In Remembrance of a Summer-Day
  s. Erinnerung an einen Sommertag

In Santa Fé
Wenn ein Ort in der Welt ...
Lied und Paso doble
Text von Klaus S. Richter und Fritz Reiter
Dreiklang-Verlag, Berlin 1935

In Santa Lucia
  s. Mandolino, Mandolino

Intermezzo im Regen
Konzertstück
Manuskript
Gerhard-Winkler-Archiv (136)

Intermezzo pastorale
Konzertstück
Richard Birnbach Musikverlag, Berlin 1953

Irgendwo am Wiesenhang
  s. Die alte Laube

Irgendwo auf Erden
Lied und Slowfox
aus dem Film »Monika«
Text von Bruno Elsner
Beboton-Verlag, Berlin (1937)

Anm.:   Laut Mitteilung des Verlages vom 20. 3 1986 war eine Druckausgabe dieses bei der GEMA registrierten Werkes nicht eruierbar.

Ist die Ernte vorüber
  s. Am Sonntag ist Kirchweih

Ist es nicht ein herrliches Gefühl
  s. Georgine

Ist in der Toskana Erntezeit
  s. Tarantella toscana

Ist's der Meeresstrand
  s. Erst wenn du in der Fremde bist

Italienische Eselsfahrt
  s. Frauen und Wein

Italienische Impressionen
  s. An der blauen Adria (Suite)

Italienische Nacht
Lied und Tango
Text von Bruno Elsner
Wiener Bohème Verlag, Berlin 1936

Italienischer Salat
Spaghetti, Ravioli, Tomato ...
Lied
aus dem Film »Südliche Nächte«
Text von Aldo von Pinelli und Kurt Feltz
Musik-Edition Europaton (Peter Schaeffers), Berlin 1953
schwed.: Italiensk sallad

Italiensk sallad
  s. Italienischer Salat

Ja, das Tempo von heut
Einst war nicht wie heut ...
Lied und Marsch-Foxtrott
Text von Bruno Elsner
Boccaccio-Verlag (Richard Birnbach), Berlin 1938

Anm.: Laut GEMA-Registrierung war der ursprüngliche Titel des Werkes »Schön, ja schön ist die Welt«.

Ja, die Gräfin Melanie (Tratsch-Terzett)
Kennt ihr denn schon die Geschichte ...
Lied und Foxtrott
aus der Musikalischen Komödie »Herzkönig«
Text von Curth Flatow
Heinz Funke Musikverlag, Berlin o. J. (1946)

Anm.: Diese Nummer wurde auch für den 1947 gedrehten Film »Herzkönig« verwendet und ist erst in diesem Zusammenhang mit Genehmigung des Originalverlages in dem Notenheft »Herzkönig« (Capriccio-Musikverlag, Berlin 1947) als Einzelausgabe im Druck erschienen.

Ja, ja, der Chiantiwein
Ja, ja, die Chianti-wijn
  s. Chianti-Lied

Japanisches Teehaus
Konzertstück (Intermezzo)
Musikverlag Paul Schmidt, Berlin o. J. (1937)
jetzt: Richard Birnbach Musikverlag

Anm.: Das Werk ist als Nr. 5 einer vom Komponisten unter dem Titel »Klänge aus aller Welt« konzipierten Serie von 15 Konzertstücken im Druck erschienen.
Eine Neuausgabe dieses Werkes ist ohne Hinweis auf die Serie mit dem Copyright 1953 im Druck erschienen.

Ja, wenn nur besser eing'schenkt wär'
  s. Wenn nur besser eing'schenkt wär'

Jeder braucht jeden Tag Liebe
Lied und Slowfox
Text von Kurt Hertha
Melodie der Welt (J. Michel KG), Frankfurt am Main 1962
Anm.: Gesungen von Margot Eskens
bei den Deutschen Schlagerfestspielen 1962 in Baden-Baden

Jeder ist so alt, wie er sich fühlt
Der moderne Mensch treibt Sport und Spiel ... (V)
Lied
Text von Kurt Feltz
Edition Rialto (Hans Gerig), Köln 1970
Anm.: Gesungen von Willy Schneider

Jeder Mann tut mir leid
Deprimiert, resigniert ...
Lied und Foxtrott
aus dem Musikalischen Lustspiel »So gut wie verlobt«
Text von Günther Schwenn und Bobby E. Lüthge
Edition Heinz Elsberg, Berlin 1947
jetzt: Manuskript
Gerhard-Winkler-Archiv

Jeder Tag hat seinen Abend
Wenn du manchmal glaubst ... (V)
Lied
Text von Walter Brandin
Edition Continent, München 1956

Jedes junge Paar tritt mal vor den Traualtar
 s. Wir sind füreinander bestimmt

Jenny und der Herr im Frack (TV)
Manuskript
Gerhard-Winkler-Archiv
Anm.: Ein Manuskript dieser 1963 entstandenen TV-Filmmusik war nicht
eruierbar.

Jolie bruyère
   s. O Heideröslein

Junge Herzen haben Sehnsucht (Gute Reise)
Lied und Foxtrott
Text von Bruno Balz
Capriccio Musikverlag, Hamburg 1963
Anm.:   Titelmelodie der Fernsehlotterie »Ein Platz an der Sonne« 1963

Jungfernstieg-Marsch
Wenn wir so übern Jungfernstieg ...
Der Michel winkt zur Elbe hin ... (V)
Marschlied
aus dem Film »Klein Erna auf dem Jungfernstieg«
Text von Hans Raspotnik und Hanns Stani
Edition Annabella, Uster/Schweiz 1969
Anm.:   Gesungen von Heidi Kabel

Jüngst fuhr ich mit der Lilo durch den Harz
   s. Hexentanz

Kaffeeklatsch
Heut ist Kaffeeklatsch bei Tante Linchen ...
Und zu Hause brüllt ein Mann ... (V)
Lied und Foxtrott
Text von Bruno Elsner
Wiener Bohème Verlag, Berlin 1936

Käki-Kukuu-Valssi
   s. Der Kuckuck ruft

Kannst du mir bis übermorgen
   s. Kuß-Polka

Karneval in Sevilla
Schau nur, wie der Masken lange bunte Ketten ...
Eine Nacht in Sevilla beim Karneval ... (Rf)
Lied und Paso doble
Text von Bruno Elsner
Dreiklang-Verlag, Berlin 1936

Karoline
   s. Caroline

Keiner spielt so schön Gitarre wie Don Pedro
   s. Don Pedro

Kennt ihr denn schon die Geschichte
   s. Ja, die Gräfin Melanie

Kerzen-Serenade
Leise erklingt ...
Gern denk' ich an die Zeit zurück ... (V)
Lied und Slowfox
Text von Fred Rauch
Carlton Musikverlag (Hans Gerig), Köln 1963
Anm.:   Das Werk ist auch unter dem Titel »Serenade der Liebe« bei der GEMA registriert.

Kevät Sorrentossa
   s. Frühling in Sorrent

Kieler Sprotten
Konzertstück (Polka)
Edition Standard (Erich Plessow), Berlin 1939

Kinder, heut bin ich ja so glücklich
   s. Glücks-Tango

King's Alley
   s. Der fremde Mann vom Montparnasse

Kino-Tango
s. Wenn ich mit dir im Kino bin

Klänge aus aller Welt
15 Konzertstücke
Musikverlag Paul Schmidt, Berlin 1936 ff.
jetzt: Richard Birnbach Musikverlag
s. Andalusischer Tanz (11)
s. Auf einer Südseeinsel (14)
s. Blütenfest in Japan (13)
s. Holländischer Holzschuhtanz (9)
s. Japanisches Teehaus (5)
s. Mondnacht am La Plata (4)
s. Neapolitanisches Ständchen (3)
s. Ouverture romanesque (8)
s. Portugiesischer Fischertanz (15)
s. Schottischer Dudelsack (12)
s. Sizilianisches Ständchen (7)
s. Spanische Orangen (2)
s. Toulouse (10)
s. Ungarland (6)
s. Wiener Humor (1)

Klavierkonzert
s. Der Sonne entgegen

Kleine Harzer Suite
in 2 Sätzen
für Orchester
1. Rosenhochzeit in Hahnenklee
2. Hexentanz auf dem Bocksberg
Transeuropa Bühnen- und Musikverlag, Berlin 1961
jetzt: Richard Birnbach Musikverlag

Anm.: Hermann Jacobs, dem Initiator der Verleihung des Paul-Lincke-Rings, für seine Verdienste um die deutsche Unterhaltungsmusik herzlichst gewidmet

Kleine Nachtigall
Weißt du noch ...
Lied und Tango
Text von Walter Rothenburg
Edition Continent, München 1954

schwed.: Lilla näktergal

Anm.: Unter dem Titel »Lilla näktergal (Kleine Nachtigall)« ist das Werk auch als zweisprachige Ausgabe mit einer schwedischen Textversion von Lisbeth Stahl und dem deutschen Originaltext (Stockholms Musikproduktion, Stockholm) im Druck erschienen.

De kleine Postiljon
   s. Der kleine Postillion

Der kleine Postillion
Tätä-täretä, tätä-täretä ...
Morgens wenn die ersten Sonnenstrahlen fallen ... (V)
Lied und Foxtrott
Text von Ralph Maria Siegel
Edition Gabriel, Berlin 1939

niederl.: De kleine Postiljon

Anm.: Das Werk ist auch mit dem Copyright 1940 sowie mit dem Copyright 1947 im Druck erschienen.

Kleiner Italienischer Marsch
   s. Buon giorno, amico
   s. Peppone
   s. Scampolo

Klein Erna auf dem Jungfernstieg (F)
   s. Jungfernstieg-Marsch
   s. Tante Frieda macht das schon

Klein Erna spielt, man glaubt es kaum
   s. Tante Frieda macht das schon

Kleiner Schalk
   s. Travesura

Kleiner Walzer
   s. In Gedanken an dich

Kleine Sennerin
Abends wenn im Dorf die Glocken läuten ... (V)
Lied und Tango
Text von Ralph Maria Siegel
Edition Gabriel, Berlin 1939
Anm.:   Das Werk ist auch mit dem Copyright 1985 im Druck erschienen.

Kleine Träumerei
Konzertstück
für Klavier und Orchester
Herbert Moeschk Musikverlag, Berlin 1947
jetzt: Manuskript
Gerhard-Winkler-Archiv
Anm.:   Das Werk ist als Nr. 11 einer vom Komponisten unter dem Titel »Teekonzert« konzipierten Sammlung von 12 Konzertstücken im Druck erschienen.

Komm, Casanova, komm, Casanova, küß mich
Komm, Casanova, küß mich
   s. Casanova-Lied

Komm, laß die Zeit nicht vergehn
   s. Alle Verliebten singen

Komm, Resi, bring mir noch a Maß
   s. Wenn nur besser eing'schenkt wär'

Kommt ein Fremder an
   s. Dulli-dulli-dulliöh

König deines Herzens
s. Heut bin ich der König

König der Manege (F)
s. Das Leben ist schön, wenn man richtig verliebt ist
s. Vorhang auf (Artisten-Marsch)

Königsallee
s. Der fremde Mann vom Montparnasse

Kreiselspiel
Konzertstück (Intermezzo)
Richard Birnbach Musikverlag, Berlin 1954

Anm.: Das Werk hat der Komponist seinem damals zweijährigen Sohn Hans Andreas gewidmet, dessen Kreiselspiel ihn zu diesem Konzertstück anregte.

Kremserfahrt
s. Alt-Berliner Kremserfahrt

Kreuzfahrt im Mittelmeer
Konzertstück (Ouv)
Selbstverlag des Komponisten, Berlin 1968
jetzt: Manuskript
Gerhard-Winkler-Archiv

Kreuz und quer durch die Welt
s. Vorhang auf (Artisten-Marsch)

Kreuz und quer, hin und her
s. Schwarzwald-, Schwarzwald-Mädele

Kuba
s. Cuba

Der Kuckuck ruft
Der Kuckuck im Walde, er ruft dir zu ...
Im Frühling und zur Maienzeit ... (V)
Walzerlied
Text von Walter Rothenburg
Musik von Ben Bern (Gerhard Winkler)
Edition Continent, München 1954

- schwed.: Göksången
- dän.: Gjöksangen
- finn.: Käki-Kukuu-Valssi
- Anm.: Das Werk wurde auch verwendet für den 1956 gedrehten Film »Schwarzwaldmelodie« und ist in diesem Zusammenhang mit Genehmigung des Originalverlages und unter Aufgabe des Pseudonyms erneut im Druck erschienen (Musik-Edition Europaton/Peter Schaeffers, Berlin o. J.)

Die Kuckucksuhr
Konzertstück (Intermezzo)
Edition Eichler & Tetzlaff, Berlin 1932
jetzt: Musikverlag Eduard Alert

- engl.: The Cuckoo-Clock
- franz.: Le coucou
- Anm.: Das Werk ist mit dem Copyright 1939 (Musikverlag Eduard Alert & Co., Berlin) erneut im Druck erschienen.

Kurz ist der Mai
s. Die Wolken kehren nie zurück

Kuß-Polka
Kannst du mir bis übermorgen ...
Lied und Polka
Text von Hans Werner
Musikedition Dominante, Hamburg 1954

- niederl.: Kus-Polka

Land ohne Musik (Bw)
   s. Premiere in Mailand (Bw)

Läutet, Glocken der Liebe
Lied
Text von Günther Schwenn
Richard Birnbach Musikverlag, Berlin (1943)
Anm.:   Gesungen von Magda Hain
          Als Druckbelege des Werkes (GEMA-Registrierung vom Dezember 1943) befinden sich im Gerhard-Winkler-Archiv Neuausgaben mit dem Copyright 1952 sowie mit dem Copyright 1956.

Das Leben geht weiter
Grau scheint uns oft die ganze Welt ...
Lied und Langsamer Walzer
Text von Erik Wallnau
Musikverlag City (Hans Sikorski), Leipzig 1943
jetzt: Tempoton-Verlag

Das Leben ist schön, wenn man richtig verliebt ist
Ich will auf Händen dich tragen ... (V)
Lied und Tango
aus dem Film »König der Manege«
Text von Ernst Marischka
Musik-Edition Europaton (Peter Schaeffers), Berlin 1954
Anm.:   Gesungen von Rudolf Schock

Leb wohl, du mein schönes Italien
Lied
Text von Leo Breiten
Manuskript
Gerhard-Winkler-Archiv (305)

Leckerbissen
8 Konzertstücke
für Akkordeon oder Klavier
Edition Fortuna (Peter Schaeffers), Berlin 1955
  s. Arabischer Mokka (7)
  s. Marseiller Fischsuppe (2)
  s. Orangen aus Spanien (8)
  s. Rheinischer Salm (3)
  s. Schwedische Gabelbissen (1)
  s. Tuttifrutti (5)
  s. Ungarisches Paprikahuhn (4)
  s. Wiener Apfelstrudel (6)

Leer bis auf das letzte Tröpfchen
  s. Der alte Kellermeister

Leider muß ich fern von dir sein
  s. Ein Lied ohne Ende

Leise erklingt
  s. Kerzen-Serenade

Leise küßt der Wind das Sonnenland
  s. Auch der allerschönste Sommer geht zu Ende

Leise spielt die Schrammelmusik
  s. Es ist nur ein Schritt von hier

Die Lerche singt in den Lüften
  s. Lied der Lerche

Der letzte Fiaker
Konzertstück
Edition Accord, Köln 1963

Die Liebe ist gefährlich in Pelagua
  s. Pelagua

Die Liebe müßte wie ein Märchen sein
Heimlich und verstohlen ...
Lied und Tango
aus dem Film »Meine Frau, die Schützenkönigin«
Text von G. v. Otten (Georg Schröter)
Wiener Bohème Verlag, Berlin 1934

Liebe Mutter, weine nicht
Lied
Text von Günther Schwenn
Musikverlag Peter Schaeffers, Berlin 1943
Anm.:   Das Werk ist als Nr. 3 einer unter dem Titel »Briefe des Herzens« konzipierten Sammlung von drei Liedern des Komponisten im Druck erschienen.

Lieber Doktor
  s. Die Dicken sind immer gemütlich

Liebeserinnerung
  s. So wird's nie wieder sein

Liebes Fräulein, ist Euer Herz noch frei
  s. Über allem steht die Liebe

Liebesglück
  s. Ein bißchen Liebesglück

Liebeshändel in Chiozza (TV)
Manuskript
Gerhard-Winkler-Archiv
Anm.:   Ein Manuskript dieser 1963 entstandenen TV-Filmmusik war nicht eruierbar.

Liebeslied
Es gibt kein Wort dafür ...
Was ist alles Glück, das ich mir erträumt ... (V)
Lied
Text von Ralph Maria Siegel
Richard Birnbach Musikverlag, Berlin (1943)
Anm.: Gesungen von Magda Hain
Als Druckbelege des Werkes (GEMA-Registrierung vom 2. 12. 1943) befinden sich im Gerhard-Winkler-Archiv eine Ausgabe unter dem Titel »Es gibt kein Wort dafür (Liebeslied)« mit dem Copyright 1947 und eine Ausgabe unter dem Titel »Liebeslied« mit dem Copyright 1952.

Liebeslied
s. Der Liebe Freud und Leid

Liebesruf der Amsel
Wacht auf, wacht auf ...
Lied
für Koloratursopran
Text von Hans G. Orling
Heinz Funke Musikverlag, Berlin 1947
Anm.: Gesungen von Magda Hain

Liebes-Toto (Bw)
s. Drei Mädchen im Bikini (Bw)

Liebe und Leidenschaft
Konzert-Tango
Edition Melodia (Hans Gerig), Köln 1950
Anm.: Verlagsvertrag vom 5. 8. 1947

Liebling, bitte, sei nicht bös
s. Wenn Liebe spricht

Lied der Lerche
Die Lerche singt in den Lüften ...
Lied
für Koloratursopran
Text von Ralph Maria Siegel
Richard Birnbach Musikverlag, Berlin 1943

Anm.: Gesungen von Magda Hain
Neuausgaben des Werkes sind dann mit dem Copyright 1952 sowie mit dem Copyright 1956 im Druck erschienen.

Das Lied der Nacht
Stunden mit dir klingen in mir ...
Lied und Foxtrott
Text von Bruno Elsner
Boccaccio-Verlag (Richard Birnbach), Berlin 1939

Lilla mor
s. Mütterlein

Lilla näktergal
s. Kleine Nachtigall

Lille mor
s. Mütterlein

Love Song
Slowfox
Manuskript
Gerhard-Winkler-Archiv (147)

Anm.: Die Rechte an diesem ab 31. 3. 1965 vom DEHACE Musikverlag vertretenen, jedoch nicht im Druck erschienenen Werk wurden am 24. 11. 1981 an den Rechtsnachfolger des Komponisten zurückgegeben.

La luna di Sorrento
s. Frühling in Sorrent

Mach dir um mich doch bitte keine Sorgen (Ein Brief aus der Heimat)
Du schreibst mir so zärtliche Briefe ...
Lied und Slowfox
Text von Günther Schwenn
Musikverlag Peter Schaeffers, Berlin 1942

niederl.:	Wees maar gerust
dän.:	Giv mig din Haand
norweg.:	Gi meg din hånd
Anm.:	Das 1943 als Nr. 1 einer unter dem Titel »Briefe des Herzens« konzipierten Sammlung von drei Liedern des Komponisten veröffentlichte Werk ist ohne diesen thematischen Zusammenhang bereits 1942 zunächst unter dem Titel »Ich bin dir treu (Ein Brief aus der Heimat)« und dann mit einem Titelfoto von Lale Andersen und dem Slogan »Der tönende Feldpostbrief vom Belgrader Sender« unter dem inzwischen populär gewordenen Titel »Mach dir um mich doch bitte keine Sorgen (Ein Brief aus der Heimat)« im Druck erschienen.

Unter dem Titel »Wees maar gerust (Mach dir um mich doch bitte keine Sorgen)« ist das Werk auch als zweisprachige Ausgabe mit dem deutschen Originaltext und einer niederländischen Textversion von Han Dunk (Metro Muziek, Amsterdam o. J.) im Druck erschienen.
Unter dem Titel »Giv mig din Haand« ist das Werk auch mit einer dänischen Textversion von Mogens Kaarøe (Imudico, Kopenhagen o. J.) sowie unter dem Titel »Gi meg din hånd« mit einer norwegischen Textversion von Juul Hansen (Carl M. Iversen Musikkforlag, Oslo o. J.) im Druck erschienen.

Mademoiselle, Mademoiselle, Mademoiselle
Nun ist es zwölf, und ich lieg' noch im Bett ...
(Hallo, Chérie, bist du endlich erwacht ...)
Lied und Musette-Walzer
Text von Heino Gaze
Musik-Edition Europaton (Peter Schaeffers), Berlin 1951

Mamma mia, du vergißt mich nicht
Vor dem kleinen Haus im Tal ... (V)
Lied und Tango
Text von Paul Clemens (Kurt Feltz)
Edition Melodia (Hans Gerig), Köln 1952

Anm.:	Gesungen von Peter Anders

Man arbeitet sechs lange Tage
  s. Im Wald, im grünen Wald

Manches Bild aus alter Zeit
  s. Es stand mal ein Haus irgendwo in Berlin

Mandolinen der Liebe erklingen
Ein geheimnisvoller Bann ... (V)
Lied und Langsamer Walzer
aus dem Film »Südliche Nächte«
Text von Kurt Feltz
Musik-Edition Europaton (Peter Schaeffers), Berlin 1953

Mandolino, Mandolino (In Santa Lucia)
Höre ich der Mandolinen Weisen ...
In Santa Lucia ... (Rf)
Lied und Tango
Text von Ralph Maria Siegel
Ralph Maria Siegel Musikedition, München 1949
Anm.:   Gesungen von Rudi Schuricke
         Das Werk ist auch in einer musikalischen Bearbeitung als Cha-Cha-Cha unter dem Titel »Mandolino-Cha-Cha« im Druck erschienen.

Man möcht' so gern allein mit seinem Darling sein
  s. Wenn bloß nicht die Familie wär'

Männer, dicht in Pelz gehüllt
  s. Bärenjagd in Alaska

Der Mann im Mond (F)
  s. An jedem Finger zehn (F)

Manon
Lied und Slowfox
Text von Kurt Feltz
Edition Baltic, Berlin 1936
jetzt: Edition Turicaphon
ital.:   Manon

Anm.: Unter dem Originaltitel ist das Werk auch mit einer italienischen Textversion von N. Rastelli (Edizioni Leonardi, Novara/Mailand o. J.) im Druck erschienen.

Mariage champêtre en Bohème
s. Böhmische Bauernhochzeit

Marseiller Fischsuppe
Konzertstück (Musette-Walzer)
für Akkordeon oder Klavier
Edition Fortuna (Peter Schaeffers), Berlin 1955

Anm.: Das Werk ist als Nr. 2 einer vom Komponisten unter dem Titel »Leckerbissen« konzipierten Sammlung von 8 Konzertstücken im Druck erschienen.

Meine alte Harmonika
Nichts auf der Erde hält ewig ...
Walzerlied
Text von Erich Meder
Musik von Paul Eremit (Gerhard Winkler)
Edition Gabriel, Oberholsten 1955

Meine Frau, die Schützenkönigin (F)
s. Bayrischer Dirndl-Walzer
s. Die Liebe müßte wie ein Märchen sein

Mein kleines Frühlingslied
Zaubernächte, die im Lenz wir erleben ... (V)
Lied und Tango
aus dem Film »Der Schrecken vom Heidekrug«
Text von Richard Busch
Wiener Bohème Verlag, Berlin 1934

Mein Leopold (F)
s. So ist es im Leben
s. Und das alles geschah in der Nacht

Der Meisterjodler von Daxenbach
Alle sind entzückt ... (V)
Jodel-Lied
Text von Fred Rauch
Simton Musikverlag (W. Simon), München o. J. (1977)
Anm.: Gesungen von Thomas Scholl
Verlagsvertrag vom 19. 7. 1977

Meisterschafts-Tango
Konzert-Tango
Edition Metropol (M. Czichon), Berlin 1939

Melodie d'amore
s. Warum läßt du mich so allein

Melodie meiner Träume
Zahllose schlaflose Nächte ... (V)
Lied und Slowfox
Text von Erik Wallnau
Wiener Bohème Verlag, Berlin 1944
Anm.: Gesungen von Magda Hain
Das Werk ist auch mit dem Copyright 1950 im Druck erschienen.

The Merry Old Inn (Das fröhliche alte Gasthaus)
Konzertstück (Foxtrott)
Paul Siegel Musikverlag, Berlin (1964)
jetzt: Manuskript
Gerhard-Winkler-Archiv
Anm.: Eine Druckausgabe des laut Verlagsvertrag vom 29. 1. 1964 unter dem Titel »Das fröhliche alte Gasthaus« komponierten Werkes war nicht eruierbar.
Ein Manuskript der Klavierstimme des Werkes befindet sich im Gerhard-Winkler-Archiv.

Mia bella, bella, bella Signorina
s. Bella, bella Signorina

Mia bella Napoli
s. O mia bella Napoli

Der Michel winkt zur Elbe hin
s. Jungfernstieg-Marsch

Micky's Doll Parade
Konzertstück (Intermezzo)
Musikverlag Hans Felix Husadel,
Erbisreute-Weingarten/Württ. o. J. (1960)

The Midnight Ghost
s. Das Nachtgespenst

Das Militär, das Militär
Des Morgens schon um vier ...
Marschlied
aus der Operette »Die ideale Geliebte«
Text von Hermann Hermecke und Eva Engelhardt
Transeuropa Bühnen- und Musikverlag, Berlin 1958
jetzt: Richard Birnbach Musikverlag
(SO-Ausgabe: Edition Continent, München 1957)

Mir geht Musik aus Dixieland
s. Wo, wo, wo liegt Dixieland

Mir geht's gut
s. Tanze und sing

Misterios del amor
s. Rätsel der Liebe

Miteinander, füreinander
Bleibe du bei mir, wenn die Sonne sinkt ...
Lied und Langsamer Walzer
Text von Robert Gilbert
Capriccio Musikverlag, Hamburg 1963
Anm.: Titelmelodie der Fernsehlotterie Deutsche Altershilfe

Mit seiner Klarinette
   s. Der fröhliche Musikant

Mitten drinnen im dunklen Tann
   s. Ein Schwarzwälder Mädel und ein Schwarzwälder Kirsch

Mitten in der großen Stadt
   s. Endlich allein

Mitten in Milano
   s. Die Primadonna von der Scala di Milano

Mit unsrer Jugend wird von Tag zu Tag es schlimmer
   s. Die verrückte Blasmusik

Der moderne Mensch treibt Sport und Spiel
   s. Jeder ist so alt, wie er sich fühlt

Mona-Mona-Lisa
   s. O Mona, Mona Lisa

Mondlicht
Lied und Slowfox
Text von Nino Latanza
ISETEM (Edizioni Sterbini), Rom 1936

ital.:   Chiaro di luna

Anm.:   Das in Italien herausgegebene Werk ist mit einem deutschen Text im Druck erschienen.

Mondlicht vom Himmelszelt
   s. Barcarole d'amore

Mondnacht am La Plata
Konzertstück (Serenade)
Musikverlag Paul Schmidt, Berlin o. J. (1936)
jetzt: Richard Birnbach Musikverlag
Anm.: Das Werk ist als Nr. 4 einer vom Komponisten unter dem Titel »Klänge aus aller Welt« konzipierten Serie von 15 Konzertstücken im Druck erschienen.
Die spätere Neuauflage dieses Werkes ist ohne Hinweis auf die Serie mit dem Copyright 1954 im Druck erschienen.

Die Mondschein-Serenade
Gina, das Mädchen, und Tino, der Mann ...
Lied und Valse Boston
Text von Kurt Feltz
Edition Riva, München 1957

Monika (F)
   s. Irgendwo auf Erden
   s. Puppen-Parade
   s. Sehnsucht nach der Heimat
   s. Tanze und sing

Morgens wenn die ersten Sonnenstrahlen fallen
   s. Der kleine Postillion

Die Motorradbraut
   s. Ich such' für mein Motorrad eine Braut

Möwe, du fliegst in die Heimat
Lied und Langsamer Walzer
Text von Günther Schwenn
Heinz Funke Musikverlag, Berlin 1947
Anm.: Gesungen von Magda Hain

Musikanten sind aus Böhmen da
   s. Böhmische Musikanten

Musik hat mich glücklich und reich gemacht
Das Herz ist oft so sehnsuchtsschwer ... (V)
Lied und Slowfox
Text von Gerd Prager
Musikverlag Froboess & Schlag, Berlin 1947
Anm.:   Die SO-Ausgabe des Werkes ist mit dem Copyright 1948 im Druck erschienen (Musikverlag Melodie / Froboess & Budde, Berlin).

Musik hat mich verliebt gemacht
Musik und Liebe sind verwandt ...
Lied und Foxtrott
Text von Bruno Elsner
Dreiklang-Verlag, Berlin 1937

Musik im Blut
Ich hab' Musik, ich hab' Musik im Blut ...
Einer will heut nur Kurt Weill ... (V)
Lied und Foxtrott
aus der Operette »Premiere in Mailand«
Text von Günther Schwenn
Astoria Bühnen- und Musikverlag
Peter Schaeffers Musikverlag
Berlin 1949

Musik und Liebe sind verwandt
  s. Musik hat mich verliebt gemacht

Mutterhände
Nimmermüd habt ihr geschafft im Leben ... (V)
Lied
Text von Bruno Elsner
Heinz Funke Musikverlag, Berlin 1947
Anm.:   Gesungen von Kurt Reimann

Mütterlein
Als ich tat die ersten Schritte ...
Lied und Langsamer Walzer
Text von Fred Rauch
Papageno-Verlag (Hans Sikorski), Hamburg 1952
engl.: Answer Me
Answer Me, My Love
Answer Me, Oh Lord
ital.: Parla mi
schwed.: Lilla mor
Svara mej
dän.: Lille mor
finn.: Äiti pien
Anm.: Das vom Komponisten seiner Mutter zum 75. Geburtstag gewidmete Lied ist 1953 unter dem Titel »Answer Me« auch mit einer englischen Textversion von Carl Sigman (Bourne Inc., New York) und als Subausgabe für die skandinavischen Länder und Finnland (Stockholms Musikproduktion, Stockholm o. J.) unter dem Titel »Lilla mor« mit einer schwedischen Textversion von Wilson sowie unter dem Titel »Lille mor (Mütterlein/Answer Me)« mit einer dänischen Textversion von Knud Pheiffer (Dacapo Musikforlag, Kopenhagen o. J.) im Druck erschienen. Nach dem Welterfolg des Liedes in der englischen Textversion wurde von Fred Rauch ein an Carl Sigmans Textfassung orientierter neuer deutscher Text geschaffen, der mit dem Copyright 1954 unter dem Titel »Glaube mir/Answer Me« zusammen mit dem inzwischen von Carl Sigman aus religiösen Gründen neugefaßten englischen Refraintext als zweisprachige Ausgabe im Druck erschienen ist.
Unter dem Titel »Parla mi (Glaube mir/Answer Me)« ist das Lied 1954 auch in einer an die ursprüngliche englische Textfassung angelehnten italienischen Textversion von Nisa-Nomen (Edizioni Araldo, Mailand) im Druck erschienen.

Das Nachtgespenst
Im alten Schlosse war ich zu Gast ...
Lied und Foxtrott
Text von Ralph Maria Siegel
Risi-Ton-Verlag (Richard Siedentopf), Berlin 1938
engl.: The Midnight Ghost
frz.: Fantôme dans la nuit
Anm.: Gesungen von Peter Igelhoff

Nachtigall
Von der Nachtigall hab' ich das Jodeln gelernt ...
Schnell vergeht die goldne Jugendzeit ... (V)
Lied und Langsamer Walzer
Text von Fred Rauch
Musik von Ben Bern (Gerhard Winkler)
Edition Continent, München 1957

Nachts in einer Tanzbar
  s. Don Pedro

Nachts wenn sich im Meer die Sterne spiegeln
  s. Südseenächte

Nah bei dir
Lied und Langsamer Walzer
Text von Wolfgang Poppenberg
Atrium-Musikverlag (Felix Stahl), Hamburg 1963
engl.:   Close to You
frz.:   Près de toi
schwed.: Nära dej

Nanu, wie kommt ein Pinguin
  s. Der Pinguin

Napoli
  s. La Tarentina

Napoli bei Nacht
  s. Ein Tag in Neapel (Suite)

Nära dej
  s. Nah bei dir

Natascha, du schwarzes Mädel aus dem Kaukasus
Lied und Foxtrott
Text von Klaus S. Richter und Fritz Reiter
Beboton-Verlag, Berlin 1936

Neapolitanisches Ständchen
Konzertstück
Musikverlag Paul Schmidt, Berlin 1936
jetzt: Richard Birnbach Musikverlag

engl.: Neapolitan Serenade
frz.: Sérénade napolitaine
Anm.: Das Werk ist als Nr. 3 einer vom Komponisten unter dem Titel »Klänge aus aller Welt« konzipierten Serie von 15 Konzertstücken im Druck erschienen.
Die späteren Neuauflagen dieses Werkes sind ohne Hinweis auf die Serie im Druck erschienen.
Unter den Titeln »Neapolitan Serenade/Sérénade napolitaine/Neapolitanisches Ständchen« ist das Werk auch in einer Subausgabe für alle Länder außer Deutschland (Bosworth & Co. Ltd., London o. J.) im Druck erschienen.
Unter dem Titel »Camping am blauen Meer« ist das Werk auch mit einer Textversion von Klaus Günter Neumann auf Schallplatte erschienen.
Das Werk wurde vom Komponisten auch verwendet für die Orchester-Suite »Ein Tag in Neapel«.

Neapolitan Serenade
s. Neapolitanisches Ständchen

Negertrommeln dröhnen durch die Tropennacht
s. Bimbalo

Nein, das Leben macht in Bagdad wirklich keinen Spaß
s. Skandal im Harem

Nichts auf der Erde hält ewig
s. Meine alte Harmonika

Nichts ist schöner auf der Welt
s. Wie ein Schwalbenpaar

Nicolo, Nicolo, Nicolino
Lied und Foxtrott
Text von Kurt Feltz
Edition Rialto (Hans Gerig), Köln 1954

Nie hätt' ich gedacht
   s. Warum läßt du mich so allein

Nie hat warm ein Herz für mich geschlagen
   s. Die Gondeln am Lido

Nie kann ich die schöne Nacht vergessen
   s. Im Goldnen Löwen war's zu Sankt Goar

Nie war so schön die Nacht
   s. Hörst du das Lied der Liebe

Nimmermüd habt ihr geschafft im Leben
   s. Mutterhände

Nimm mich mit, mit, mit
Große Leute reisen gern ... (V)
Lied und Marsch-Foxtrott
aus dem Film »Südliche Nächte«
Text von Kurt Feltz
Musik-Edition Europaton (Peter Schaeffers), Berlin 1953

Nimm Platz, mein Schatz
Immer nur allein möchte niemand sein ... (V)
Lied und Polka
Text von Wolfgang Felsing und Kurt Hertha
Edition Continent, München 1961

Nirgendwo küßt man so
   s. Spanisches Blut

Now and Forever
   s. O Heideröslein

0-3-1-1 **Berlin, Berlin (Das Telefon-Lied)**
Tut-tuuut, tut-tuuut ...
Da hab' ich nun am Telefon die Stadt ...
Lied und Medium-Bounce
Text von Kurt Hertha
Ralph Maria Siegel Musikedition, München 1961

Nun bin ich am Ziel
  s. Caramba

Nun ist es zwölf, und ich lieg' noch im Bett
  s. Mademoiselle, Mademoiselle, Mademoiselle

Nur im Schlaf trügt noch der Schein
  s. Die Sonne ist untergegangen

Ober, eine Goulaschsuppe
  s. Goulaschsuppe

Oceana-Suite
in 4 Sätzen
für Orchester
  1. Ballade
  2. Seemanns-Tanz
  3. Von der Ewigkeit des Meeres
  4. Finale
Manuskript
Gerhard-Winkler-Archiv (36)

Anm.:   Dieses Werk ist die Endfassung der vom Komponisten zunächst unter dem Titel »Vor uns liegt das Leben« konzipierten Orchester-Suite nach Motiven seiner Musik zu dem 1949 gedrehten gleichnamigen Film.

O Heideröslein
Durch die grüne Heide geht ein Mädchen jung und schön ...
Lied und Tango
Text von Walter Rothenburg
Musik von Peter Jan Hansen (Gerhard Winkler)
August Seith Musikverlag, München 1954

engl.:	Now and Forever
frz.:	Jolie bruyère
niederl.:	Oh Heideroosje
schwed.:	Vildrosen
dän.:	Hvide Rose
finn.:	Oi Villiruusu
Anm.:	Das Werk ist auch mit dem Copyright 1953 im Druck erschienen (Verlagsvertrag vom 1. 11. 1953).

Unter dem Titel »Now and Forever (O Heideröslein)« ist das Werk auch mit einer englischen Textversion von Johnny May (Chappell & Co., London 1954) im Druck erschienen.
Unter dem Titel »Vildrosen (O Heideröslein)« ist das Werk auch als zweisprachige Ausgabe mit einer schwedischen Textversion von Birgit Kejving und dem deutschen Originaltext (Stockholms Musikproduktion, Stockholm o. J.) im Druck erschienen.

Oh Heideroosje
Oh, Heideröslein
  s. O Heideröslein

Oh, Mona-Mona-Lisa
  s. O Mona, Mona Lisa

Oi Villiruusu
  s. O Heideröslein

O mia bella Napoli (Straßensänger von Neapel)
Hört ihr, wie die Straßensänger singen ...
Lied und Tango
Text von Ralph Maria Siegel
Boccaccio-Verlag (Richard Birnbach), Berlin 1937
frz.: Mia bella Napoli
Anm.: Unter dem Titel »Mia bella Napoli« ist das Werk auch mit einer französischen Textversion von Louis Poterat (Les Nouvelles Editions Méridian, Paris 1939) im Druck erschienen.
Das Werk wurde vom Komponisten auch verwendet für die Orchester-Suite »Ein Tag in Neapel«.

O mia bella Napoli (Straßensänger von Neapel)
Orchester-Fantasie
über das gleichnamige Lied
Boccaccio-Verlag (Richard Birnbach), Berlin 1941

O Mona, Mona Lisa
Dort wo die Zitronen blühn ...
Lied und Foxtrott
Text von Fini Busch
Edition Continent, München 1957

O Monsieur
Glauben Sie, ich kann so manchen Mann sehn ... (V)
Lied und Slowfox
aus der Operette »Die ideale Geliebte«
Text von Hermann Hermecke und Eva Engelhardt
Transeuropa Bühnen- und Musikverlag, Berlin 1958
jetzt: Richard Birnbach Musikverlag

Optimismus ist die beste Medizin
Heut bist du heiß verliebt ...
Lied und Foxtrott
Text von Ralph Maria Siegel
Edition Metropol (M. Czichon), Berlin 1940

Orangen aus Spanien
Konzertstück (Paso doble)
für Akkordeon oder Klavier
Edition Fortuna (Peter Schaeffers), Berlin 1955
Anm.: Das Werk ist als Nr. 8 einer vom Komponisten unter dem Titel »Leckerbissen« konzipierten Sammlung von 8 Konzertstücken im Druck erschienen.

O Rosemarie
s. Wenn die Heide schlafen geht

O Sonny, komm wieder
s. Sonny, o Sonny

Osterfest in Sevilla
Konzert-Walzer
Sidemton Verlag, Köln 1952

Ouverture romanesque
Konzertstück
Musikverlag Paul Schmidt, Berlin o. J. (1937)
jetzt: Richard Birnbach Musikverlag
Anm.: Das Werk ist als Nr. 8 einer vom Komponisten unter dem Titel »Klänge aus aller Welt« konzipierten Serie von 15 Konzertstücken im Druck erschienen.

Palmen am Strande
s. Einmal etwas Großes erleben

Le paradis
Paradise
Paradiso
s. El Paraiso

El Paraiso (Im Paradies)
Heimat meiner Träume ... (Rf)
(Patria paraiso ...)
Deutscher Text von Gerhard Winkler
Spanischer Text von Federico R. Saniez
Musik von G. Herman (Gerhard Winkler)
Beboton-Verlag, Berlin 1936

engl.: Paradise
frz.: Le paradis
ital.: Paradiso
Anm.: Das Werk ist als zweisprachige Ausgabe (deutsch-spanisch) im Druck erschienen.
Unter dem Titel »Paradiso (El Paraiso)« ist das Werk dann auch als zweisprachige Subausgabe mit dem spanischen Originaltext und einer italienischen Textversion von A. Bracchi in der Sammlung »Serie speciale di 5 tanghi moderni« (Edizioni Curci, Mailand o. J.) im Druck erschienen.

Parforcejagd
s. Im Herbst (Suite)

Parla mi
s. Mütterlein

Pastoral
Pastorale
s. Schäferspiel

Patria paraiso
s. El Paraiso

Pelagua
Die Liebe ist gefährlich in Pelagua ...
Lied und Carioca
aus der Operette »Die ideale Geliebte«
Text von Hermann Hermecke und Eva Engelhardt
Transeuropa Bühnen- und Musikverlag, Berlin 1958
jetzt: Richard Birnbach Musikverlag
(SO-Ausgabe unter dem Titel »Die Liebe ist gefährlich in Pelagua«: Edition Continent, München 1957)

Pensant à toi
   s. In Gedanken an dich

Peppone
Konzertstück (Kleiner Italienischer Marsch)
Matth. Hohner Musikverlag, Trossingen/Württ. 1953
jetzt: Manuskript
Gerhard-Winkler-Archiv

Perce-neige
   s. Schneeglöckchen

Perdoname
   s. Vergib

Peter-Tango
Peter, Peter, küß nicht ohne Grund ...
Lied und Tango
Text von Paul Clemens (Kurt Feltz)
Musik von G. Herman (Gerhard Winkler)
Mondial Verlag, Köln 1952

Petulance
La pétulance
   s. Travesura

Die Philosophen, die haben recht
   s. Ich schließ' mein Lebensbuch noch lang nicht ab

El Picador
Cuando Paco se và a la corrida ... (Rf)
Lied und Spanischer Marsch
Spanischer Text von N. N.
Edizioni Piero Leonardi, Berlin 1936

Pijácká
   s. Chianti-Lied

Der Pinguin
Nanu, wie kommt ein Pinguin ...
Lied und Cha-Cha-Cha
Text von Wilhelm Carsten
Edition Accord, Köln 1963

Pin-up-Fotos sieht man täglich
  s. Ich trau' mich gar nicht hinzusehn

Portrait of the Madonna
  s. Bildnis der Madonna

Portugiesischer Fischertanz
Konzertstück
Musikverlag Paul Schmidt, Berlin o. J. (1940)
jetzt: Richard Birnbach Musikverlag
  Anm.:   Das Werk ist als Nr. 15 einer vom Komponisten unter dem Titel »Klänge aus aller Welt« konzipierten Serie von 15 Konzertstücken im Druck erschienen.
             Eine Neuausgabe dieses Werkes ist dann ohne Hinweis auf die Serie im Druck erschienen.

Prärieritt
Konzertstück
Edition Melodia (Hans Gerig), Köln 1953
  engl.:   Throughout the Prairie
  frz.:   A travers la prairie

Prater-Spaziergang
  s. Bunte Palette (Suite)

Premiere in Mailand (Bw)
Operette in drei Akten (8 Bildern)
von Waldemar Frank und Eduard Rogati
nach einer Novelle von Peter Gillmann
Gesangstexte von Günther Schwenn
Funk-UA: Frankfurt, Hessischer Rundfunk, 27. 12. 1949
Bühnen-UA: Dortmund, Städtische Bühnen, 12. 2. 1950
Astoria Bühnen- und Musikverlag
Peter Schaeffers Musikverlag
Berlin 1949
Einzelausgaben:
  s. Es blühen fremde Blumen
  s. Es ist nur ein Schritt von hier
  s. Heut kommt es auf den Rhythmus an
  s. Musik im Blut
  s. Wenn Liebe spricht
  s. Wenn Mädchen nachts in ihren Bettchen träumen
  s. Wir leben nur einmal
Anm.:   Dieses Bühnenwerk war ursprünglich unter dem Titel »Land ohne Musik« und dann auch unter dem Titel »Glück nach Noten« konzipiert.

Premierenstimmung
Konzertstück (Ouv)
Taunus-Verlag (H. L. Grahl), Frankfurt am Main 1951

Près de toi
  s. Nah bei dir

Die Primadonna von der Scala di Milano
Mitten in Milano ... (V)
Lied und Foxtrott
Text von Kurt Feltz
Edition Rialto (Hans Gerig), Köln 1960

Primavera em Sorrento
s. Frühling in Sorrent

Primavera in Toscana
Les printemps en Toscana
s. Frühling in der Toskana

Prinzessin Sonnenschein
Lied und Slowfox
Text von Kurt Feltz
Edition Rialto (Hans Gerig), Köln 1963
Anm.:   Gesungen von René Carol

Promenade d'amour
Konzertstück (Intermezzo)
Musik-Edition Europaton (Peter Schaeffers), Berlin 1954

Puppen-Karneval
Konzertstück (Intermezzo)
aus dem Film »Südliche Nächte«
Musik-Edition Europaton (Peter Schaeffers), Berlin 1953

Puppen-Parade
Früher spielten Hans und Gretchen ...
Heut marschiert die Garde auf ... (Rf)
Lied und Marsch-Foxtrott
aus dem Film »Monika«
Text von Bruno Balz
Beboton-Verlag, Berlin 1937

Quel non so che
s. Bei Tanzmusik im Strandhotel

Der Radi wächst hier kiloschwer
s. Dulli-dulli-dulliöh

Rätsel der Liebe
Tango
Musik von G. Herman (Gerhard Winkler)
Musikverlag Sterbini & Co., Berlin 1938

span.:　　Misterios del amor

Reise nach dem Süden
Konzertstück (Ouv)
Richard Birnbach Musikverlag, Berlin 1965

Reisen ist schön
　s. Buenos Aires

Rendez-vous dans le Wienerwald
　s. Stelldichein im Wienerwald

Rendezvous im Regen
Foxtrott
Edition Meisel & Co., Berlin 1969

Rêverie
　s. Herbstliche Gedanken

Rheinischer Salm
Konzertstück (Intermezzo)
für Akkordeon oder Klavier
Edition Fortuna (Peter Schaeffers), Berlin 1955

Anm.:　　Das Werk ist als Nr. 3 einer vom Komponisten unter dem Titel »Leckerbissen« konzipierten Sammlung von 8 Konzertstücken im Druck erschienen.

Rikscha-Kuli
Konzertstück
Richard Birnbach Musikverlag, Berlin 1962

The Rolling Staircase
　s. Die Rolltreppe

Die Rolltreppe
Foxtrott
Musik von Edmund Kötscher und Gerhard Winkler
Edition Eichler & Tetzlaff, Berlin 1932
jetzt: Helvetia-Verlag
engl.: The Rolling Staircase
frz.: L'escalier roulant

Romantica
Tango
Edition Meisel & Co., Berlin 1969

Der romantische Jäger (The Romantic Huntsman)
Konzertstück
Manuskript
Gerhard-Winkler-Archiv
Anm.: Ein Manuskript des auf Tonträger dokumentierten, jedoch bei der GEMA nicht registrierten Werkes war nicht eruierbar.

Die Rosel vom Schwarzwald (F)
  s. Die Broadway-Melodie
  s. Ein Schwarzwälder Mädel und ein Schwarzwälder Kirsch
  s. Erst wenn du in der Fremde bist
  s. Verliebt zu sein
  s. Die verrückte Blasmusik
  s. Wie ein Schwalbenpaar

Rosen erblühten, als wir uns fanden
Frühling war's ... (V)
Lied und Langsamer Walzer
aus dem Film »Südliche Nächte«
Text von Kurt Feltz
Musik-Edition Europaton (Peter Schaeffers), Berlin 1953

Rosenhochzeit in Hahnenklee
  s. Kleine Harzer Suite

Rosmarie
Strahlend und schön ...
Wenn die Blumen blühen ... (V)
Lied und Langsamer Walzer
Text von Leo Breiten
Heinz Funke Musikverlag, Berlin o. J. (1947)
Anm.:	Gesungen von Rudi Schuricke

Rot erglänzt im Abendsonnenschein
  s. Die Gitarre spielt ein Lied

Rote Rosen, blauer Flieder
Marschlied
Text von Helmut Scheurer
Celesta Musikverlag, Berlin 1933

Rot-Weiß-Grün
Hörst du die Geigen ...
Lied und Csárdás
Text von Ralph Maria Siegel
Wiener Bohème Verlag, Berlin 1940

Sagt ein Herz einmal ade
  s. Aus den Augen, aus dem Sinn

Sagt, kann man sich
  s. Wie kann ein Mann sich so verändern

Sambarino
Konzertstück (Samba)
Edition Melodia (Hans Gerig), Köln o. J. (1953)
Anm.:	Ein Manuskript des nicht im Druck erschienenen Werkes befindet sich im Archiv des Verlages.

Santa Maria
Konzertstück
für Violine und Orchester
Musikverlag N. Simrock, Leipzig 1939
Anm.: Unter dem Titel »Eine Konzertfolge von Gerhard Winkler« begann der Komponist nach Abschluß der Serie »Klänge aus aller Welt« mit diesem Werk eine neue Serie von Konzertstücken, die jedoch nach Erscheinen des zweiten Werkes »Ständchen am Morgen« im Jahre 1940 vermutlich wegen des Krieges nicht fortgesetzt wurde.

Saß ein Schäfer im wonnigen Mai
s. Schäferliebe

Scampolo
Konzertstück (Kleiner Italienischer Marsch)
Richard Birnbach Musikverlag, Berlin 1938
Anm.: Die Klavier-Ausgabe des Werkes ist mit dem Copyright 1941 im Druck erschienen.

Schäferliebe
Saß ein Schäfer im wonnigen Mai ...
Lied
für Koloratursopran
Text von Ralph Maria Siegel
Ralph Maria Siegel Musikedition, München 1952
Anm.: Dieses von Magda Hain unter dem Titel »Schäferlied« auf Schallplatte gesungene Werk ist 1952 unter dem Titel »Schäferliebe« im Druck erschienen.

Schäferlied
s. Schäferliebe

Schäferspiel
Konzertstück
für Violine und Orchester
Richard Birnbach Musikverlag, Berlin 1943
engl.: Pastoral
frz.: Pastorale
ital.: Gioco pastorale

Schau nur, wie der Masken lange bunte Ketten
  s. Karneval in Sevilla

Schau, wohin du siehst
  s. So schön blühn die Rosen nur einmal im Leben

Schenk mir deine Liebe, Signorina
Lied und Tango
Text von Ralph Maria Siegel
Edition Kasparek, München 1947

Schenk mir dein Herz, Lucia
Ach bleib doch stehn ...
Lied und Tango
aus dem Film »Die Stimme der Sehnsucht«
Text von Bob Winther (Hans Carste)
Edition Fortuna, Berlin 1956
Anm.:   Gesungen von Rudolf Schock

Schenk mir ein Bild von dir
Lied und Slowfox
Text von Kurt Feltz
Richard Birnbach Musikverlag, Berlin 1965
Anm.:   Gesungen von Peter Alexander
          Das Werk wurde auch für den 1965 uraufgeführten Film »Und so was muß um acht ins Bett« verwendet.

Schlittenfahrt
Weißes Land ringsumher ... (Rf)
Lied und Foxtrott
Text von Ralph Maria Siegel
Musikverlag City (Hans Sikorski), Leipzig 1938
jetzt: Tempoton-Verlag
Anm.:   Die SO-Ausgabe des Werkes ist mit dem Copyright 1939 im Druck erschienen.

Schlittenglocken
Unser Schlitten gleitet schön ...
Hell erklingen Schlittenglocken ... (Rf)
Lied und Foxtrott
Text von Fred Rauch
West Ton Verlag, Bonn 1952
engl.:   Snow-Bells

Schloß im Süden
  s. Es steht ein Schloß im Süden

Der Schmetterling
Lied
Text von Günther Schwenn
Manuskript
Gerhard-Winkler-Archiv
  Anm.:   Gesungen von Magda Hain
           Ein Manuskript des auf Tonträger dokumentierten Werkes war nicht eruierbar.

Schneebällchen (Bw)
  s. Blütenkind im Schnee (Bw)

Schneeglöckchen
Konzertstück
für Violine und Orchester
Herbert Moeschk Musikverlag, Berlin 1947
jetzt: Manuskript
Gerhard-Winkler-Archiv
  engl.:   Snowdrops
  frz.:   Perce-neige
  span.:   Campanilla blanca
  Anm.:   Das Werk ist als Nr. 3 einer vom Komponisten unter dem Titel »Teekonzert« konzipierten Sammlung von 12 Konzertstücken im Druck erschienen.

Schnell vergeht die goldne Jugendzeit
  s. Nachtigall

Schöne Argentina
Wenn die schöne Argentina Paso doble tanzt ...
Lied und Paso doble
Text von Richard Busch
Musikverlag Paul Schmidt, Berlin 1934
jetzt: Richard Birnbach Musikverlag

Die schöne Meisterin (F)
  s. Alle Verliebten singen
  s. Auch der allerschönste Sommer geht zu Ende
  s. Bier-Walzer
  s. Dulli-dulli-dulliöh
  s. Hummel-Hummel
  s. Ich trau' mich gar nicht hinzusehn

Schönes Venedig, Stadt der tausend Lieder
  s. Gondoliere

Die Schöne von Aranjuez
Konzertstück (Ouv)
Richard Birnbach Musikverlag, Berlin 1958

Schön ist das Leben
  s. Wenn die Geigen singen

Schön, ja schön ist die Welt
  s. Ja, das Tempo von heut

Die schönsten Lieder sind doch die Heimatlieder
  s. Spiel, Zigeuner

Schön war's, als an einem Sommertag
  s. Ich sende mein Herz auf die Reise

Schottischer Dudelsack
Konzertstück (Intermezzo)
Musikverlag Paul Schmidt, Berlin o. J. (1938)
jetzt: Richard Birnbach Musikverlag
engl.: Scotch Bagpipe
frz.: Cornemuse éccossaise
Anm.: Das Werk ist als Nr. 12 einer vom Komponisten unter dem Titel »Klänge aus aller Welt« konzipierten Serie von 15 Konzertstücken im Druck erschienen.

Der Schrecken vom Heidekrug (F)
　s. Im Wald, im grünen Wald
　s. Mein kleines Frühlingslied

Schütt die Sorgen in ein Gläschen Wein
Du bist so abgespannt ...
Lied
Text von Erich Meder
Edition Melodia (Hans Gerig), Köln 1952

Schützenliesel (F)
　s. Schützenliesl-Polka

Schützenliesel, dreimal hat's gekracht
　s. Schützenliesl-Polka

Schützenliesl-Polka
Heut ist Schützenfest im Goldnen Lamm ...
Schützenliesel, dreimal hat's gekracht ... (Rf)
Lied und Polka
Text von Sepp Haselbach (Fred Rauch) und Harry Sixt (Fini Busch)
Musik von Ben Bern (Gerhard Winkler)
August Seith Musikverlag, München o. J. (1952)
Anm.: Verlagsvertrag vom 1. 5. 1952
　　　Das Werk wurde auch verwendet für den 1954 von Rudolf Schündler inszenierten Film »Schützenliesel«.

Die »Schwarze Jenny«
Seemannslied
Text von G. V. Otten (Georg Schröter)
Musik-Edition Europaton (Peter Schaeffers), Leipzig 1948
Anm.: Das Werk ist in einer unter dem Titel »Auf allen sieben Meeren« konzipierten Sammlung von 5 Seemannsliedern des Komponisten im Druck erschienen.

Schwarzwälder Kirsch (F)
   s. Ein armer Musikant

Schwarzwälder Schlittenfahrt
Konzertstück
Edition Insel-Ton, München 1955

Die Schwarzwälder Uhr
Konzertstück
Richard Birnbach Musikverlag, Berlin 1957

Schwarzwald, mein Schwarzwald
Ganz allein bist du vor Jahren ... (V)
Lied und Langsamer Walzer
aus dem Film »Schwarzwaldmelodie«
Text von Fred Rauch
Musik-Edition Europaton (Peter Schaeffers), Berlin 1956

Schwarzwaldmelodie (F)
   s. Abschiedsmelodie (Schwarzwaldmelodie)
   s. Dort wo die grünen Tannen stehn
   s. Schwarzwald, mein Schwarzwald
   s. Schwarzwald-, Schwarzwald-Mädele

Schwarzwald-, Schwarzwald-Mädele
Kreuz und quer, hin und her ... (V)
Lied und Polka
aus dem Film »Schwarzwaldmelodie«
Text von Fred Rauch
Musik-Edition Europaton (Peter Schaeffers), Berlin 1956

Schweb' ich im Walzer
Was mein Herz bisher beschwerte ... (V)
Lied und Valse
aus der Musikalischen Komödie »Herzkönig«
Text von Curth Flatow
Heinz Funke Musikverlag, Berlin o. J. (1946)
Anm.: Diese Nummer wurde auch für den 1947 gedrehten Film »Herzkönig« verwendet und ist in diesem Zusammenhang mit Genehmigung des Originalverlages in dem Notenheft »Herzkönig« (Capriccio-Musikverlag, Berlin 1947) erneut als Einzelausgabe im Druck erschienen.

Schwedische Gabelbissen
Konzertstück (Polka)
für Akkordeon oder Klavier
Edition Fortuna (Peter Schaeffers), Berlin 1955
Anm.: Das Werk ist als Nr. 1 einer vom Komponisten unter dem Titel »Leckerbissen« konzipierten Sammlung von 8 Konzertstücken im Druck erschienen.

Schweigendes Träumen im Winterwalde
s. Flocken im Wind

Scotch Bagpipe
s. Schottischer Dudelsack

Sechs Tage Arbeit, die gehen vorbei
s. Die Dorfmusikanten sind da

Der Seemann fährt auf seinem Schiff
s. Erst einmal ganz sachte

Seemanns-Tanz
s. Oceana-Suite

Segelboote auf der Adria
s. Bunte Palette (Suite)

Seh' ich Cuxhaven und grüßt die Alte Liebe
s. An der scharfen Ecke von St. Pauli

Sehnsucht nach der Heimat
Überall ist doch die Welt ...
Tief in meinem Herzen ... (Rf)
Lied
für Koloratursopran
aus dem Film »Monika«
Text von Bruno Elsner
Beboton-Verlag, Berlin 1937
Anm.:   Die SO-Ausgabe des Werkes ist mit dem Copyright 1938 im Druck erschienen.

Sehnsuchtsmelodie
s. Warum läßt du mich so allein

Sei doch nicht so pingelig
Egon kommt um drei Uhr nachts nach Haus ...
Lied und Foxtrott
Text von Otto Höpfner
Musik von Ben Bern (Gerhard Winkler)
Melodie der Welt (J. Michel KG), Frankfurt am Main 1961

Sei gegrüßt, mein Zillertal
Lied
Text von Ralph Maria Siegel
Manuskript
Gerhard-Winkler-Archiv
Anm.:   Gesungen von Magda Hain
Laut Mitteilung des Wiener Musikverlages Doblinger vom 21. 4. 1986 wurde die gemäß Vertrag vom 1. 5. 1944 geplante Druckausgabe des Werkes wegen des Krieges nicht realisiert. Der Vertrag wurde gelöst. Ein Manuskript des auf Tonträger dokumentierten Werkes war nicht eruierbar.

Sektlaune
Konzertstück (Ouv)
Manuskript
Gerhard-Winkler-Archiv (17)

Senkt sich die Nacht übers Tal
Hörst du die Glocken läuten ...
Lied und Langsamer Walzer
Text von Ralph Maria Siegel
Boccaccio-Verlag (Richard Birnbach), Berlin 1938

Serenade der Liebe
  s. Kerzen-Serenade

Sérénade napolitaine
  s. Neapolitanisches Ständchen

Sieben Wunder gibt es auf der großen Welt
  s. Wenn die Lagune träumt

Silberweiß erstrahlt
  s. Träumst du von Hawaii, mein Liebling

Si, si, beviam
  s. Chianti-Lied

Sitzen wir in später Stunde
  s. Heut ist uns alles ganz egal

Sizilianisches Ständchen
Konzertstück
Musikverlag Paul Schmidt, Berlin o. J. (1937)
jetzt: Richard Birnbach Musikverlag
  Anm.:   Das Werk ist als Nr. 7 einer vom Komponisten unter dem Titel »Klänge aus aller Welt« konzipierten Serie von 15 Konzertstücken im Druck erschienen.
             Eine Neuausgabe dieses Werkes ist dann ohne Hinweis auf die Serie mit dem Copyright 1936 im Druck erschienen.

Skandal im Harem
Nein, das Leben macht in Bagdad wirklich keinen Spaß ...
Im Harem sitzen heulend die Eunuchen ... (Rf)
Lied und Foxtrott
Text von Ralph Maria Siegel
Edition Kasparek, München 1947
Anm.:　　Gesungen von Peter Igelhoff

Skandinavien-Expreß
Konzertstück
Richard Birnbach Musikverlag, Berlin 1958

Snow-Bells
　s. Schlittenglocken

Snowdrops
　s. Schneeglöckchen

So allein, schöne Frau
Lied und Foxtrott
Text von Bruno Balz
Boccaccio-Verlag (Richard Birnbach), Berlin 1941

So blau ist nur der Himmel über Cuba
　s. Cuba

So ein Esel, glaubet mir
　s. He, Borro, he

So gut wie verlobt (Bw)
Musikalisches Lustspiel in drei Akten
von Günther Schwenn und Bobby E. Lüthge
Edition Heinz Elsberg, Berlin 1947
jetzt: Manuskript
Gerhard-Winkler-Archiv

Einzelausgaben:
s. Endlich allein
s. Ich bin nicht reich
s. Jeder Mann tut mir leid
s. Tanzmusik
s. Wenn bloß nicht die Familie wär'

Anm.: Ein Textbuch dieses für den Bühnen- und Filmschauspieler Kurt Seifert geschriebenen, jedoch nicht zur Aufführung gelangten Bühnenwerkes war nicht auffindbar.

So ist es im Leben
Wenn zwei Menschen sich verstehen ... (V)
Lied und Langsamer Walzer
aus dem Film »Mein Leopold«
Text von Aldo von Pinelli
Musik-Edition Europaton (Peter Schaeffers), Berlin 1955

So lustig wie heut sind wir selten
Walzerlied
Text von Karl Krahner
Musik von Gerd Herman (Gerhard Winkler)
Musikverlag Paul Schmidt, Berlin 1934
jetzt: Richard Birnbach Musikverlag

Der Sommer ging vorbei
Blätter fallen ringsumher ... (V)
Lied und Langsamer Walzer
Text von Hans G. Orling
Alfred Mehner (Fritz Reling), Leipzig o. J. (1947)

Anm.: Dieses von Magda Hain unter dem Titel »Ein Sommer ging vorbei« auf Schallplatte gesungene Werk ist unter dem Titel »Der Sommer ging vorbei« im Druck erschienen (Verlagsvertrag vom 24. 6. 1947). Die SO-Ausgabe des Werkes ist mit dem Copyright 1974 im Druck erschienen.

Sonne des Südens
Konzertstück (Habanera)
Musikverlag Wilhelm Halter, Karlsruhe 1943

Die Sonne ist untergegangen
Nur im Schlaf trügt noch der Schein ... (V)
Lied und Slowfox
Text von Erich Meder
Edition Insel-Ton, Insel Reichenau/Bodensee 1952

Anm.: Das Manuskript eines vom Komponisten nach Motiven dieses Werkes unter dem Titel »Verklungene Melodie« geschaffenen Konzertstücks für Großes Orchester befindet sich im Gerhard-Winkler-Archiv.

Sonne Italiens
Weiß liegt ein Schloß am Palmenstrand ... (V)
Lied
aus dem Film »Die Stimme der Sehnsucht«
Text von Günther Schwenn
Edition Fortuna, Berlin 1956

Anm.: Gesungen von Rudolf Schock

Sonnenschein liegt auf Neapel
Lied und Tango
Text von Bruno Elsner
Efi-Ton-Verlag, Berlin 1936

Sonnenschein, Wellenschaum
   s. Bei Tanzmusik im Strandhotel

Der Sonntagsjäger
   s. Horrido (Der Sonntagsjäger)

Sonntags ruht das ganze Haus
   s. Spielmanns Lied

Sonny, o Sonny
O Sonny, komm wieder ...
Fern von der Heimat ... (V)
Lied und Foxtrott
Text von Axel Weingarten (Hans Bertram)
Edition Continent, München 1957

So schön blühn die Rosen nur einmal im Leben
Schau, wohin du siehst ... (V)
Lied
Text von Bruno Balz
Transeuropa Bühnen- und Musikverlag, Wiesbaden 1958
jetzt: Richard Birnbach Musikverlag

Sous le ciel bleu de Catari
  s. Frühling in Sorrent

Souvenir d'un jour d'été
  s. Erinnerung an einen Sommertag

So wird's nie wieder sein (Liebeserinnerung)
Wenn mir dein Mund ... (V)
Lied und Slowfox
Text von Bruno Balz
Tauentzien Musikverlag, Berlin o. J. (1941)
Anm.:   Das Werk ist später auch mit dem Copyright 1966 im Druck erschienen.

Spaghetti, Ravioli, Tomato
  s. Italienischer Salat

Spanische Orangen
Konzert-Walzer
Musikverlag Paul Schmidt, Berlin 1936
jetzt: Richard Birnbach Musikverlag

Anm.:   Das Werk ist als Nr. 2 einer vom Komponisten unter dem Titel »Klänge aus aller Welt« konzipierten Serie von 15 Konzertstücken im Druck erschienen.

Spanische Ouvertüre
  s. Don Diego
  s. Donna Chiquita

Spanischer Marsch
  s. Spanischer Pfeffer
  s. Teneriffa

Spanischer Pfeffer
Konzertstück (Spanischer Marsch)
Musik von G. Herman (Gerhard Winkler)
Matth. Hohner Musikverlag, Trossingen/Württ. 1953
jetzt: Manuskript
Gerhard-Winkler-Archiv

Spanisches Blut
Nirgendwo küßt man so ... (Rf)
Lied und Paso doble
Text von Richard Busch
Musikverlag Paul Schmidt, Berlin 1935
jetzt: Richard Birnbach Musikverlag

Anm.: Eine Neuausgabe des Werkes ist mit dem Copyright 1956 im Druck erschienen.

Spielmanns Lied
Sonntags ruht das ganze Haus ...
Wenn der Spielmann ein Lied von der Liebe singt ... (Rf)
Lied und Foxtrott
Text von Klaus S. Richter und Fritz Reiter
Beboton-Verlag, Berlin 1936

Anm.: Das Werk ist auch mit dem Copyright 1937 im Druck erschienen.

Spiel'n Sie Schach
Lied und Foxtrott
Text von Walter Rothenburg
Matth. Hohner Musikverlag, Trossingen/Württ. o. J. (1954)
jetzt: Manuskript
Gerhard-Winkler-Archiv

Spiel, Zigeuner
Die schönsten Lieder sind doch die Heimatlieder ...
Lied und Csárdás
Text von Bruno Elsner
Dreiklang-Verlag, Berlin 1937

Die Sprache der Liebe
In Moskau und in Groß-Berlin ... (V)
Lied und Langsamer Walzer
Text von Günther Schwenn
Peter Schaeffers Musikverlag, Berlin 1945

Springtime in Toscana
  s. Frühling in der Toskana

Ständchen am Morgen
Konzertstück
Musikverlag N. Simrock, Leipzig 1940

Anm.:   Unter dem Titel »Eine Konzertfolge von Gerhard Winkler« begann der Komponist nach Abschluß der Serie »Klänge aus aller Welt« 1939 mit »Santa Maria« eine neue Serie von Konzertstücken, die mit diesem Werk fortgesetzt, dann jedoch vermutlich wegen des Krieges nicht weitergeführt wurde.

Ständchen an Colombine
Konzertstück
Ries & Erler, Berlin 1940

Starfighter-Marsch
Edition Melodia (Hans Gerig), Köln 1961

Startschuß
Foxtrott
Edition Insel-Ton, München 1954

Stay Just a Little While
  s. Bleibe noch ein Weilchen hier

Stelldichein im Wienerwald
Konzertstück (Intermezzo)
Richard Birnbach Musikverlag, Berlin 1938

  frz.:   Rendez-vous dans le Wienerwald
  ital.:   Appuntamento nel Wienerwald

Stellt euch einmal vor
  s. Wenn die Großmama erzählt von alten Zeiten

Sternennacht
Lied und Slowfox
Text von Kurt Grabau
Edition Iris (August Mallmann), Recklinghausen o. J. (1935)
Anm.:   Herrn Kapellmeister Hans Bund in Verehrung gewidmet
        Verlagsvertrag vom 14. 2. 1935

Sterne vom Montmartre
Konzertstück (Ouv)
Manuskript
Gerhard-Winkler-Archiv (90)

Stilles Tal im Sonnenschein
Lied und Langsamer Walzer
Text von G. von Otten (Georg Schröter)
Ludwig Doblinger (Berhard Herzmansky), Wien 1936

Still sinkt der Abend nieder
  s. Der Tag geht zur Ruh

Die Stimme der Sehnsucht (F)
  s. Der Liebe Freud und Leid (Liebeslied)
  s. Frutti di mare
  s. He, Borro, he (Esel-Ballade)
  s. Schenk mir dein Herz, Lucia
  s. Sonne Italiens

Strada del Sóle
Konzertstück (Intermezzo)
Manuskript
Gerhard-Winkler-Archiv
Anm.:   Ein Manuskript des auf Tonträger dokumentierten Werkes war nicht
        eruierbar.

Strahlend und schön
  s. Rosmarie

Straßensänger von Neapel
  s. O mia bella Napoli

Studentenlieder-Potpourri
  s. Es zogen drei Burschen

Stundenlang spazier' ich am Strand entlang
  s. Hinter einer Düne

Stunden mit dir klingen in mir
  s. Das Lied der Nacht

Südliche Nächte (F)
  s. Italienischer Salat
  s. Mandolinen der Liebe erklingen
  s. Nimm mich mit, mit, mit
  s. Puppen-Karneval
  s. Rosen erblühten, als wir uns fanden
  s. Südliche Nächte (Lied)

Südliche Nächte
Wenn der helle Silbermond dir lacht ... (V)
Lied und Tango
aus dem Film »Südliche Nächte«
Text von Kurt Feltz und Aldo von Pinelli
Musik-Edition Europaton (Peter Schaeffers), Berlin 1953
  schwed.: Sydländska nätter
  finn.: Etelän yössä
  Anm.: Unter dem Titel »Etelän yössä/Sydländska nätter/Südliche Nächte« ist das Werk auch als dreisprachige Ausgabe mit einer finnischen Textversion von Lauri Jauhiainen (Scandia-Musiikki Oy., Helsinki o. J.), einer schwedischen Textversion von Rick Holmson (Stockholms Musikproduktion, Stockholm o. J.) und dem deutschen Originaltext im Druck erschienen.

Südliches Temperament
Konzertstück (Tanzfantasie)
Schott & Co. Ltd., London 1954

Südseenächte
Nachts wenn sich im Meer die Sterne spiegeln ...
Lied und Langsamer Walzer
Text von Bruno Elsner
Musikverlag Paul Schmidt, Berlin 1935
jetzt: Richard Birnbach Musikverlag

Süße kleine Henriett'
Lied und Foxtrott
Text von Bruno Elsner
Edition Metropol (M. Czichon), Berlin 1939

Svara mej
s. Mütterlein

Sydlänska nätter
s. Südliche Nächte

Der Tag geht zur Ruh
Still sinkt der Abend nieder ...
Lied und Langsamer Walzer
Text von Bruno Elsner
Dreiklang-Verlag, Berlin 1936

Tango de competencia
s. Turnier-Tango

Tango de l'amour
s. Tango der Liebe

Tango der Liebe
Konzert-Tango
Herbert Moeschk Musikverlag, Berlin 1947
jetzt: Manuskript
Gerhard-Winkler-Archiv
engl.: Tango of Love
frz.:   Tango de l'amour
Anm.:   Eine Druckausgabe dieses als Nr. 7 für eine vom Komponisten unter dem Titel »Teekonzert« konzipierte Sammlung von 12 Konzertstücken geschaffenen Werkes war nicht erreichbar.

Tango of Love
s. Tango der Liebe

Tango Olivia
Musik von G. Herman (Gerhard Winkler)
Edition Majestic (Erwin Paesike), Berlin o. J. (1951)
Anm.:   Verlagsvertrag vom März 1951

Tango Romantica
s. Romantica

Tante Frieda macht das schon
Klein Erna spielt, man glaubt es kaum ...
Was Tante sagt, das stimmt bestimmt ... (Rf)
Walzerlied
aus dem Film »Klein Erna auf dem Jungfernstieg«
Text von Hans Raspotnik und Hanns Stani
Edition Annabella, Uster/Schweiz 1969

Tanz diesen Walzer, Madeleine
Deinen Kuß, deinen Kuß, Madeleine ... (V)
Lied und Musette-Walzer
Text von Leopold Schönauer
Arcadia-Verlag, Hamburg 1953

Tanzende Blätter im Winde
  s. Wenn die Schwalben ziehn

Tanze und sing
Mir geht's gut ...
Lied und Foxtrott
aus dem Film »Monika«
Text von Bruno Elsner
Beboton-Verlag, Berlin 1937

Tanzfantasie
  s. Südliches Temperament

Tanzmusik
  s. Bei Tanzmusik im Strandhotel

Tarantella toscana
Ist in der Toskana Erntezeit ...
Lied
Text von Ralph Maria Siegel
Wiener Bohème Verlag, Berlin 1943

La Tarentina
Konzertstück
Ries & Erler, Berlin 1938

Anm.:   Das laut Verlagsvertrag vom 3. 1. 1938 ursprünglich unter dem Titel »Napoli« komponierte Werk ist unter dem Titel »La Tarentina« im Druck erschienen.

Tätä-täretä, tätä-täretä
  s. Der kleine Postillion

Tausend Märchen in einer Nacht
Lied und Langsamer Walzer
Text von Kurt Feltz
Edition Majestic (Erwin Paesike), Berlin 1952

Tausend wunderbare Stunden
s. Glaube mir

Teekonzert
12 Konzertstücke
Herbert Moeschk Musikverlag, Berlin 1947
jetzt: Manuskript
Gerhard-Winkler-Archiv

    s. Bildnis der Madonna (6)
    s. Erinnerung an einen Sommertag (4)
    s. Frühlingswind (9)
    s. Herbstliche Gedanken (5)
    s. In fröhlicher Gesellschaft (1)
    s. In Gedanken an dich (10)
    s. Kleine Träumerei (11)
    s. Schneeglöckchen (3)
    s. Tango der Liebe (7)
    s. Toledo (12)
    s. Welke Blätter (2)
    s. Zärtliche Begegnung (8)

Anm.:   Laut Ankündigung des Verlages auf den Druckausgaben sind alle Konzertstücke dieser Sammlung auch in Ausgaben für Klavier im Druck erschienen.
          Klavier-Ausgaben der Werke »Kleine Träumerei«, »Schneeglöckchen«, »Toledo« und »Welke Blätter« befinden sich im Gerhard-Winkler-Archiv.

Tegernsee
Ich hab' schon vieles gesehn ...
Lied und Foxtrott
Text von Ralph Maria Siegel
Ralph Maria Siegel Musikedition, München 1948

Das Telefon-Lied
    s. 0-3-1-1 Berlin, Berlin

Tender Meeting
    s. Zärtliche Begegnung

Tendre rencontre
s. Zärtliche Begegnung

Teneriffa
Konzertstück (Spanischer Marsch)
Nobile-Verlag (Hans Huhn), Neuwied am Rhein 1951
jetzt: Manuskript
Gerhard-Winkler-Archiv

There Never Was a Sky
s. Wenn unsre Träume

Thinking of You
s. In Gedanken an dich

Thomas-Polka (Der Thomas, der zapft an)
Es schäumt das Bier ganz frisch vom Faß ...
Durst ist eine Tugend im schönen Bayernland ... (V)
Text und Musik von Ben Bern (Gerhard Winkler),
Sepp Haselbach (Fred Rauch) und Olf Fischer
Edition Continent, München 1958
Anm.:   Dem Münchner Oberbürgermeister Thomas Wimmer gewidmet

Though the past has been filled with grief and sorrow
s. There Never Was a Sky

Throughout the Prairie
s. Prärieritt

Tief in der Nacht
s. Es blühen fremde Blumen

Tief in meinem Herzen
s. Sehnsucht nach der Heimat

Tiempo passado
s. Vergangene Zeit

Toledo
Konzertstück (Paso doble)
Herbert Moeschk Musikverlag, Berlin 1947
jetzt: Manuskript
Gerhard-Winkler-Archiv

Anm.: Das Werk ist als Nr. 12 einer vom Komponisten unter dem Titel »Tee-konzert« konzipierten Sammlung von 12 Konzertstücken im Druck erschienen.
Ohne Hinweis auf die Sammlung ist das Werk dann erneut im Druck erschienen.

Toreador
Lied
Text von Bruno Balz
Tempoton-Verlag (Hans Sikorski), Hamburg 1969

Toulouse
Konzertstück (Musette-Walzer)
Musikverlag Paul Schmidt, Berlin o. J. (1938)
jetzt: Richard Birnbach Musikverlag

Anm.: Das Werk ist als Nr. 10 einer vom Komponisten unter dem Titel »Klän-ge aus aller Welt« konzipierten Serie von 15 Konzertstücken im Druck erschienen.
Die spätere Neuauflage dieses Werkes ist ohne Hinweis auf die Serie mit dem Copyright 1956 im Druck erschienen.

Träge fließt der alte Mississippi
s. Das alte Lied von Alabama

Tratsch-Terzett
s. Ja, die Gräfin Melanie

Träumendes Fischerdorf
s. An der blauen Adria (Suite)

Träumen, immer nur träumen
Einmal kam das Glück zu mir ...
Lied und Slowfox
Text von Bruno Elsner
Dreiklang-Verlag, Berlin 1936

Träume sind Schäume
  s. Traum und Wirklichkeit

Der Traum ist sehr poetisch
  s. Wenn Mädchen nachts in ihren Bettchen träumen

Träumst du von Hawaii, mein Liebling (Hawaiin Wiegenlied)
Silberweiß erstrahlt ...
Lied und Tango
Text von Bruno Elsner
Tauentzien-Verlag, Berlin 1935

Traum und Wirklichkeit
Traume sind Schäume ...
Lied und Slowfox
aus dem Film »Beate«
Text von Curth Flatow
Musik-Edition Artus Verlag, Berlin 1948

Travesura (Kleiner Schalk)
Tango
Musik von G. Herman (Gerhard Winkler)
Beboton-Verlag, Berlin 1936
engl.:   Petulance
frz.:   La pétulance

Treue Liebe
Lied und Foxtrott
Text von Bruno Elsner
Boccaccio-Verlag (Richard Birnbach), Berlin 1938

Trip in Switzerland
s. A Trip in Switzerland

Der Turnier-Reiter
Konzertstück
Edition Accord, Köln 1963

Turnier-Tango
Konzert-Tango
Edition Metropol (M. Czichon), Berlin 1939
span.:   Tango de competencia

Tuttifrutti
Konzertstück (Tarantella)
für Akkordeon oder Klavier
Edition Fortuna (Peter Schaeffers), Berlin 1955
Anm.:   Das Werk ist als Nr. 5 einer vom Komponisten unter dem Titel »Leckerbissen« konzipierten Sammlung von 8 Konzertstücken im Druck erschienen.

Tut-tuuut, tut-tuuut
s. 0-3-1-1 Berlin, Berlin

Über allem steht die Liebe
Liebes Fräulein, ist Euer Herz noch frei ...
Marschlied (Duett)
aus der Musikalischen Komödie »Herzkönig«
Text von Curth Flatow
Heinz Funke Musikverlag, Berlin o. J. (1946)

Überall in weiten Fernen
s. Droben bei San Michele

Überall ist doch die Welt
s. Sehnsucht nach der Heimat

Über Stock und über Stein
s. Frauen und Wein

Una canzone che vien da lontano
  s. Zärtlich klingt ein Liebeslied

Und das alles geschah in der Nacht
Es balzt im Wald der Auerhahn ...
Lied und Slowfox
aus dem Film »Mein Leopold«
Text von Aldo von Pinelli
Musik-Edition Europaton (Peter Schaeffers), Berlin 1955

Und schon wieder
  s. Alle Damen fahren gern nach Italien

Und so was muß um acht ins Bett (F)
  s. Schenk mir ein Bild von dir

Und wieder geht ein schöner Tag zu Ende
Wieder geht die Welt zur Ruh ...
Lied und Langsamer Walzer
Text von Bruno Elsner
Wiener Bohème Verlag, Berlin 1941

niederl.:   Weer is een mooie dag ten eind' gekomen
Anm.:   Unter dem Titel »Und wieder geht eine schöner Tag zu Ende (Weer is een mooie dag ten eind' gekomen)« ist das Werk auch als zweisprachige Ausgabe mit dem deutschen Originaltext und einer niederländischen Textversion von Rinus Niessen (J. Poeltuyn, Amsterdam o. J.) im Druck erschienen.

Und wieder wird es Frühling sein
Wenn die rauhen Winterstürme wehen ... (V)
Lied und Tango
Text von Hans G. Orling
Edition Corso, Berlin 1947

Anm.:   Gesungen von Magda Hain

Und zu Hause brüllt ein Mann
  s. Kaffeeklatsch

Ungarisches Paprikahuhn
Konzertstück (Tango)
für Akkordeon oder Klavier
Edition Fortuna (Peter Schaeffers), Berlin 1955

Anm.: Das Werk ist als Nr. 4 einer vom Komponisten unter dem Titel »Leckerbissen« konzipierten Sammlung von 8 Konzertstücken im Druck erschienen.

Ungarland
Konzertstück (Fantasie)
Musikverlag Paul Schmidt, Berlin o. J. (1937)
jetzt: Richard Birnbach Musikverlag

Anm.: Das Werk ist als Nr. 6 einer vom Komponisten unter dem Titel »Klänge aus aller Welt« konzipierten Serie von 15 Konzertstücken im Druck erschienen.

Unser Kommandeur
Marsch
Musikverlag Paul Schmidt, Berlin
jetzt: Richard Birnbach Musikverlag

Anm.: Ein Exemplar der Druckausgabe dieses 1940 entstandenen und Hermann Kuhrt, dem Kommandeur des Fliegerhorstes Königsberg/Neumark gewidmeten Werkes war nicht erreichbar.

Unser Rheinländer
Wie in alter Zeit ...
Lied und Rheinländer
Text und Musik von Walter Carlos, Kurt Grabau und Gerhard Winkler
Musikverlag Paul Schmidt, Berlin 1933
jetzt: Richard Birnbach Musikverlag

Unser Schlitten gleitet schön
s. Schlittenglocken

Unter blühenden Orangen
Konzertstück (Ständchen)
Tauentzien Musikverlag, Berlin o. J. (1941)

Anm.: Verlagsvertrag vom 20. 1. 1941

Unter südlichem Himmel
Konzertstück (Ständchen)
Musikverlag Wilhelm Halter, Karlsruhe 1951

Valse à la Delibes
 s. Ballett im alten Stil

Valse Elégie
Konzertstück
Matth. Hohner Musikverlag, Trossingen/Württ. 1955
jetzt: Manuskript
Gerhard-Winkler-Archiv

Valse Tanja
Manuskript
Gerhard-Winkler-Archiv
Anm.:   Dieses seinem Enkelkind Tanja Dobler gewidmete Werk entstand 1974 und ist Gerhard Winklers letzte Komposition.

Valse triste
 s. Welke Blätter

V°ren i Sorrent
 s. Frühling in Sorrent

Vent printanier
 s. Frühlingswind

Vergangene Zeit
Tango
Musik von G. Herman (Gerhard Winkler)
Musikverlag Sterbini & Co., Berlin 1938
span.:   Tiempo passado

Vergib
Lied und Tango
Text von Paul Fago
Edition Metropol (M. Czichon), Berlin 1939
span.: Perdoname

Verklungene Melodie
Konzertstück
Manuskript
Gerhard-Winkler-Archiv (34)
Anm.: Das Werk entstand nach Motiven des Liedes »Die Sonne ist untergegangen«.

Verliebt zu sein
Wenn sich zwei Herzen suchen und finden ... (V)
Lied und Langsamer Walzer
aus dem Film »Die Rosel vom Schwarzwald«
Text von Fred Rauch
Edition Continent, München 1956

Vernal Winds
s. Frühlingswind

Veroneser Ständchen
Konzertstück
Matth. Hohner Musikverlag, Trossingen/Württ. 1950
jetzt: Manuskript
Gerhard-Winkler-Archiv

Die verrückte Blasmusik
Mit unsrer Jugend wird von Tag zu Tag es schlimmer ...
Was ist denn heut im Dorf nur los ... (V)
Lied und Foxtrott
aus dem Film »Die Rosel vom Schwarzwald«
Text von Fred Rauch
Edition Continent, München 1956

Verzauberter Wald
s. Wintermärchen-Suite

Viele schöne Frau'n
s. Caroline

Vildrosen
s. O Heideröslein

The Violin's Love Song
s. Der Geige Liebeslied

Virtuosen-Polka
Konzertstück
Teoton-Verlag, München 1952

De vissers van Capri
s. Capri-Fischer

Vive le bon vin
s. Chianti-Lied

Die Vöglein im Prater
Warum singen die Vöglein im Prater so schön ...
Lied
für Koloratursopran
Text von Ralph Maria Siegel
Wiener Bohème Verlag, Berlin 1942
Anm.: Gesungen von Magda Hain

Von den Gondeln im schönen Venedig
s. Casanova-Lied

Von der Ewigkeit des Meeres
s. Oceana-Suite

Von der Nachtigall hab' ich das Jodeln gelernt
s. Nachtigall

Vor dem kleinen Haus im Tal
  s. Mamma mia, du vergißt mich nicht

Vorhang auf (Artisten-Marsch)
Kreuz und quer durch die Welt ...
Vorhang auf, frei die Manege ... (Rf)
Marschlied
aus dem Film »König der Manege«
Text von Ernst Marischka und Fred Rauch
Musik-Edition Europaton (Peter Schaeffers), Berlin 1954
  Anm.: Gesungen von Rudolf Schock
          Unter dem Titel »Artisten-Ballade (Vorhang auf)« ist das Werk 1961 in einer musikalischen Neufassung mit einer von der Erstveröffentlichung abweichenden Textversion von Fred Rauch im Druck erschienen.

Vor uns liegt das Leben (F)
  s. Oceana-Suite

Wacht auf, wacht auf
  s. Liebesruf der Amsel

Der Wandrer, er kommt
  s. Die Glocken von Rom

Warum läßt du mich so allein
Nie hätt' ich gedacht ...
Lied und Langsamer Walzer
Text von Bruno Elsner
Grawa-Musik-Verlag (H. W. Graf), Köln o. J. (1947)
jetzt: Teoton-Verlag
  Anm.: Gesungen von Mimi Thoma
          Verlagsvertrag vom 5. 5. 1947
          Unter dem Titel »Warum läßt du mich so allein (Sehnsuchtsmelodie)« ist das Werk 1951 erneut im Druck erschienen (Teoton-Verlag, München) und dann auch unter dem Titel »Melodie d'amore (Sehnsuchtsmelodie)« auf Schallplatte herausgekommen.

Warum singen die Vöglein im Prater so schön
  s. Die Vöglein im Prater

Was auf dieser Welt passiert
Ich geh' durch diese Zeit ...
Lied und Foxtrott
aus der Musikalischen Komödie »Herzkönig«
Text von Curth Flatow
Heinz Funke Musikverlag, Berlin o. J. (1946)

Was a Weana von Natur
   s. Immer lustig, Weanerleut

Was ist alles Glück, das ich mir erträumt
   s. Liebeslied

Was ist denn heut im Dorf nur los
   s. Die verrückte Blasmusik

Was ist heut im Schilf nur los
   s. Froschkonzert

Was ist modern, was tanzt man gern
   s. Charleston-Charlie

Was kann das sein
   s. Ein kleiner Schwips

Was mein Herz bisher beschwerte
   s. Schweb' ich im Walzer

Was Tante sagt, das stimmt bestimmt
   s. Tante Frieda macht das schon

Was wären wir, wir, wir ohne das Bier, Bier, Bier
   s. Bier-Walzer

Weer is een mooie dag ten eind' gekomen
   s. Und wieder geht eine schöner Tag zu Ende

Wees maar gerust
   s. Mach dir um mich doch bitte keine Sorgen

Weißes Land ringsumher
  s. Schlittenfahrt

Weiß liegt ein Schloß am Palmenstrand
  s. Sonne Italiens

Weißt du noch
  s. Kleine Nachtigall

Weit vor dem Tor
  s. Windmühlen-Walzer

Welke Blätter
Konzertstück (Valse triste)
Herbert Moeschk Musikverlag, Berlin 1947
jetzt: Manuskript
Gerhard-Winkler-Archiv
  engl.: Withered Leaves
  frz.: Des feuilles fanées
  Anm.: Das Werk ist als Nr. 2 einer vom Komponisten unter dem Titel »Teekonzert« konzipierten Sammlung von 12 Konzertstücken im Druck erschienen.

Die Welt ist so schön
  s. Dort wo die grünen Tannen stehn

Wenn bei Capri die rote Sonne im Meer versinkt
  s. Capri-Fischer

Wenn bloß nicht die Familie wär'
Man möcht' so gern allein mit seinem Darling sein ...
Lied und Foxtrott
aus dem Musikalischen Lustspiel »So gut wie verlobt«
Text von Günther Schwenn und Bobby E. Lüthge
Edition Heinz Elsberg, Berlin 1947
jetzt: Manuskript
Gerhard-Winkler-Archiv

Wenn das Boot durch Wind und Wellen zieht
  s. Frutti di mare

Wenn das Orchester spielt in Dur und Moll
  s. Fridolin, der Schlagbassist

Wenn der helle Silbermond dir lacht
  s. Südliche Nächte (Lied)

Wenn der Sonntag kommt
  s. Ich such' für mein Motorrad eine Braut

Wenn der Spielmann ein Lied von der Liebe singt
  s. Spielmanns Lied

Wenn der Tag erwacht
  s. Ich ziehe durch die weite Welt

Wenn der Willi mit der Lilli sonntags tanzen geht
Lied und Medium-Foxtrott
Text von Bruno Elsner
Musikverlag Paul Schmidt, Berlin 1934
jetzt: Richard Birnbach Musikverlag

Wenn die Blumen blühen
  s. Rosmarie

Wenn die Geigen singen
Schön ist das Leben ...
Duett
für Koloratursopran und Tenor
Text von Ingeborg Kappelhoff
Richard Birnbach Musikverlag, Berlin o. J. (1944)
Anm.:   Gesungen von Magda Hain und Herbert Ernst Groh
         Verlagsvertrag vom 20. 1. 1944

Wenn die Gitarre von der Südsee singt
  s. Heimweh nach Hawaii

Wenn die Großmama erzählt von alten Zeiten
Stellt euch einmal vor ... (V)
Lied und Foxtrott
Text von Fred Rauch
Papageno-Verlag (Hans Sikorski), Hamburg 1952

Wenn die Heide schlafen geht (O Rosemarie)
Lied und Tango
Text von Fred Seltzer (Hans Bradtke) und Carl Seefeld (Charly Niessen)
Musik von Ben Bern (Gerhard Winkler)
Edition Continent, München 1955

Wenn die Kastanien blühn
Als ich Abschied von dir nahm ... (V)
Lied und Tango
Text von Kurt Schwabach
Edition Supra (Will Glahé), Köln 1958

Wenn die Lagune träumt
Sieben Wunder gibt es auf der großen Welt ...
Lied und Tango
Text von Klaus S. Richter
Matth. Hohner Musikverlag, Trossingen/Württ. o. J. (1949)
jetzt: Manuskript
Gerhard-Winkler-Archiv

Wenn die rauhen Winterstürme wehen
  s. Und wieder wird es Frühling sein

Wenn die Schiffe den Hafen verlassen
Wenn die Schiffe am Abend ...
Lied und Tango
Text von Walter Rothenburg
Edition Continent, München 1954

Wenn die schöne Argentina Paso doble tanzt
  s. Schöne Argentina

Wenn die Schwalben ziehn
Tanzende Blätter im Winde ...
Lied und Langsamer Walzer
Text von Leo Breiten
Musik-Edition Europaton (Peter Schaeffers), Leipzig o. J. (1947)
Anm.: Gesungen von Magda Hain und Rudi Schuricke
Das Werk ist mit Genehmigung des Originalverlages (Verlagsvertrag vom 3. 10. 1947) als Lizenzausgabe (Herbert Moeschk Musikverlag, Berlin) im Druck erschienen.

Wenn du auch nicht mehr der Jüngste bist
Es ist mit den Menschen so wie mit dem Wein ... (V)
Lied
Text von Fred Rauch
Papageno-Verlag (Hans Sikorski), Hamburg 1954

Wenn du manchmal glaubst
  s. Jeder Tag hat seinen Abend

Wenn ein Ort in der Welt
  s. In Santa Fé

Wenn es Frühling in Paris
  s. Frühling in Paris

Wenn es Sonntag war in Spree-Athen
  s. Alt-Berliner Kremserfahrt

Wenn ich im Regen geh'
  s. Alle Wunder der Welt

Wenn ich mit dir im Kino bin
Boxkampf und Sechstagerennen ...
Lied und Tango
Text von Günther Schwenn
Peter Schaeffers Musikverlag, Berlin 1950

Wenn ich morgens aus dem Schlaf erwache
s. Der Herr vom Fenster vis-à-vis

Wenn ich Urlaub hab'
Heute geht's hinaus ...
Marschlied
Text von Ralph Maria Siegel
Boccaccio-Verlag (Richard Birnbach), Berlin 1940

Wenn im Tanzcafé Musik erklingt
Lied und Foxtrott
Text von Bruno Elsner
Crescendo Theaterverlag, Berlin 1938

Wenn in Florenz die Rosen blühn
Lied
Text von Ralph Maria Siegel
Wiener Bohème Verlag, Berlin 1939
Anm.: Gesungen von Herbert Ernst Groh

Wenn Liebe spricht
Liebling, bitte, sei nicht bös ... (V)
Lied und Foxtrott
aus der Operette »Premiere in Mailand«
Text von Günther Schwenn
Astoria Bühnen- und Musikverlag
Musikverlag Peter Schaeffers
Berlin 1949

Wenn Mädchen nachts in ihren Bettchen träumen
Der Traum ist sehr poetisch ... (V)
Lied und Foxtrott
aus der Operette »Premiere in Mailand«
Text von Günther Schwenn
Astoria Bühnen- und Musikverlag
Peter Schaeffers Musikverlag
Berlin 1949

Wenn mich die kleinen Schifflein tragen
　s. Das Echo vom Königssee

Wenn mich in meinem blauen Cadillac
　s. Ich bin ein Reisender

Wenn mir dein Mund
　s. So wird's nie wieder sein

Wenn nur besser eing'schenkt wär'
Ja, wenn nur besser eing'schenkt wär' ...
Komm, Resi, bring mir noch a Maß ... (V)
Walzerlied
Text und Musik von Ben Bern (Gerhard Winkler),
Fini Busch und Sepp Haselbach (Fred Rauch)
Edition Continent, München 1956

Wenn sich Herz um Herz
　s. Eine Liebe ohne Ende

Wenn sich zwei Herzen suchen und finden
　s. Verliebt zu sein

Wenn unsre Träume (There Never Was a Sky)
Hinter uns liegen Tage voller Grauen ...
(Though the past has been filled with grief and sorrow ...)
Deutscher Text von Hans Fritz Beckmann
Englischer Text von Charles Linnard
Peter Schaeffers Musikverlag, Berlin 1945

Anm.:　　Dieses für das Eröffnungsprogramm des von Hans Fritz Beckmann gegründeten Berliner Nachkriegs-Kabaretts »Tric-Trac« geschaffene Werk wurde als zweisprachige Ausgabe veröffentlicht.

Wenn wir so übern Jungfernstieg
　s. Jungfernstieg-Marsch

Wenn zwei Menschen sich verstehen
s. Der erste Frühling einer großen Liebe
s. So ist es im Leben

Wer denkt in seiner Hochzeitsnacht ans Schlafen
Lied und Foxtrott
aus dem Film »Herzkönig«
Text von Curth Flatow
Capriccio-Musikverlag, Berlin 1947
(SO-Ausgabe: Edition Heinz Elsberg, Berlin 1947)
jetzt: Manuskript
Gerhard-Winkler-Archiv

Wer weiß von uns, was morgen ist
Lied
Text von Günther Schwenn
Richard Birnbach Musikverlag, Berlin (1943)
Anm.: Gesungen von Mimi Thoma
Ein Druckbeleg der Erstausgabe des Werkes (Verlagsvertrag vom 15. 1. 1943) war nicht erreichbar.
Das Werk ist dann auch mit dem Copyright 1953 im Druck erschienen.

Wer wünscht denn bloß Herrn Mayer
s. Herr Mayer wird verlangt

Whisky und Pferde
Cowboy, was ist denn schon dabei ...
Lied und Foxtrott
Text von Heinz Schumacher und Kurt Hertha
Tempoton-Verlag (Hans Sikorski), Hamburg 1963

Wieder geht die Welt zur Ruh
s. Und wieder geht ein schöner Tag zu Ende

Wie ein Schwalbenpaar
Nichts ist schöner auf der Welt ... (V)
Lied und Foxtrott
aus dem Film »Die Rosel vom Schwarzwald«
Text von Fred Rauch
Edition Continent, München 1956

Wie ein Traum kommt mir die Welt
  s. Bleib so wie du bist

Wie fröhlich schlägt mir das Herz im Wald
  s. Im Wald, im grünen Wald

Wie in alter Zeit
  s . Unser Rheinländer

Wie kann ein Mann sich so verändern
Sagt, kann man sich ... (V)
Lied und Tango
aus der Musikalischen Komödie »Herzkönig«
Text von Curth Flatow
Heinz Funke Musikverlag, Berlin o. J. (1946)

Wiener Apfelstrudel
Konzertstück (Langsamer Walzer)
für Akkordeon oder Klavier
Edition Fortuna (Peter Schaeffers), Berlin 1955

Anm.:   Das Werk ist als Nr. 6 einer vom Komponisten unter dem Titel »Leckerbissen« konzipierten Sammlung von 8 Konzertstücken im Druck erschienen.

Wiener Humor
Konzert-Walzer
Musikverlag Paul Schmidt, Berlin 1936
jetzt: Richard Birnbach Musikverlag
Anm.: Das Werk ist als Nr. 1 einer vom Komponisten unter dem Titel »Klänge aus aller Welt« konzipierten Serie von 15 Konzertstücken im Druck erschienen.

Wilde Rose von Arizona
Ich suchte nach Gold Jahr für Jahr ... (V)
Lied und Slowfox
Text und Musik von Ben Bern (Gerhard Winkler) und Hans Arno Simon
Edition Continent, München 1956

Windmills Waltz
 s. Windmühlen-Walzer

Windmühlen-Walzer
Weit vor dem Tor ...
Windmühle, dreh deine Flügel ... (Rf)
Walzerlied
Text von Hasselbach (Fred Rauch)
Musik von G. Herman (Gerhard Winkler)
Edition Tanzmelodie, Berlin 1953
engl.: Windmills Waltz

Wintermärchen-Suite
in 4 Sätzen
für Orchester
 1. Verzauberter Wald
 2. Eiswalzer
 3. Am Kaminfeuer
 4. Fahrt durchs Winterparadies
Manuskript
Gerhard-Winkler-Archiv (81)

Wir leben nur einmal
Lied und Langsamer Walzer
aus der Operette »Premiere in Mailand«
Text von Günther Schwenn
Astoria Bühnen- und Musikverlag
Peter Schaeffers Musikverlag
Berlin 1949

Wir sind füreinander bestimmt
Jedes junge Paar tritt mal vor den Traualtar ... (V)
Lied und Foxtrott
Text von Piet Hase
Edition Cadenza, Genf 1952
Anm: Das für die Sendereihe des Nordwestdeutschen Rundfunks »Das ideale Brautpaar« geschaffene Werk wurde auch verwendet für die 1953 entstandene deutsche Fassung des von Ivar Johansson inszenierten schwedischen Films »Wir sind für einander bestimmt« sowie für den von Robert Adolf Stemmle inszenierten und 1954 uraufgeführten Film »Das ideale Brautpaar«.

Wir träumen bei singenden Geigen
Ich träume, Sie wären die Frau, die mich liebt ... (V)
Lied
aus der Operette »Die ideale Geliebte«
Text von Hermann Hermecke und Eva Engelhardt
Transeuropa Bühnen- und Musikverlag, Berlin 1958
jetzt: Richard Birnbach Musikverlag

Wir werden wieder in der alten Laube sitzen
  s. Die alte Laube

Withered Leaves
  s. Welke Blätter

Wo Kastagnetten klingen
  s. Bella Pepita

Die Wolken kehren nie zurück
Kurz ist der Mai ... (V)
Lied und Slow-Rock
Text von Kurt Hertha
Edition Badenia (Willi Sommer)
Vineta Musikverlag (Klaus R. Nagel)
Mannheim 1962

Wolken über Samland
Konzertstück
Musikverlag B. Schott's Söhne, Mainz 1941

Wolken wehen und vergehen
  s. Friesenmädel

Wo, wo, wo liegt Dixieland
Mir geht Musik aus Dixieland ... (V)
Lied und Foxtrott
Text von Walter Brandin und Axel Weingarten (Hans Bertram)
Musik von Ben Bern (Gerhard Winkler)
Edition Continent, München 1956

Wundersam, daß ich zu dieser Stunde kam
  s. Eine Nacht so wie heut

Wüßte dieses kleine Mädchen
  s. Zwei blaue Sterne

Zahllose schlaflose Nächte
  s. Melodie meiner Träume

Zärtliche Begegnung
Konzertstück
für Klavier und Orchester
Herbert Moeschk Musikverlag, Berlin 1947
jetzt: Manuskript
Gerhard Winkler-Archiv

engl.: Tender Meeting
frz.: Tendre rencontre
Anm.: Das Werk ist als Nr. 8 einer vom Komponisten unter dem Titel »Teekonzert« konzipierten Sammlung von 12 Konzertstücken im Druck erschienen.

Zärtlich klingt ein Liebeslied
Lied und Slowfox
Text von Bruno Elsner
Edizioni Piero Leonardi, Berlin 1937

ital.: Una canzone che vien da lontano

Zauberland
Tango
Efi-Ton-Verlag, Berlin 1936

Zaubernächte, die im Lenz wir erleben
  s. Mein kleines Frühlingslied

Zigeuner, laß die Geige weinen
Lied
für Koloratursopran
Text von Ernst Verch
Musik-Edition Europaton (Peter Schaeffers), Berlin 1954

Zigeuner-Tango
Zigeuner, wenn deine Geige klingt ... (Rf)
Lied und Tango
Text von G. V. Otten (Georg Schröter)
Musik von Heinz Mewes und Gerhard Winkler
Musikverlag Paul Schmidt, Berlin 1934
jetzt: Richard Birnbach Musikverlag

Zigeuner, wenn deine Geige klingt
  Zigeuner-Tango

De Zondagsjager
  s. Horrido (Der Sonntagsjäger)

Zwei blaue Sterne
Ein Seemann liebte zwei blaue Sterne ...
Wüßte dieses kleine Mädchen ... (V)
Lied und Tango
Text von Walter Rothenburg
Papageno-Verlag (Hans Sikorski), Hamburg 1954
Anm.   Gesungen von Lale Andersen

Zwei Spuren im Schnee
Herrlich weißer Schnee ... (V)
Lied und Foxtrott
Text von Fred Rauch
Melodie der Welt (J. Michel KG), Frankfurt am Main 1955
Anm.:   Gesungen von Vico Torriani

Zwei verliebte Italiener
Lied und Tango
Text von Tonio Montesi (Fred Rauch)
Edition Continent, München 1955

Zwischen Heidekraut und Heiderosen (Anna-Greta)
Lied und Langsamer Walzer
Text von Bruno Balz
Edition Continent, München 1958
Anm.:   Das Werk ist unter dem Titel »Heidekraut und Heiderosen« auf Schallplatte erschienen.

Operetten-Führer

Szenenskizze: Scholz

Herzkönig

Musikalische Komödie in drei Akten
von Helmut Weiss
Gesangstexte von Curth Flatow
Musik von Gerhard Winkler
UA: Berlin, Schiffbauerdamm-Theater, 29. 3. 1946
Astoria Bühnen- und Musikverlag, Berlin

PERSONEN König Michael - Prinzessin Carola, seine Braut - Juliane und Bellina, deren Freundinnen - Papupowitsch, Polizeiminister - Pupopawitsch, Innenminister - Peter Petroni, Schriftsteller - Komteß Bianca di Torentoni, Reporterin - Soloff, Leutnant der Leibwache - Die Primaballerina des Hofballetts - Der Hoffriseur - Nikol, Kammerdiener - Herr Istraki, Hundezüchter - Leibgardisten und Corps de ballet

ORT UND ZEIT In einem fiktiven absolutistischen Staat unseres Jahrhunderts

INHALT König Michael regiert als unumschränkter Herrscher. Seine tyrannischen Launen haben Gesetzeskraft. Von der Ungnade des Königs besonders betroffen ist der Schriftsteller Peter Petroni. Seine Bücher wurden verboten, und der Reisepaß wurde ihm entzogen, weil er es gewagt hatte, den König zu kritisieren. Außerdem sieht Peter Petroni dem König zum Verwechseln ähnlich, was die Vorstellung von der Einmaligkeit des königlichen Gottesgnadentums empfindlich stört. Aber gerade diese Ähnlichkeit mit dem König veranlaßt den Hof, den Schriftsteller in einer peinlichen Angelegenheit um Hilfe zu bitten. Der dem Alkohol verfallene König hat sich auf einem Jagdausflug derart betrunken, daß sein Eintreffen zu seiner für den nächsten Tag anberaumten Hochzeit mit Prinzessin Carola unmöglich ist. Peter Petroni soll den König vertreten, selbstverständlich nur bei der Trauungszeremonie und dem anschließenden Bankett. Da ihm versprochen wird, nach dem Hochzeitsfest das Land verlassen zu dürfen, und er außerdem eine großzügige Belohnung erhalten soll, erklärt sich der Schriftsteller damit einverstanden, die Rolle des Königs zu übernehmen.
Dieser Rollentausch führt zu einer Reihe von turbulenten Verwicklungen. Schließlich findet Peter Petroni in der ihm angetrauten Prinzessin Carola die Königin seines Herzens, während der König und die als Reporterin tätige Komteß Bianca di Torentoni, die ursprünglich den Schriftsteller heiraten wollte, ebenfalls ein glückliches Paar werden. Das stimmt natürlich den König milde, und er verzeiht großmütig die ungeschickten diplomatischen Bemühungen der Minister, seine Trunkenheit vor der Öffentlichkeit zu verbergen und das Hochzeitsfest nicht zu einem Fiasko werden zu lassen.

MUSIKNUMMERN Einmal etwas Großes erleben - Du hüllst mich ein in bunte Träume (Zigaretten-Lied) - Ach, wie oft geht dir im Leben was daneben / Schweb' ich im Walzer (Hochzeitswalzer) - Ja, so'n Köpfchen muß man haben - Das Glück, das jede Frau ersehnt - Ja, die Gräfin Melanie (Tratsch-Terzett) - Heut bin ich der König - Ballettwalzer / Wie kann ein Mann sich so verändern - Für mich gibt's nur einen - Über allem steht die Liebe

Premiere in Mailand

Operette in drei Akten (8 Bildern)
von Waldemar Frank und Eduard Rogati
nach einer Novelle von Peter Gillmann
Gesangstexte von Günther Schwenn
Musik von Gerhard Winkler
Funk-UA: Frankfurt, Hessischer Rundfunk, 27. 12. 1949
Bühnen-UA: Dortmund, Städtische Bühnen, 12. 2. 1950
Astoria Bühnen- und Musikverlag, Berlin

PERSONEN Accordeon XI., König von Triolien - Sonata, seine Tochter - Arietta, deren Hofdame - Ernesto Flauto, Innenminister - Enrico Clarino, Justizminister - Giuseppe Fagotti, Finanzminister - Sardinia, Herzogin von Risotto - Prinz Chianti, ihr Sohn - Tino Belcanto, ein berühmter italienischer Operettenkomponist - Signora Doullieux, Leiterin der »Casa Musica« - Piano, Leibdiener des Königs - Ein Inspizient - Ein Oberkellner - Ein Wachtmeister - Damen und Herren des Hofes, Lakaien, Pagen, Gendarmen, Gäste, Gesangsschülerinnen, Volk von Triolien und das Operettenensemble vom Mailänder »Teatro del Corso«

ORT UND ZEIT In Asduria, der Residenzstadt des fiktiven südländischen Königreichs Triolien, und in Mailand im Zeitalter der späten Operette

INHALT König Accordeon XI. des südländischen Phantasiestaates Triolien ist leidenschaftlicher Musikliebhaber und spielt selbst Baßgeige. Auch sein Hof in der Residenzstadt Asduria und das ganze triolische Volk schwärmen für die Musik. An seinem 50. Geburtstag spielt der König mit drei Ministern ein Quartett des populären italienischen Komponisten Tino Belcanto, den man zu diesem Fest eingeladen hat. Leider wartet man vergeblich auf seine Ankunft aus Mailand. In

Wirklichkeit ist der Komponist jedoch längst eingetroffen, wird aber wegen seines bohèmehaften Aussehens von der übereifrigen Polizei für einen Anarchisten gehalten und arretiert.

Als verspätete Geburtstagsgäste erscheinen dann noch die Herzogin von Risotto und deren Sohn Prinz Chianti. Der Prinz soll bei dieser Gelegenheit seiner ihm zugedachten Braut Sonata, der Tochter des Königs, vorgestellt werden. Irrtümlich hält Prinz Chianti die hübsche junge Hofdame Arietta für seine Braut und verliebt sich in sie auf den ersten Blick.

Auf Bitten der Hofgesellschaft krönt Prinzessin Sonata die Geburtstagsfeier mit einer Probe ihrer Gesangskunst. Da eine so schöne Stimme ausgebildet werden sollte, gibt der gerührte König die Erlaubnis, daß seine Tochter mit der Hofdame Arietta an der berühmten »Casa Musica« in Mailand Gesang studieren darf.

In Mailand, wo gerade die Premiere einer neuen Operette von Tino Belcanto vorbereitet wird, lernt Prinzessin Sonata den von ihr angebeteten Komponisten endlich persönlich kennen, und die beiden verlieben sich ineinander. Allerdings ahnt Tino Belcanto nicht, daß die Gesangsschülerin Sonata die Tochter des Königs von Triolien ist. Auch die Hofdame Arietta und Prinz Chianti werden ein Paar, wobei er noch immer glaubt, daß Arietta seine königliche Braut sei.

Nach der erfolgreichen Premiere finden sich alle zu einem fröhlichen Fest zusammen. Sogar König Accordeon XI. erscheint inkognito auf der Premierenfeier. Als er jedoch seine Tochter in den Armen des Komponisten entdeckt, verbietet er empört Tino Belcantos Musik für ganz Triolien.

Dieses Musikverbot löst im Königreich Triolien helle Empörung aus. Prinz Chianti, der inzwischen erfahren hat, daß Arietta nicht die Tochter des Königs ist, bekennt sich zu seiner Liebe und stellt sich auf die Seite des rebellierenden Volkes. Der Aufruhr erreicht seinen Höhepunkt, als Tino Belcanto mit seinem Operettenensemble zu einem Gastspiel in Asduria eintrifft, verhaftet und schließlich von der revoltierenden Menge befreit wird. Dabei erfährt er dann auch, daß Sonata die Tochter des Königs ist. Jetzt gibt es nur noch eine Möglichkeit, das Volk zu beschwichtigen und die sich liebenden Paare zusammenzuführen: Der König muß abdanken. In der neuen Republik kann er sich fortan als Privatmann ganz der Musik widmen und zum Rhythmus einer neuen Zeit bekennen.

MUSIKNUMMERN Warum soll ich denn nur so schüchtern sein / Es blühen fremde Blumen - Musik im Blut (Ich hab' Musik, ich hab' Musik im Blut) - Wir leben nur einmal / S'il vous plait - Operette, Operette, Märchenland der Illusion (Operetten-Parodie) - Wenn Mädchen nachts in ihren Bettchen träumen - Im Rausch der Nacht - Wenn Liebe spricht - Heut kommt es auf den Rhythmus an - Es ist nur ein Schritt von hier - Komm, schenk dich dem Augenblick / Ich werd' mit Wohlbehagen dem mal die Meinung sagen (Flüster-Duett)

Die ideale Geliebte

Operette in einem Vorspiel und drei Akten
von Hermann Hermecke
Gesangstexte von Hermann Hermecke und Eva Engelhardt
Musik von Gerhard Winkler
UA: Nürnberg, Städtische Bühnen (Opernhaus), 2. 3. 1957
Richard Birnbach Musikverlag, Lochham bei München

PERSONEN Perez Dalles, Staatspräsident der Republik Pelagua - Rodrigo Domenico, Verteidigungsminister - Juan Esteban, Justizminister - Gonzales Ribeira, Finanzminister - Margarita Colon, Kultusministerin - Morphirio Dubiosa, ein reicher Pelaguaner - Zsi Zsi Glamour, Filmstar und seine Freundin - Pedro Cantaro, sein Privatsekretär - Rosita Costudi, Nichte des Verteidungsministers Domenico - Grita Garwoth, Filmstar - Epaminondas Olasses, ein reicher Reeder - Uli Kham, ein vornehmer Orientale - Clarissa, Gräfin von Hohenheim - Ein Ministerialkanzlist - Ein Oberkellner - Ein Kapellmeister - Pepo Texochatl, Plantagenarbeiter - Damen und Herren der Gesellschaft, Filmstars, Manager, Sportler, Tänzerinnen und Tänzer, Masken, Musiker, Kellner und Volk von Pelagua

ORT UND ZEIT In der fiktiven mittelamerikanischen Republik Pelagua, an der französischen Riviera und in Viareggio in den fünfziger Jahren unseres Jahrhunderts

INHALT Der junge und steinreiche Morphirio Dubiosa, wichtigster Steuerzahler des von sozialen Unruhen bedrohten mittelamerikanischen Phantasiestaates Pelagua, ist verzweifelt, weil er die ideale Geliebte nicht finden kann. Dreimal war er schon verheiratet, und dreimal ist er geschieden. Diese Ehen mit reichen Amerikanerinnen haben ihm zwar ein Vermögen an Abfindungen eingebracht, ihn sonst aber enttäuscht. Auch bei seinen zahllosen Liebesaffären nach den drei Ehen hat sich immer wieder sehr schnell Langeweile eingestellt, denn keine Frau ist wandlungsfähig und einfallsreich genug, den verwöhnten Liebhaber auf die Dauer zu fesseln. So beschließt Dubiosa, Pelagua zu verlassen und in Europa sein Glück zu versuchen. Sein Entschluß stürzt die Regierung von Pelagua in eine schwere Krise, denn bei der politischen Unruhe und wirtschaftlichen Not des Landes kann man auf Dubiosas Steuergelder nicht verzichten. Deshalb erklärt sich die Kultusministerin Margarita Colon, eine ehemalige Schauspielerin, dazu bereit, den reichen Steuerzahler dem Lande zu erhalten. Sie reist ihm an die Riviera nach und fasziniert ihn zunächst auf einem Schloß bei Nizza und dann beim Karneval in Viareggio in den Rollen einer standesbewußten Gräfin und einer kapriziösen Pariser Chansonsängerin. Schließlich lockt sie ihn nach Pelagua zurück, wo sich alles aufklärt und Morphirio Dubiosa erkennt, daß er in der wandlungsfähigen Margarita Colon die lang gesuchte ideale Geliebte endlich gefunden hat. So bleibt der Republik Pelagua, die sich durch die überraschende Entdeckung von Ölquellen, an denen sich selbstverständlich Dubiosa bereits den Löwenanteil gesichert hat, wirtschaftlich sanieren kann, der wichtigste Steuerzahler erhalten.

MUSIKNUMMERN Ich bin ein Reisender / Pariser Ballett - Ich hab' gewußt, ich werde heut was Liebes sehn - Wir träumen bei singenden Geigen / O Karneval - Bella, bella Signorina - O Monsieur (Ich bin eine Frau aus Paris) - Ganz egal - Eine Nacht so wie heut / Ay, ay, ay, die Sonne brennt sehr (Baumwollpflücker-Lied) - Caramba - Das Militär, das Militär - Pelagua (Die Liebe ist gefährlich in Pelagua)

Der Fürst von Monterosso

Operette in drei Akten
von Hermann Hermecke
Musik von Gerhard Winkler
UA: Augsburg, Städtische Bühnen, 19. 2. 1960
Richard Birnbach Musikverlag, Lochham bei München

PERSONEN Federigo Rinaldi, regierender Fürst von Monterosso - Marquis Roger de Binet, Präsident des Staatsrates von Monterosso - René Barbillon, Jacques de Vautrin und Henri Rastignac, Staatsräte von Monterosso - Bruce Miller, Präsident eines amerikanischen Konzerns und Multimillionär - Maud-Anne, seine Gattin - als Doppelrolle: Jane, beider Tochter und Filmstar / May Hotfield, deren Double - Billy Spencer, Filmmanager - Gipsy Donald, seine Teilhaberin - Luis Barbadillo, Schlagersänger - Der Zeremonienmeister - John Simmons, Butler - Bessy, Hausmädchen - Hofgesellschaft und Volk von Monterosso, das Staatsballett von Monterosso, Wachsoldaten, Lakaien, Pagen, Film-Komparserie, eine Girl-Truppe, Diener

ORT UND ZEIT In dem fiktiven Zwergfürstentum Monterosso und in Beverly Hills zu Anfang der sechziger Jahre unseres Jahrhunderts

INHALT Federigo Rinaldi, Souverän des Zwergfürstentums Monterosso, befindet sich in ernstlichen Schwierigkeiten. Laut einer Bestimmung im Staatsvertrag muß der regierende Fürst bis zu seinem 30. Geburtstag geheiratet und einen Thronerben haben, da sonst das Fürstentum an die benachbarte Schutzmacht Frankanien fällt. Verlobt hat sich der Fürst bereits vor einiger Zeit mit dem Filmstar Jane Miller, der Tochter des millionenschweren Präsidenten eines amerikanischen Konzerns, aber im Hinblick auf seinen immer näherrückenden 30. Geburtstag muß er sich mit dem Thronerben beeilen.
Mit Rücksicht auf ihren künftigen Stand als Fürstin hat sich Jane Miller selbstverständlich bereit erklärt, ihre Filmarbeit aufzugeben. Die geschäftstüchtige Mutter des Stars hat jedoch ihre Tochter dazu überredet, noch einen einzigen Film zu drehen, der eine Million Dollar einbringen soll. Da dieser Film in der Südsee gedreht wird, glaubt man, die Nichteinhaltung des gegebenen Versprechens dem Fürsten leicht verheimlichen zu können. Aber Fürst Rinaldi ist bereits auf dem Flug nach Amerika zu seiner Braut, um mit ihr über die Nachwuchsklausel im Staatsvertrag zu sprechen. Es droht eine Katastrophe, die nur durch May Hotfield, das Double des Filmstars, verhindert werden kann. May übernimmt nicht ungern die Aufgabe, sich für Rinaldis Braut auszugeben. Der Trick gelingt, obwohl sich der Fürst darüber wundert, wie hemmungslos seine Braut während der kurzen Zeit der Trennung geworden ist. Da kehrt gerade noch rechtzeitig die echte Jane Miller aus der Südsee zurück - vornehm, kühl, damenhaft, wie eine Fürstin zu sein hat. Eifersüchtig vermutet sie, daß zwischen ihrem Bräutigam und dem Double etwas vorgefallen ist, obwohl sie ihm eigentlich keine Vorwürfe machen dürfte, da er ja davon überzeugt war, mit seiner Braut zusammenzusein. Trotzdem fühlt sie sich erleichtert, als sie erfährt, daß der von der Reise erschöpfte und vom Champagner benommene Fürst während des Tête-a-tête mit der gedoubelten Braut eingeschlafen ist. Sie gesteht ihm erneut ihre Liebe und läßt ihn in dem Glauben, die ganze Zeit mit ihr zusammengewesen zu sein. Als sich dann auch noch herausstellt, daß die Thronerbenklausel im Staatsvertrag eine nachträgliche Fälschung ist, gibt es ein champagnerseliges Happy-End.

MUSIKNUMMERN Das wird ein Glück ohne Ende sein - Wir managen Filmstars - Ballett im alten Stil (Gavotte à la Rameau - Valse à la Delibes - Cancan à la Offenbach) / Daß ich den Männern manchmal dies und das verspreche - Heut ist der Teufel los - Ich liebe dich - Der kleine Teesalon - Trinklied (Freunde, laßt uns heiter sein) - Kiss Me, My Darling (Western Song) / Good bye, du Traumland im Meer - Ach, hab' ich eine Wut

Drei Mädchen im Bikini
(Liebes-Lotto)

Musikalische Komödie in drei Akten
von Richard Busch
Musik von Gerhard Winkler
UA: Berlin, Theater in der Lutherstraße, 9. 6. 1960
Gerhard-Winkler-Archiv

PERSONEN Brigitte Reimann, Angestellte eines Toto-Wettbüros - Felicitas Wendler und Ulla Weiße, ihre Freundinnen - Dr. Gregor Müller, Schriftsteller - Heinz Rensing, sein Freund - Sylvester, Faktotum - Meta Brösicke, Wirtschafterin - Leo Diekmann, Chef eines Toto-Wettbüros

ORT UND ZEIT In einem Landhaus in der Nähe von Wald und Wasser, irgendwo in Deutschland zu Anfang der sechziger Jahre unseres Jahrhunderts

INHALT Heinz Rensing hat sich in Brigitte Reimann, die junge Angestellte eines Hamburger Toto-Wettbüros verliebt. Da sie auf seine Annäherungsversuche nicht reagiert, denkt er sich etwas ganz Besonderes aus. Er überredet seinen Freund, den Schriftsteller Dr. Gregor Müller, sein an einem idyllischen Waldsee gelegenes Landhaus für ein delikates Abenteuer zur Verfügung zu stellen. Unter dem Namen G. Müller hat Rensing nämlich an den Chef des Toto-Wettbüros geschrieben und dessen junge Angestellte eingeladen, gemeinsam mit zwei Freundinnen drei Wochen Urlaub in seinem Landhaus zu verbringen. Er gibt vor, sich auf diese Weise für einen großen Toto-Gewinn bedanken zu wollen, der es ihm ermöglicht, eine längere Studienreise nach Griechenland zu unternehmen. In dieser Zeit sollen den jungen Damen das Haus und das Personal zur Verfügung stehen.
Begeistert nimmt Brigitte Reimann die Einladung an und bringt ihre beiden Freundinnen Felicitas Wendler und Ulla Weiße mit. Mit Sonne, Wald, Wasser und Bikini wollen die drei Freundinnen, unbehelligt von den Nachstellungen der Männer, einmal richtig ausspannen. Aber es kommt ganz anders. Der raffinierte Schwindel des verliebten Heinz Rensing führt zu vielen skurrilen Situationen, bis zum Schluß die Wahrheit herauskommt und es selbstverständlich ein Happy-End gibt. Heinz gewinnt nicht nur seine angebetete Brigitte, sondern überraschenderweise auch noch im Toto. Außerdem werden Gregor und Felicitas ein glückliches Paar. Ulla erkennt, daß man dem Glück im Liebes-Toto des Lebens oft ein wenig nachhelfen muß, und übernimmt Brigittes freigewordenen Job im Toto-Wettbüro.

MUSIKNUMMERN So herrlich still - Mädels, ihr paßt in die Welt / In der Liebe ist der Anfang stets das schwerste - Nur nicht so wichtig nehmen - Lichterglanz, Walzertanz / Liebes-Toto - Felicitas

Eine Revue des Frohsinns unter dem Himmel Italiens!

Südliche NÄCHTE

HERZOG FILM

Ein Melodie / Herzog-Film
von Robert A. Stemmle

**WALTER MÜLLER · GERMAINE DAMAR · WALTRAUT HAAS · WALTER GILLER
MARGIT SAAD · ERWIN STRAHL · WILFRIED SEYFERTH · LEONARD STECKEL**

Es singen und spielen: René Carol / Gitta Lind / Willy Schneider
Musik: Gerhard Winkler / Kamera: Bruno Mondi / Drehbuch: Aldo v. Pinelli
Regie: Robert A. Stemmle

RING-URAUFFÜHRUNG BERLIN
ab 18. September in folgenden Theatern:

DELPHI
FILMPALAST AM ZOO

CORSO-THEATER　　**MERCEDES-PALAST**　　**EUROPA-PALAST**
Gesundbrunnen　　　Wedding　　　　　　　Neukölln

Filmographie

Meine Frau, die Schützenkönigin
Verwechslungskomödie
UA: 20. 4. 1934
Produktion: Aco-Film GmbH
Drehbuch: Walter Wassermann
Regie: Carl Boese

Darsteller: Paul Beckers, Gerhard Dammann, Lucie Englisch, Hugo Fischer-Köppe, Melita Klefer, Sabine Peters, Leo Peukert, Ralph Arthur Roberts, Fritz Servos, Oskar Sima, Aribert Wäscher, Heinz Wemper

Musik: Gerhard Winkler, Ludwig Rüth
  s. Bayrischer Dirndl-Walzer
  s. Die Liebe müßte wie ein Märchen sein

Der Schrecken vom Heidekrug
Komödie im Dorf- und Jägermilieu
UA: 16. 8. 1934
Produktion: Aco-Film GmbH
Drehbuch: Walter Wassermann
Regie: Carl Boese

Darsteller: Paul Beckers, Ernst Behmer, Gerhard Dammann, Hugo Fischer-Köppe, Ursula Grabley, Friedel Hanses, Ida Perry, Sabine Peters, Ralph Arthur Roberts, Fritz Servos, Oskar Sima, Max Wilmsen

Musik: Gerhard Winkler
  s. Im Wald, im grünen Wald
  s. Mein kleines Frühlingslied

Monika · Eine Mutter kämpft um ihr Kind
UA: 5. 1. 1938
Produktion: Aco-Film GmbH
Drehbuch: Erich Ebermayer, Heinz Helbig
Regie: Heinz Helbig

Darsteller: Ilse Abel, Maria Andergast, Erich Dunskus, Oskar Höcker, Kurt Iller, Carmen Lahrmann, Theodor Loos, Ilse Petri, Iwan Petrovich, Karl Platen, Rudolf Platte, Gustav Püttjer, Willi Schaeffers, Julia Serda, Walter Steinbeck, Max Wilmsen

Musik: Gerhard Winkler
  s. Irgendwo auf Erden
  s. Puppen-Parade
  s. Sehnsucht nach der Heimat
  s. Tanze und sing

Herzkönig (Ein Walzer ins Glück)
Musikalische Komödie
UA: 25. 8. 1947
Produktion: Central Cinema Comp. (CCC), Berlin
Drehbuch: Helmut Weiss
nach seiner gleichnamigen Bühnenkomödie
Regie: Helmut Weiss

Darsteller: Walter Bechmann, Wilhelm Bendow, Erwin Biegel, Hannelore Bollmann, Horst Döring, Curth Flatow, Peter Hofkirchner, Lisa Lesco, Joachim Link, Undine von Medvey, Hans Nielsen, Maria Oehmen, Eva Preuß, Kurt Reimann, Georg Thomalla, Aribert Wäscher, Walter Werner, Sonja Ziemann

Musik: Gerhard Winkler
   s. Ich bin heut so vergnügt
   s. Wer denkt in seiner Hochzeitsnacht ans Schlafen
Anm.: Für diese Filmmusik hat der Komponist außerdem aus seinem Bühnenwerk »Herzkönig« die Nummern *Schweb' ich im Walzer*, *Heut bin ich der König (König deines Herzens)* und *Ja, die Gräfin Melanie (Tratsch-Terzett)* verwendet.

Beate (Beates Sprung ins Glück)
Konfliktfilm über einen Kriegsheimkehrer
UA: 6. 8. 1948
Produktion: Tova-Filmproduktion GmbH, Berlin
Drehbuch: Carl Boese, Erwin Klein
nach einer Idee von I. Czech-Klaren und Erwin Klein
Regie: Carl Boese

Darsteller: Roma Bahn, Gisela Breiderhoff, Otto Graf, Elka Häderich, Richard Häußler, Aranka Jaenke, Kurt Jakob, Elena Luber, Axel Monjé, Willy Prager, Hans Werner

Musik: Gerhard Winkler
   s. Ich bin nicht liebeskrank
   s. Traum und Wirklichkeit

Vor uns liegt das Leben (Die fünf vom »Titan«)
Seemannsfilm um die Bergung eines Hochseeschleppers
UA: 17. 12. 1948
Produktion: Stella-Film GmbH, Berlin
Drehbuch: Günther Rittau, H. A. von der Heyde
nach Motiven von A. Nicolas
Regie: Günther Rittau

Darsteller: Franz Arzdorf, Helmut Bautzmann, Peter Dann, Siegfried Dornbusch, Hildegard Fränzel, Bodo Glöde, Michael Günther, Clemens Hasse, Hellmuth Helsig, Karl Klüsner, Carl Kuhlmann, Richard Ludwig, Alfred Maack, Gustav Püttjer, Else Reval, Ludwig Sachs, Hans Sanden, Kurt Seifert, Josef Sieber, Hermann Speelmans, Werner Völger, Herbert Weißbach, Anneliese Würtz, Brigitte Zajontz, Helga Zülch

Musik: Gerhard Winkler
   s. Oceana-Suite

Das Geheimnis des Hohen Falken (Die steinerne Göttin)
Eifersuchtsdrama im Karwendelgebirge
UA: 6. 1. 1950
Produktion: Karwendel-Film GmbH, Mittenwald
Drehbuch und Regie: Christian Hallig

Darsteller: Heinz Engelmann, Margarete Haagen, Richard Häußler, Fritz Kampers, Ruth Lommel, Peter Mosbacher, Renate Schacht, Josef Sieber

Musik: Gerhard Winkler

Südliche Nächte
Musikfilm
UA: 8. 9. 1953
Produktion: Melodie-Film GmbH, Berlin
Drehbuch: Aldo von Pinelli, Robert Adolf Stemmle
Regie: Robert Adolf Stemmle

Darsteller: René Carol, Giovanna Cigoli, Germaine Damar, Franz Fehringer, Albert Florath, Walter Giller, Waltraut Haas, Gitta Lind, Elisio Mucci, Walter Müller, Alfred Pongratz, Diego Pozzetto, Margit Saad, Willy Schneider, Wilfried Seyferth, Leonard Steckel, Erwin Strahl

Musik: Gerhard Winkler
- s. Italienischer Salat
- s. Mandolinen der Liebe erklingen
- s. Nimm mich mit, mit, mit
- s. Puppen-Karneval
- s. Rosen erblühten, als wir uns fanden
- s. Südliche Nächte

Anm.: Für diese Filmmusik hat der Komponist außerdem seine bereits vorher im Druck erschienenen Kompositionen *Capri-Fischer*, *Chianti-Lied*, *Frühling in Sorrent*, *Die Gitarre spielt ein Lied* und *Gondoliere* verwendet.

König der Manege
Sängerfilm für Rudolf Schock im Zirkusmilieu
UA: 24. 9. 1954
Produktion: Erma-Filmproduktionsgesellschaft mbH, Wien
Drehbuch und Regie: Ernst Marischka

Darsteller: Heinz Conrads, Germaine Damar, Theodor Danegger, Fritz Imhoff, Elma Karlowa, Hans Putz, Helmut Qualtinger, Hans Richter, Rudolf Schock

Musik: Anton Profes, Gerhard Winkler
- s. Das Leben ist schön, wenn man richtig verliebt ist
- s. Vorhang auf (Artisten-Marsch)

An jedem Finger zehn
Musikfilm
UA: 28. 10. 1954
Produktion: Melodie-Film GmbH, Berlin
Drehbuch: Per Schwenzen, Joachim Wedekind
Regie: Erik Ode

Darsteller: Erich Auer, Germaine Damar, Cornelia Froboess, Werner Fuetterer, Walter Giller, Dina Gralla, Walter Gross, Loni Heuser, Hubert von Meyerinck, Kenneth Spencer, Kurt Vespermann

Musik: Peter Kreuder, Michael Jary, Gerhard Winkler u. a.
  s. Das alte Lied von Alabama

Mein Leopold (Ein Herz bleibt allein)
Verfilmung des gleichnamigen Berliner Volksstücks
von Adolf L'Arronge
UA: 23. 9. 1955
Produktion: Berolina-Film GmbH, Berlin
           Melodie-Film GmbH, Berlin
Drehbuch: Johanna Sibelius, Eberhard Keindorff
Regie: Geza von Bolvary

Darsteller: Wolfgang Condrus, Karl Ludwig Diehl, Lia Eibenschütz, Peter Garden, Gardy Granass, Paul Hörbiger, Doris Kirchner, Paul Klinger, Ingeborg Körner, Wolfgang Neuss, Rita Paul, Willi Rose, Barbara Rost, Peer Schmidt, Kurt Vespermann, Grethe Weiser

Musik: Gerhard Winkler
  s. So ist es im Leben
  s. Und das alles geschah in der Nacht

Schwarzwaldmelodie
Musik- und Heimatfilm
UA: 9. 8. 1956
Produktion: Berolina-Film GmbH, Berlin
Drehbuch: Werner P. Zibaso
Regie: Geza von Bolvary

Darsteller: Erica Beer, Claus Biederstaedt, Siegfried Breuer jun., Willy Fritsch, Walter Giller, Gardy Granass, Carla Hagen, Hans Leibelt, Maria Leininger, Kurt Reimann, Hans Richter, Marina Ried, Fritz Wagner, Carl Wery, Kurt Zehe

Musik: Gerhard Winkler
- s. Abschiedsmelodie (Schwarzwaldmelodie)
- s. Dort wo die grünen Tannen stehn
- s. Schwarzwald, mein Schwarzwald
- s. Schwarzwald-, Schwarzwald-Mädele

Anm.: Für diese Filmmusik hat der Komponist außerdem seine bereits vorher im Druck erschienenen Kompositionen *Am Sonntag ist Kirchweih, Die große Trommel macht bum-bum* und *Der Kuckuck ruft* verwendet.

Die Rosel vom Schwarzwald
Musik- und Heimatfilm
UA: 14. 9. 1956
Produktion: Central-Europa Film GmbH, Berlin
Drehbuch: Werner Eplinius
Regie: Rudolf Schündler

Darsteller: Oscar Heiler, Bibi Johns, Susi Nicoletti, Willy Reichert, Peer Schmidt, Helmuth Schneider, Maria Sebaldt, Herta Staal, Peter W. Staub, Helen Vita, Wolfgang Wahl

Musik: Gerhard Winkler
- s. Die Broadway-Melodie
- s. Ein Schwarzwälder Mädel und ein Schwarzwälder Kirsch
- s. Erst wenn du in der Fremde bist
- s. Verliebt zu sein
- s. Die verrückte Blasmusik
- s. Wie ein Schwalbenpaar

Die Stimme der Sehnsucht
Sängerfilm für Rudolf Schock
UA: 27. 9. 1956
Produktion: Wega-Film GmbH
Drehbuch: Maria von der Osten-Sacken und Gerhard Metzner
Regie: Thomas Engel

Darsteller: Wolf Albach-Retty, Käthe Haack, Waltraut Haas, Christine Kaufmann, Bum Krüger, Wolfgang Müller, Werner Peters, Mady Rahl, Rudolf Schock, Ingeborg Schöner, Erika von Thellmann

Musik: Gerhard Winkler
   s. Der Liebe Freud und Leid
   s. Frutti di mare
   s. He, Borro, he (Esel-Ballade)
   s. Schenk mir dein Herz, Lucia
   s. Sonne Italiens

Die schöne Meisterin
Musik- und Heimatfilm
UA: 6. 12. 1956
Produktion: Central-Europa Film GmbH, Berlin
              Allgemeine Film Union GmbH
Drehbuch: Werner Eplinius, Janne Furch
Regie: Rudolf Schündler

Darsteller: Paul Bösiger, Joe Furtner, Walter Gross, Paul Löwinger, Helga Martin, Susi Nicoletti, Oskar Paulig, Rudolf Platte, Herta Staal, Peter W. Staub, Gretl Theimer, Wolfgang Wahl

Musik: Gerhard Winkler
   s. Alle Verliebten singen
   s. Auch der allerschönste Sommer geht zu Ende
   s. Bier-Walzer
   s. Dulli-dulli-dulliöh
   s. Hummel-Hummel
   s. Ich trau' mich gar nicht hinzusehn
Anm.: Für diese Filmmusik hat der Komponist außerdem seine bereits vorher im Druck erschienene Komposition »Horrido (Der Sonntagsjäger)« verwendet.

Schwarzwälder Kirsch
Musik- und Heimatfilm
UA: 1. 8. 1958
Produktion: Kurt-Ulrich-Film GmbH, Berlin
Drehbuch: Gustav Kampendonk
Regie: Geza von Bolvary

Darsteller: Willy Fritsch, Boy Gobert, Edith Hancke, Marianne Hold, Wolfgang Müller, Wolfgang Neuss, Willy Reichert, Dietmar Schönherr, Helen Vita

Musik: Lotar Olias, Gerhard Winkler
  s. Ein armer Musikant

Klein Erna auf dem Jungfernstieg
Episodenfilm
nach den Hamburger Klein-Erna-Geschichten von Vera Möller
UA: 31. 10. 1969
Produktion: Studio-Film GmbH, Bendestorf
Drehbuch: Janne Furch, Edith Borchers
Regie: Hans Heinrich

Darsteller: Rudolf Beiswanger, Edgar Bessen, Almut Eggert, Heinz Erhardt, Rodney Geiger, Loni Heuser, Harald Juhnke, Heidi Kabel, Petra von der Linde, Heidi Mahler, Erna Sellmer, Ruth Stephan, Karl Tischlinger, Gitta Zeidler

Musik: Gerhard Winkler
  s. Jungfernstieg-Marsch
  s. Tante Frieda macht das schon

Denn die Musik und die Liebe in Tirol
Musikfilm
UA: 17. 1. 1964
Produktion: Music House Film-, Fernseh- und Musik- Produktion GmbH, München
Drehbuch: Max Rottmann
Regie: Werner Jacobs

Darsteller: Thomas Alder, Hannelore Auer, Vivi Bach, Gus Backus, Claus Biederstaedt, Corny Collins, Trude Herr, Inge Kunthschnigg, Hugo Lindinger, Hubert von Meyerinck, Franz Muxeneder, Gunther Philipp

Musik: Gert Wilden, Charly Niessen, Gerhard Winkler u. a.
 s. Caroline

Diskographie

Die vorliegende Diskographie basiert im wesentlichen auf der Sammlung des Gerhard-Winkler-Archivs und hat daher Auswahl-Charakter. Sie wurde von Christine Kopaçek, der langjährigen Sekretärin des Komponisten, zusammengestellt, die darüber hinaus durch unermüdliche Mitarbeit zum Gelingen dieses Buches beigetragen hat. Ihr sei dafür an dieser Stelle gedankt.

·	Schellack (78)
··	Single, EP (45)
···	LP (33)
LC	Label-Code

SAMPLERS

Gerhard Winkler · Welterfolge

Chianti-Lied · Casanova-Lied · Glaube mir (Mütterlein/Answer Me) · Capri-Fischer · Neapolitanisches Ständchen · Frühling in Sorrent · Blau sind die Nächte in Spanien
Frühling in Paris · O mia bella Napoli (Straßensänger von Neapel) · Die Vöglein im Prater · Scampolo · Wenn in Florenz die Rosen blühn · Und wieder geht ein schöner Tag zu Ende

Erika Köth · Rudolf Schock
Das Cornel-Trio · Die Sunnies · Günther-Arndt-Chor
Berliner Symphoniker
Ltg: Gerhard Winkler
Eurodisc 72 763 IE
...
Wiederauflage
unter dem Titel »Ja, ja, der Chiantiwein«
Ariola 26 149 OU
... LC 0116
Wiederauflage
unter dem Titel »Gerhard Winkler · Welterfolge«
Ariola 206 747-270
... LC 0116

Capri-Fischer
und andere Welterfolge von Gerhard Winkler ·
Takt für Takt neu verpackt

Georgine · Schütt die Sorgen in ein Gläßschen Wein · Frühling in Sorrent · O mia bella Napoli (Straßensänger von Neapel) · Clarina · Neapolitanisches Ständchen
Angélique · So wird's nie wieder sein (Liebeserinnerung) · Capri-Fischer · Bella, bella Donna · Glaube mir (Mütterlein/Answer Me) · The Merry Old Inn (Das fröhliche alte Gasthaus)
Modern-TanzOrch
Ltg: Gerhard Winkler
Fontana 701 650 WPY
...

Frauen und Wein
Gerhard-Winkler-Melodien · **Takt für Takt neu verpackt**

Frauen und Wein · Nicolo, Nicolo, Nicolino · Romantica · Der kleine Postillion · Wenn in Florenz die Rosen blühn · Schützenliesl (Schützenliesl-Polka) Happy Day · Chianti-Lied · Rendezvous im Regen · O Heideröslein · Casanova-Lied · Und wieder geht ein schöner Tag zu Ende
Modern-TanzOrch
Ltg: Gerhard Winkler
Fontana 701 698 WPY
···

Unvergänglicher Gerhard Winkler
Takt für Takt neu verpackt

Happy Day · Georgine · Frühling in Sorrent · Neapolitanisches Ständchen · Glaube mir (Mütterlein/Answer Me) · Angélique
So wird's nie wieder sein (Liebeserinnerung) · Bella, bella Donna · Der kleine Postillion · Wenn in Florenz die Rosen blühn · Schütt die Sorgen in ein Gläschen Wein · Capri-Fischer
Modern-TanzOrch
Ltg: Gerhard Winkler
Fontana 0647 094
··· LC 0211

Gerhard Winkler · **Ein Komponisten-Porträt**

O mia bella Napoli · Mütterlein (Glaube mir/Answer Me) · Neapolitanisches Ständchen · So wird's nie wieder sein (Liebeserinnerung) · Frauen und Wein · Mandolino, Mandolino (In Santa Lucia) · Melodie meiner Träume
Der kleine Postillion · Möwe, du fliegst in die Heimat · Georgine · Frühling in Sorrent · Angélique · Scampolo · Und wieder geht ein schöner Tag zu Ende
Berolina Sound Orch Siegfried Mai
Monopol M 2030
··· LC 0665

O mia bella Napoli
Klänge aus aller Welt · Gerhard Winkler

O mia bella Napoli (Straßensänger von Neapel) · Sizilianisches Ständchen ·
Toulouse · Portugiesischer Fischertanz · Ungarland · Scampolo
Neapolitanisches Ständchen · Japanisches Teehaus · Frühling in der Toskana ·
Clarina · Andalusischer Tanz · Holländischer Holzschuhtanz
Orch Igor Rosenow
Europhon ELP 596
··· LC 1497

Eine Italienreise mit Gerhard Winkler

O mia bella Napoli (Straßensänger von Neapel) · Neapolitanisches Ständchen ·
Tarantella toscana · Wenn in Florenz die Rosen blühn · Casanova-Lied
Frühling in Sorrent · Chianti-Lied · Capri-Fischer · Leb wohl, du mein schönes
Italien
Rosl Seegers · Kurt Reimann
RIAS-Chor + Orch
Ltg: Gerhard Winkler
Electrola EH 1336
·

O mia bella Napoli
Die beliebtesten Melodien und Tanzrhythmen von Gerhard Winkler

O mia bella Napoli · Neapolitanisches Ständchen · Capri-Fischer · Frühling in
Sorrent
Italienischer Salat · Nicolo, Nicolo, Nicolino · Südliche Nächte · Sizilianisches
Ständchen · Bella, bella Donna · Casanova-Lied · Chianti-Lied
Sonja Schöner · Karl-Heinz Stracke · Kurt Reimann · Mario Tula
Die vier Singbirds · Der Arndt-Chor
Berliner Rundfunk-Symphoniker
Ltg: Gerhard Winkler
Opera 3113
···

Klein Erna auf dem Jungfernstieg (F)

Jungfernstieg-Marsch · Tante Frieda macht das schon · u. a.
Heidi Kabel · Gitta Zeidler
Uwe-Borns-Singers
Orch Walter Stock
Elite Special PLPS 30114
...

Schwarzwaldmelodie (F)

Schwarzwald-, Schwarzwald-Mädele · Schwarzwaldmelodie (Abschiedsmelodie) · Der Kuckuck ruft · Die große Trommel macht bum-bum - Schwarzwald, mein Schwarzwald
Dort wo die grünen Tannen stehen · Jetzt gang i ans Brünnele (Trad.) · Am Sonntag ist Kirchweih · Auf de schwäb'sche Eisebahne (Trad.)
Kurt Reimann
Chor + Orch
Ltg: Gerhard Winkler
Odeon GEOW 31-1029
..

Die Stimme der Sehnsucht (F)

Frutti di mare (Früchte des Meeres) · He, Borro, he (Esel-Ballade) · Schenk mir dein Herz, Lucia
Der Liebe Freud und Leid (Ein Liebeslied) · Sonne Italiens
Rudolf Schock
Männerchor · Die Schöneberger Sängerknaben
FFB-Orch
Ltg: Gerhard Winkler
Electrola 7 EGW 11-8318
..

Magda Hain · Melodie meiner Träume

Casanova-Lied · Liebeslied · Die Vöglein im Prater · Lied der Lerche · Ich warte, ich warte auf dich · Am Himmel ziehn die Wolken in die Ferne
Alt-Berliner Kremserfahrt · Großmütterlein · Melodie meiner Träume · In deiner Heimat · Capri-Fischer · Möwe, du fliegst in die Heimat
Magda Hain + Orch
Ltg: Gerhard Winkler
Dacapo VP 8068
...

Fritz Schulz-Reichel spielt Gerhard Winkler

Mandolino, Mandolino (In Santa Lucia) · Frühling in Sorrent · Capri-Fischer Möwe, du fliegst in die Heimat · Chianti-Lied · Casanova-Lied · Und wieder geht ein schöner Tag zu Ende
Polydor 48543
.

EINZELTITEL

Abschiedsmelodie
(Schwarzwaldmelodie)
s. Sampler: Schwarzwaldmelodie (F)

Äiti pien
(Mütterlein)
Virpi Augustin
George de Godzinsky, Klav
...   Finnlevy 7002

Alle Damen fahren gern nach Italien
Die Mandolinos
NDR-TanzOrch
Ltg: Franz Thon
··   Electrola 45-EG 8722

All I Wanted
(Georgine)
Johnny Mathis
Chor + Orch
··   Mercury 72339

Alt-Berliner Kremserfahrt
Magda Hain + Orch
Ltg: Gerhard Winkler
·   Odeon O-26 560 b
...   Dacapo VP 8068

Die alte Laube
Sven Olof Sandberg
TanzOrch Adolf Steimel
...   Odeon 1C 178-31 761
Mimi Thoma
Orch Hans Bund
·   Polydor 47809 B

Das alte Lied von Alabama
Kenneth Spencer
Orch Hans Carste
·   Columbia CR 1205
Fritz Weichbrodt, Trompete
Orch Max Greger
·   Polydor 49433 B

Am Himmel ziehn die Wolken in die Ferne
Magda Hain + Orch
Ltg: Gerhard Winkler
·   Odeon O-26 859 b
···   Dacapo VP 8068

Am Sonntag ist Kirchweih
s. Sampler: Schwarzwaldmelodie (F)

Andalusischer Tanz
Orch Igor Rosenow
···   Europhon ELP 596

An der scharfen Ecke von St. Pauli
Walter Hauck
mit Chor + Orch
Ltg: Gerhard Winkler
·   Eterna B 10 011
·   Regina R 70 027 A

Angélique
(Barbara)
Großes StreichOrch
Ltg: Hans Carste
···   Polydor 249 017
Orch Frank Chacksfield
··   Decca 45-F 11268
Bobby Crush, Klav
mit Rhythmusgruppe
···   President PRCV 115
Berolina Sound Orch Siegfried Mai
···   Monopol M 2030
Modern-TanzOrch
Ltg: Gerhard Winkler
···   Fontana 701 650 WPY
···   Fontana 0647 094

Anna-Greta
(Zwischen Heidekraut und Heiderosen)

Answer Me
(Mütterlein)
Petula Clark + Orch
Ltg: Tony Hatch
···   Vogue LDVS 17153
Keld
The Donkeys
Orch Ole Høyers
··   His Master's Voice HMV X 8498
Frankie Laine mit Chor
Carl Fischer, Klav
Orch Paul Weston
·   Philips B 21118 H
Orch Mantovani
···   Decca BLK 16 230-P

Answer Me, My Love
(Mütterlein)
Nat King Cole
mit Chor + Orch
Ltg: Nelson Riddle
·   Capitol C 2687
···   Capitol ECS-40163
···   Capitol 1C 056-85 718 M
The Anita Kerr Singers + Orch
···   Warner Bros. WS 1665
Orch Kermit Leslie
···   Time Records S/2054
Gisele MacKenzie + Orch
···   RCA PRS-383
George Shearing
mit Chor + Orch
···   Capitol ST 1755

Artisten-Ballade
(Vorhang auf)

Aus den Augen, aus dem Sinn
Willi Hagara
Orch Willy Berking
·   Philips P 44 676 H
··   Philips 384 131 PF
TanzOrch Adalbert Lutter
·   Odeon O-29 071 a

Barbara
(Angélique)
Orch Heinz Ahlisch
··   Columbia C 21 889
Das Reinhold-Ensemble
···   Philips P 48 004 L

Barcarole d'amore
Vico Torriani
Hansen-Quartett
Orch Béla Sanders
·   Decca F 43479

Bei Tanzmusik im Strandhotel
Rudi Schuricke
TanzOrch Oscar Joost
·   Grammophon 2291 A

Bella, bella Donna
Cornel-Trio
Gerd Natschinski und seine Solisten
·   Amiga 50 / 252 A
Vico Torriani
TanzOrch Kai Olsen
·   Decca F 43 544
···   K-tel TG 1481

Modern-TanzOrch
Ltg: Gerhard Winkler
···   Fontana 701 650 WPY
···   Fontana 0647 094

Bella, bella, bella Marie
Bella, bella, Marie
Bella Marie
(Capri-Fischer)
Andrew Sisters + Orch
·   Decca 24 499
Sven Olof Sandberg
Charles Wildmans Orch
·   Sonora 7367
Bobby Solo
mit Chor + Orch
··   CBS 3796
Georges Guetary + Orch
Ltg: Philip Green
·   Columbia DZ 556
Paul Mattei
Orch Ray Ventura
··   Polydor 560.103
Jean Valenti, RfGesang
Orch A. J. Pesenti
·   Columbia MZ 537

Bella Pepita
Orch Erhard Bauschke
·   Grammpohon 10656 A

Der Bienenkorb
Großes UnterhaltungsOrch
Ltg: Gerhard Winkler
·   Elite Special 80245

Blau sind die Nächte in Spanien
Erika Köth
Berliner Symphoniker
Ltg: Gerhard Winkler
··· Eurodisc 72763 IE
··· Ariola 26 149 OU
··· Ariola 206 747-270

Bleib so wie du bist
Gerhard Wendland + Orch
··· Turicaphon LP 30-849

Broadway-Melodie
Bibi Johns und Gesangsgruppe
Orch Hans Carste
·· Electrola 7 MW 17-8613

Buenos Aires
Rudi Schuricke
· Imperial 17 248

Camping am blauen Meer
(Neapolitanisches Ständchen)
Die Westfälischen Nachtigallen
Ltg: Dietmar Hahn
··· Cornet 17 007

Capri-Fischer
(Bella, bella, bella Marie)
(Bella, bella Marie)
(Bella Marie)
(Capri Song)
(The Fishermen of Capri)
Orch Karl Barthel
··· Koch Records LP 0120 510
Orch Willy Berendt
· Imperial 17 448 a

Das Cornel-Trio und die Sunnies
Berliner Symphoniker
Ltg: Gerhard Winkler
··· Eurodisc 72 763 IE
··· Ariola 26 149 OU
··· Ariola 206 747-270
Magda Hain
mit Chor + Orch
Ltg: Gerhard Winkler
· Odeon 0-26 583 a
··· Dacapo VP 8068
Günter-Kallmann-Chor + Orch
··· Polydor 237 467 A
Peter Kraus
Orch Johannes Fehring
·· Polydor 24 236 A
Orch James Last
··· Polydor 2347 865
Lolita
Orch Richard Österreicher
··· RCA PL 28 447
Peter Manuel
Orch Adalbert Lutter
· Telefunken A 10 691
Orch Günter Noris
··· Teldec 6.25485
Das Original La Pastorella Orch
Ltg: Walter Geiger
··· Ariola 204 878
Kurt Reimann + Orch
Ltg: Gerhard Winkler
· Amiga A 1101
Fritz Schulz-Reichel, Klav
Gerhard Gregor, Hammond-Orgel
··· Polydor 45 019

Rudi Schuricke
Waldo-Favre-Chor + Orch
Ltg: Theo Knobel
·   Polydor 47867 A
Rudi Schuricke mit Chor
Orch Alfred Hause
· · ·   Polydor NH 22 381
· · ·   Polydor 46 786
· · ·   K-tel TG 1481
Rudi Schuricke
mit Chor + Orch
· · ·   Polydor 2371 310
· · ·   Polystar 60295
Vico Torriani
Chor + Orch
· ·   Ariola 103 144
Orch Anthony Ventura
· · ·   Ariola 203 500
Orch Billy Warren
· · ·   Arcade ADE G 134
Modern-TanzOrch
Ltg: Gerhard Winkler
· · ·   Fontana 701 650 WPY
· · ·   Fontana 0647 094
Zaza + Rock-Band
· · ·   Blow Up INT 145.504

Caramba
(Die ideale Geliebte)
Josef Traxel
FFB-Orch
Ltg: Gerhard Winkler
· ·   Electrola E 21 118

Caroline
Gus Backus
Orch Johannes Fehring
· ·   Polydor 52 162 B

Casanova-Lied
Magda Hain + Orch
Ltg: Gerhard Winkler
·   Odeon O-3617 b
· · ·   Dacapo VP 8068
Alfred Jack, Klav
· · ·   Monopol M 2024
Erika Köth
Berliner Symphoniker
Ltg: Gerhard Winkler
· · ·   Eurodisc 72 763 IE
· · ·   Ariola 26 149 OU
· · ·   Ariola 206 747-270
Speed Limit Orch
mit Chor
· · ·   Monopol M 2013
Modern-TanzOrch
Ltg: Gerhard Winkler
· · ·   Fontana 701 698 WPY

Charleston-Charlie
(Charlie-Charleston)
(Einmal nur mit Charlie wieder
Charleston tanzen)
Delia Doris
TanzOrch Bert Wiebe
·   Decca F 43 104

Charlie-Charleston
(Charleston-Charlie)
Sunshine-Quartett
Orch Kurt Widmann
Ltg: Erich Werner
·   Odeon O-28 024 a

Chianti-Lied
(Chianti Song)
(Vive le bon vin)
Werner Baumgarts Music Mixer
·· Jupiter Record J-45 Nr. 134
Karel Gott
mit Chor + Orch
··· Polydor 2475 632
Herbert Ernst Groh
mit Chor + Orch
Ltg: Otto Dobrindt
· Odeon O-26 378 a
Heinz Hoppe + Orch
Ltg: Franz Marszalek
··· RCA VL 30411
Kurt Jensen + MandolinenOrch
· Columbia DD 668
Berolina Sound Orch Siegfried Mai
mit Chor
··· Monopol M 2025
Orch Günter Noris
··· Teldec 6.25485
BlasOrch des Schottischen Regiments
Ltg: Barry Victor Langton
··· Fontana 701 598 WPY
Rudolf Schock
Günther-Arndt-Chor
FFB-Orch
Ltg: Gerhard Winkler
·· Electrola E 21 209
Rudolf Schock
Günther-Arndt-Chor
Berliner Symphoniker
Ltg: Gerhard Winkler
··· Eurodisc 72 763 IE
··· Ariola 26 149 OU
··· Ariola 206 747-270

Peter Schreier
Großes RundfunkOrch Berlin
Ltg: Robert Hanell
··· Amiga 8 45 166
Speed Limit Orch
mit Chor
··· Monopol M 2013
Modern-TanzOrch
Ltg: Gerhard Winkler
··· Fontana 701 698 WPY

Chianti Song
(Chianti-Lied)
Orch Monia Liter
··· London LL.1687

Clarina
Orch Reto Parolari
··· Nopholyx n-3080
Orch Igor Rosenow
··· Europhon ELP 596
Modern-TanzOrch
Ltg: Gerhard Winkler
··· Fontana 701 650 WPY

Der Geige Liebeslied
Orch Hans Busch
· Grammophon 47205 A

Der Liebe Freud und Leid
(Ein Liebeslied)
Rudolf Schock und Männerchor
FFB-Orch
Ltg: Gerhard Winkler
··· Electrola 7 MW 17-8610
s. Sampler:
Die Stimme der Sehnsucht (F)

Die Dorfmusikanten sind da
Fred Rauch und die Isarspatzen
Max Greger und die
Münchner Musikanten
· Telefunken A 11475
·· Telefunken U 45 475

Dorita
Orch Erhard Bauschke
· Grammophon 10743

Dort wo die grünen Tannen stehn
s. Sampler: Schwarzwaldmelodie (F)

Droben bei San Michele
Magda Hain + Orch
Ltg: Gerhard Winkler
· Telefunken A 10 979

Das Echo vom Königssee
Sepp Viellechner + Orch
··· K-tel TG 1195
··· K-tel TG 1375

Eine Geige spielt leise von Liebe
Magda Hain · Rudi Schuricke
Orch Kurt Graunke
Ltg: Gerhard Winkler
· Polydor 48 249 A
Kurt Reimann + Orch
Ltg: Gerhard Winkler
· Eterna A 10 001
· Regina 70014

Eine Liebe ohne Ende
Rudolf Schock
Günther-Arndt-Chor
Berliner Symphoniker
··· Eurodisc 85 575 IU

Ein Häuschen mit Garten
Willi Hagara
Orch Adalbert Luczkowski
· Philips P 44710 H

Ein kleiner Akkordeonspieler
Cornel-Trio + Orch
Ltg: Gerhard Winkler
· Regina R 70 131 A
Liselotte Malkowsky
Orch Alfred Hause
· Polydor 48568 A
Ursula Maury
Heinz Becker mit seinen Solisten
· Amiga 50/223 A

Ein kleiner Schwips
Margit Schramm
Rheinland-Orch
Ltg: Horst Franke
·· Telefunken U 55 895

Ein Liebeslied
(Der Liebe Freud und Leid)

Ein Lied ohne Ende
Herbert Ernst Groh + Orch
Ltg: Otto Dobrindt
· Odeon O-25 241 b
Rudi Schuricke + Orch
Ltg: H. Müller-Endenthum
· Polydor 47811 B

Einmal nur mit Charlie wieder Charleston tanzen
(Charleston-Charlie)
Evelyn Künneke + Orch
·   Austroton W 7645

Ein Schwarzwälder Mädel und ein Schwarzwälder Kirsch
Die fröhlichen Straßensänger + Orch
· ·   Odeon OBL 37-29056

Ein Sommer ging vorbei
(Der Sommer ging vorbei)
Magda Hain
Orch Kurt Graunke
Ltg: Gerhard Winkler
·   Polydor 48 351 B

Endlich allein
(So gut wie verlobt)
Magda Hain · Rudi Schuricke
Orch Kurt Graunke
Ltg: Gerhard Winkler
·   Polydor 48 194 B

Der erste Frühling einer großen Liebe
Erni Bieler · Rudi Hofstetter
Orch Karl Loubé
·   Austroton 9533 V

Der erste Sonnenstrahl an deinem Fenster
Inge Noll · Walter Hauck
mit Orch
Ltg: Gerhard Winkler
·   Eterna B 10 006
Rudi Schuricke + Orch
Ltg: Gerhard Winkler
·   Polydor 47993 A

Esel-Ballade
(He, Borro, he)

Es gibt kein Wort dafür
(Liebeslied)
Magda Hain + Orch
Ltg: Gerhard Winkler
·   Odeon O-9111

Española
Orch Juan Llossas
·   Imperial 17 248

Es steht ein Schloß im Süden
Herbert Ernst Groh + Orch
Ltg: Otto Dobrindt
·   Odeon O-26 426 b

Fahr durch die Nacht, Gondoliere
(Gondoliere)
Rudi Schuricke
Orch Alfred Hause
·   Polydor 47 781 B

Festtags-Ständchen
Orch
Ltg: Gerhard Winkler
·   Columbia CR 1019

The Fishermen of Capri
(Capri-Fischer)
Chris Bruhn Disco Sound
···   Telefunken SLE 14 495-P

Frauen und Wein
(Italienische Eselsfahrt)
Rudi Schuricke mit Chor
Orch Alfred Hause
·   Polydor 48781 A
···   Polydor 46 786
···   Polydor 2371 310
···   Polystar 60 295
Berolina Sound Orch Siegfried Mai
···   Monopol M 2030
Modern-TanzOrch
Ltg: Gerhard Winkler
···   Fontana 701 698 WPY

Der fremde Mann vom
Montparnasse
(King's Alley)
Club 17
··   Telefunken U 55 768

Friesen-Mädel
Golgowsky-Quartett
Orch Will Glahé
·   Decca F 43 637

Das fröhliche alte Gasthaus
(The Merry Old Inn)

Der fröhliche Musikant
Magda Hain + Orch
Ltg: Gerhard Winkler
·   Telefunken A 10 986

Rosi Rohr
Münchner RundfunkOrch
Ltg: Werner Schmidt-Boelcke
··   Marcato 42 241

Froschkonzert
Heinz Munsonius mit seinen Solisten
·   Imperial 17 381

Früchte des Meeres
(Frutti di mare)

Frühling in der Toskana
(Frühling in Toscana)
Orch Hans Busch
·   Polydor 47 404 B
Orch Frederick Hippmann
·   Odeon O-26 371 b
Orch Igor Rosenow
···   Europhon ELP 596

Frühling in Paris
Magda Hain + Orch
Ltg: Gerhard Winkler
·   Polydor 48 195 A
Erika Köth
Berliner Symphoniker
Ltg: Gerhard Winkler
···   Eurodisc 72 763 IE
···   Ariola 26 149 OU
···   Ariola 206 747-270

Frühling in Sorrent
(Sous le ciel bleu de Catari)
(Våren i Sorrent)
Karl Friedrich
Orch des Deutschen Opernhauses
Berlin
Ltg: Hans Bund
· Polydor 47870 A
Herbert Ernst Groh + Orch
Ltg: Otto Dobrindt
· Odeon 0-26 378 b
Franz Klarwein + Orch
Ltg: Curt Hasenpflug
· Tempo 5095
Berolina Sound Orch Siegfried Mai
und Chor
··· Monopol M 2030
Kurt Reimann + Orch
Ltg: Gerhard Winkler
· Eterna B 10 000
Rudolf Schock
Berliner Symphoniker
Ltg: Gerhard Winkler
··· Eurodisc 72 763 IE
··· Ariola 26 149 OU
··· Ariola 206 747-270
Fritz Schulz-Reichel, Klav
Gerhard Gregor, Hammond-Orgel
··· Polydor 45 019
Rudi Schuricke
Orch Kurt Graunke
Ltg: Gerhard Winkler
· Polydor 48216
··· Polydor 46 786
··· Polystar 60 295
Speed Limit Orch
mit Chor
··· Monopol M 2013

Modern-TanzOrch
Ltg: Gerhard Winkler
··· Fontana 701 650 WPY
··· Fontana 0647 094

Frühling in Toscana
(Frühling in der Toskana)

Frutti di mare
Rudolf Schock mit Männerchor
FFB-Orch
Ltg: Gerhard Winkler
·· Electrola 7 PW 18-559
s. Sampler:
Die Stimme der Sehnsucht (F)

Der Fürst von Monterosso (Bw)
(Trinklied)

Geh mit mir durchs ganze Leben
Lawrence Winters
Die Starlets + Orch
Ltg: Gerhard Winkler
·· Philips 345 561 PF

Georgine
(All I Wanted)
Symphonie-Orch Graunke
Ltg: Kurt Graunke
··· Sedina E.S.801
Orch Harry Hermann
··· Polydor 45 075
··· Polydor 46 823
Berolina Sound Orch Siegfried Mai
··· Monopol M 2030
Rudi Schuricke
Orch Hans Rehmstedt
· Electrola EG 6923

Modern-TanzOrch
Ltg: Gerhard Winkler
···   Fontana 701 650 WPY
···   Fontana 0647 094

Glaube mir
(Mütterlein)
TanzOrch des Bayerischen
Rundfunks
Ltg: Herbert Beckh
·   Electrola EG 8055
Berolina Sound Orch Siegfried Mai
···   Monopol M 2030
Wolfgang Sauer + Orch
···   Columbia 1C 178-29 766 M
Werner Schmah + Orch
Ltg: Gerd Natschinski
·   Amiga 1 50 259 A
Rudi Schuricke
RIAS-TanzOrch
Ltg: Werner Müller
·   Polydor 49176 A
···   Polydor 46 786
···   Polystar 60 295
Berliner Symphoniker
Ltg: Gerhard Winkler
···   Eurodisc 72 763 IE
···   Ariola 26 149 OU
···   Ariola 206 747-270
Modern-TanzOrch
Ltg: Gerhard Winkler
···   Fontana 701 650 WPY
···   Fontana 0647 094

Gjöksangen
(Der Kuckuck ruft)
Söstrene Björklund + Orch
·   P 53020 H

Die Glocken von Rom
Sándor Kónya + Orch
Ltg: Franz Marszalek
··   Polydor 24 888 B

Göksången
(Der Kuckuck ruft)
Pia Lang + Orch
Ltg: William Lind
·   Polydor 60 022 B
Elsy Lindgren
Andrew Walters Orch
·   Sonora 7829

Gondoliere
(Fahr durch die Nacht, Gondoliere)

Goulaschsuppe
Fred Rauch
Orch Max Greger
·   Polydor 49 369 B

Die Gratulanten kommen
Orch
Ltg: Gerhard Winkler
·   Columbia CR 1019

Die große Trommel macht bum-bum
  s. Sampler: Schwarzwaldmelodie (F)

Großmütterlein
Magda Hain + Orch
Ltg: Gerhard Winkler
·   Odeon 0-26 560 a
···   Dacapo VP 8068

Gute Reise
(Junge Herzen haben Sehnsucht)

Happy Day
FFB-Orch
Ltg: Gerhard Winkler
·   Electrola EG 7766
Modern-TanzOrch
Ltg: Gerhard Winkler
···   Fontana 701 698 WPY
···   Fontana 0647 094

He, Borro, he
(Esel-Ballade)
Rudolf Schock
Die Schöneberger Sängerknaben
FFB-Orch
Ltg: Gerhard Winkler
··   Electrola 7 PW 18-559
s. Sampler:
Die Stimme der Sehnsucht (F)

Heidekraut und Heiderosen
(Zwischen Heidekraut und Heiderosen)
Carl Bay mit Chor + Orch
Ltg: Walter Dobschinski
··   Heliodor 45 0207 B

Heideröslein
(O Heideröslein)
Friedel Hensch und die Cypris
·   Polydor 49 178 A
Chor der Berliner Bereitschaftspolizei
Musikkorps der Berliner Schutzpolizei
Ltg: Heinz Winkel
·   Telefunken A 11 625
Golgowsky-Quartett
Orch Will Glahé
·   Decca F 43 637
··   Decca D 17637

Herr Mayer wird verlangt
Heinz Erhardt
Wiener TanzOrch
Ltg: Erwin Halletz
·   Austroton 58586 A
···   Elite Special SOLP-496

Hexentanz auf dem Bocksberg
(Kleine Harzer Suite)
Orch Hans Carste
···   Polydor 46 802

Hinter einer Düne
Rudi Schuricke
TanzOrch Oscar Joost
·   Grammophon 10768 B

Hochzeit in der Puszta
Magda Hain + Orch
Ltg: Gerhard Winkler
·   Odeon O-26 628 b

Holländischer Holzschuhtanz
Orch Igor Rosenow
···   Europhon ELP 596

Horrido
(Der Sonntagsjäger)
Fred Rauch und die Isarspatzen
Max Greger und die
Münchner Musikanten
·   Telefunken A 11475
··   Telefunken U 45 475

Hörst du das Lied der Liebe
Magda Hain · Herbert Ernst Groh
Orch
Ltg: Gerhard Winkler
. Odeon O-3660 a

Hurra, der Zirkus ist da
Magda Hain + Orch
Ltg: Gerhard Winkler
. Odeon O-26 868 b

Hvide Rose
(O Heideröslein)
Firkløveret
Orch Erik Schultz
. Polydor H 55511

Ich hab' Musik im Blut
(Musik im Blut)
(Premiere in Mailand)
Harry Friedauer · Herta Staal + Orch
Ltg: Richard Müller-Lampertz
··· Telefunken SLE 14 335-P
··· Telefunken 6.21331

Ich hab' nur ein Hemd
Magda Hain + Orch
Ltg: Gerhard Winkler
. Telefunken A 10 986
Maria von Schmedes
Wiener UnterhaltungsOrch
Ltg: Max Schönherr
. Austroton 17031

Ich sende mein Herz auf die Reise
Rudi Schuricke
Tanz-StreichOrch Helmut Zacharias
. Polydor 49 078 B

Ich such' für mein Motorrad eine Braut
Cornel-Trio + Orch
. Grammophon 3634

Ich warte, ich warte auf dich
Magda Hain + Orch
Ltg: Gerhard Winkler
. Odeon 0-26 859
··· Dacapo VP 8068

Ich ziehe durch die weite Welt
Magda Hain + Orch
Ltg: Gerhard Winkler
. Odeon 0-26 868 a

Die ideale Geliebte (Bw)
(Caramba)

Im Goldnen Löwen war's zu Sankt Goar
Willy Schneider + Orch
Ltg: Franz Josef Breuer
. Grammophon 11602 A
Willy Schneider + Orch
··· Telefunken 6.25585
Willy Schneider
Orch Hermann Hagestedt
·· Polydor 53 533

Immer hübsch bescheiden sein
Willy Schneider
Orch Hagen Galatis
·· Polydor 52 202 B

Immer lustig, Weanerleut
Walter Simlinger + Orch
. Grammophon 2431 B

In deiner Heimat
Magda Hain + Orch
Ltg: Gerhard Winkler
·   Odeon O-26 689
···   Dacapo VP 8068

In Portugal
Orch Egon Kaiser
·   Grammophon 2818 A

In Santa Lucia
(Mandolino, Mandolino)

Italienische Eselsfahrt
(Frauen und Wein)

Italienische Nacht
Rudolf Erhard
TanzOrch Fritz Domina
·   Kristall 3623
Rudi Schuricke
Orch Ilja Livschakoff
·   Deutsche Grammophon 47069

Italienischer Salat
(Italiensk sallad)
Walter Müller
Münchner Rundfunk-TanzOrch
Ltg: Herbert Beckh
·   Polydor 49018 B

Italiensk sallad
(Italienischer Salat)
Gunwer Bergqvist u. a. + Orch
·   Knäppupp KP 558

Japanisches Teehaus
Orch Igor Rosenow
···   Europhon ELP 596

Jeder Tag hat seinen Abend
Carl Hoppe
Bernd-Hansen-Chor
Orch Herbert Beckh
··   Electrola 7 MW 17-8602

Jolie bruyère
(O Heideröslein)
Tino Rossi + Orch
Ltg: Pierre Spiers
·   Columbia GF 1058

Junge Herzen haben Sehnsucht
(Gute Reise)
Bully Buhlan · Karin Rother
Die Schöneberger Sängerknaben
··   Philips 345 599 PF

Jungfernstieg-Marsch
Heidi Kabel
Uwe-Borns-Singers
Orch Walter Stock
···   Elite Special PLPS 30114
···   Elite Special PLPS 30122

Kaffeeklatsch
Lothar Röhrig + Klav
·   Telefunken M 6524
Paul Erdmann
und die Kaffeeklatschtanten
Elite-TanzOrch
Ltg: Walter Schütze
·   Grammophon 2269 A
Erwin Hartung
TanzOrch Fritz Domina
·   Kristall 3577

Käki-Kukuu-Valssi
(Der Kuckuck ruft)
Kipparikvartetti
Harry Bergströmin Orch
 ·   Star WS 603

Karneval in Sevilla
TanzOrch Oscar Joost
mit RfGesang
 ·   Grammophon 10481 B

Kerzen-Serenade
(Serenade der Liebe)
Günter-Kallmann-Chor
Orch Kurt Edelhagen
··   Polydor 52 150 A

King's Alley
(Der fremde Mann vom Montparnasse)

Kleine Harzer Suite
(Hexentanz auf dem Bocksberg)

Kleine Nachtigall
(Lilla näktergal)
Die singenden Waldmusikanten
 ·   Polydor 49 328 B
Die singenden Wanderer
Orch Adalbert Luczkowski
 ·   Electrola EG 8133

De kleine Postiljon
(Der kleine Postillion)
Orch Jan Vogel
 ·   Omega 21.445

Der kleine Postillion
(De kleine Postiljon)
Orch Hans-Georg Arlt
···   Baccarola 77 475
Carmen Lahrmann + Orch
··   Polydor 11 359
Berolina Sound Orch Siegfried Mai
···   Monopol M 2030
Die Metropol-Vokalisten
 ·   Odeon 0-26386 a
Orch Theo Reuter
 ·   Clangor M 1763
Rudi Schuricke
Orch Will Glahé
 ·   Electrola EG 7083
···   Odeon 1C 148-31 175 M
    (Der Goldene Trichter)
Rudi Schuricke
Orch Heinz Munsonius
 ·   Kristall 3792
Rudi Schuricke
Orch William Greihs
···   Philips 4999 338
Maria Roland · Walter Simlinger
Orch Heinz Munsonius
 ·   Imperial 17 291
Fritz Schulz-Reichel, Klav
Gerhard Gregor, Hammond-Orgel
··   Polydor 45 019
Modern-TanzOrch
Ltg: Gerhard Winkler
···   Fontana 701 698 WPY
···   Fontana 0647 094

Kleine Sennerin
Rudi Schuricke · Iska Geri
Orch Corny Ostermann
 ·   Kristall 3768

Der Kuckuck ruft
(Gjöksangen)
(Göksången)
(Käki-Kukuu-Valssi)
Die singenden Waldmusikanten
·   Polydor 49 328 A
s. Sampler: Schwarzwaldmelodie (F)

Kus-Polka
(Kuß-Polka)
Bobbejaan + Orch
·   Decca 22.288

Kuß-Polka
(Kus-Polka)

Läutet, Glocken der Liebe
Rosi Rohr
Münchner RundfunkOrch
Ltg: Werner Schmidt-Boelcke
··   Marcato 42 241

Das Leben ist schön, wenn man richtig verliebt ist
Rudolf Schock + Orch
Ltg: Wilhelm Schüchter
·   Electrola EG 8110

Der letzte Fiaker
Großes UnterhaltungsOrch
Ltg: Gerhard Winkler
·   Elite Special 80140

Liebeserinnerung
(So wird's nie wieder sein)

Liebeslied
(Es gibt kein Wort dafür)
Magda Hain + Orch
Ltg: Gerhard Winkler
·   Odeon O-9111 b
···   Dacapo VP 8068

Liebesruf der Amsel
Magda Hain + Orch
Ltg: Gerhard Winkler
·   Polydor 48 195 B

Lied der Lerche
Magda Hain + Orch
Ltg: Gerhard Winkler
·   Odeon O-9110
···   Dacapo VP 8068
Rosi Rohr
Münchner RundfunkOrch
Ltg: Werner Schmidt-Boelcke
··   Marcato 42 241

Lilla mor
(Mütterlein)
Bertil Boo med Barnkör
Orch Knut Edgardts
·   Sonora 7676

Lilla näktergal
(Kleine Nachtigall)
Lily Berglund
Willard Ringstrands
Hammond-Ensemble
·   Karusell K 104
Eric Jonsson
Thore Swaneruds Ensemble
·   Cupol 4893

Birgit Kejving
Andrew Walters Orch
·   Decca F.44269
Carl-Erik Thambert mit Chor + Orch
Ltg: Gerhard Winkler
· His Master's Voice HMV X 8509

Lille mor
(Mütterlein)
Frantz Grabowski
Orch Børge Friis
·   Telefunken A 5684
Staatsradiofoniens Pikekor + Orch
Ltg: Bruno Henriksen
·   Philips P 55004 H

Mach dir um mich doch bitte keine Sorgen
Ruth Berlé
Orch Simon Krapp
· · ·   Philips 843 707 PY
Mimi Thoma + Orch
Ltg: Gerhard Winkler
·   Grammophon 47666 A
Nina Tscharowa + Orch
· · ·   Polydor 46 805

Mademoiselle, Mademoiselle, Mademoiselle
Bully Buhlan
Gerhard Gregor, Hammond-Orgel
Orch Alfred Hause
·   Polydor 2980
Gretl Schörg · Erwin Halletz
Orch Willy Mattes
·   Austroton 58556

Mamma mia, du vergißt mich nicht
Peter Anders mit Chor
Kölner Tanz- und UnterhaltungsOrch
Ltg: Adalbert Luczkowski
·   Polydor 48887 B

Mandolinen der Liebe erklingen
René Carol
Kölner Tanz- und UnterhaltungsOrch
Ltg: Adalbert Luczkowski
·   Polydor 49016 B
Willi Hagara
Orch Willy Berking
·   Philips P 44 408 H

Mandolino-Cha-Cha
(Mandolino, Mandolino)
Roy Etzel, Trompete
Die Jupiter Serenaders
Ltg: Delle Haensch
· · ·   Jupiter Record J-33 LP Nr. 5

Mandolino, Mandolino
(In Santa Lucia)
(Mandolino-Cha-Cha)
Vokalensemble Camarata + Orch
·   Decca 28332
René Carol
mit Chor + Orch
Ltg: Gerhard Winkler
·   Amiga 1 40 009 B
·   Eterna B 10014
Otto Gerd Fischer, RfGesang
Orch Will Glahé
·   Decca F 49225
Bernd Golonsky
Die Metrophon-Solisten
·   Metrophon M 0055

Magda Hain
mit Chor + Orch
Ltg: Gerhard Winkler
·   Telefunken A 10 979
Rudi Hofstetter
mit Chor + Orch
Ltg: Eduard Larysz
·   Austroton W 7460
TanzOrch Heinz Huppertz
·   Odeon 0-31 920 a
Berolina Sound Orch Siegfried Mai
· · ·   Monopol M 2030
Orch Henri René
·   RCA 20-4791
Fritz Schulz-Reichel, Klav
Gerhard Gregor, Hammond-Orgel
· · ·   Polydor 45 019
Rudi Schuricke
Orch Alfred Hause
·   Polydor 48314 A
· · ·   Polydor 46 786
· · ·   Polystar 60 295
Gustav Winckler, RfGesang
Wivex TanzOrch
Ltg: Richard Johansen
·   Tono SP 4722-1

Der Meisterjodler von Daxenbach
Thomas Scholl
· · ·   Odeon 1C 056-32 534

Meisterschafts-Tango
Orch Alfred Hause
·   Polydor 49 240 B

Melodie d'amore
(Sehnsuchtsmelodie)
(Warum läßt du mich so allein)
Orch Melodica di Radio Roma
Ltg: Carlo Savina
· ·   Cetra 10 234 A

Melodie meiner Träume
Magda Hain + Orch
Ltg: Gerhard Winkler
·   Odeon 0-26 698 a
· · ·   Dacapo VP 8068
Berolina Sound Orch Siegfried Mai
· · ·   Monopol M 2030

The Merry Old Inn
(Das fröhliche alte Gasthaus)
Modern-TanzOrch
Ltg: Gerhard Winkler
· · ·   Fontana 701 650 WPY

Mia bella Napoli
(O mia bella Napoli)

Miteinander, füreinander
Lawrence Winters
Die Starlets + Orch
Ltg: Gerhard Winkler
· ·   Philips 345 561 PF

Mona-Mona-Lisa
(O Mona, Mona Lisa)
Die Colibris
Orch Carl de Groof
· ·   Helidor 45 0123 B

Die Mondschein-Serenade
René Carol
Orch Adalbert Luczkowski
· ·   Polydor 23 522 A

Möwe, du fliegst in die Heimat
Magda Hain mit Chor + Orch
Ltg: Gerhard Winkler
·   Odeon 0-26 583 b
· · ·   Dacapo VP 8068
Günter-Kallmann-Chor + Orch
· · ·   Polydor 237 467 A
Berolina Sound Orch Siegfried Mai
· · ·   Monopol M 2030
Ursula Maury
Orch Adalbert Lutter
·   Telefunken A 10 752
Kurt Reimann + Orch
Ltg: Gerhard Winkler
·   Eterna B 10 001
Rudi Schuricke + Orch
Ltg: Hellfried Schroll
·   Polydor 47969 B
Rudi Schuricke
Orch Alfred Hause
· ·   Polydor 22 386 B
· · ·   Polydor 46 786

Musik hat mich verliebt gemacht
TanzOrch Hans Busch
·   Grammophon 47 128 A

Musik im Blut
(Ich hab' Musik im Blut)
(Premiere in Mailand)

Mutterhände
Kurt Reimann + Orch
Ltg: Gerhard Winkler
·   Imperial 19 254 a

Mütterlein
(Äiti pien)
(Answer Me)
(Answer Me, My Love)
(Glaube mir)
(Lilla mor)
(Lille mor)
(Svara mej)
Klaus Gross + Orch
Ltg: Gerhard Winkler
·   Columbia DV 1673
Leila Negra
Wiener Kinderchor Waltherr
Orch Erwin Halletz
·   Austroton 58641
Rudi Schuricke mit Kinderchor
Orch Alfred Hause
·   Polydor 48714 B

Das Nachtgespenst
Peter Igelhoff
mit seinem Ensemble
·   Electrola EG 6605
· · ·   HÖRZU 1C 134-32 747 M
               (Der Goldene Trichter)
· · ·   Karussell 2430 016

Nachtigall
(Der Nachtigall-Jodler)
(Nachtigall-Jodler)
(Von der Nachtigall hab' ich das Jodeln gelernt)

Der Nachtigall-Jodler
(Nachtigall)
Roland Steinel + Orch
Ltg: Rolf Schneebiegl
· ·   Telefunken 6.11507 AC

Nachtigall-Jodler
(Nachtigall)
Franzl Lang und Chor
Orch Willy Berking
· ·   Philips 344 975 PF

Nah bei dir
(Près de tois)

Natascha, du schwarzes Mädel aus dem Kaukasus
TanzOrch Fritz Domina
·   Kristall 3567

Neapolitanisches Ständchen
(Camping am blauen Meer)
(Neapolitan Serenade)
Heeresmusikkorps 6
Ltg: Hans Herzberg
· · ·   Philips P 48 121 L
· · ·   Philips 843 701 PY
Peter Kreuder, Klav
und seine Solisten
·   Telefunken A 2695
Orch Adalbert Lutter
·   Telefunken M 6349
Berolina Sound Orch Siegfried Mai
· · ·   Monopol M 2030
Orch Igor Rosenow
· · ·   Europhon ELP 596

Horst Schimmelpfennig,
Hammond-Orgel
·   Odeon O-28 708 b
Fritz Schulz-Reichel, Klav
Gerhard Gregor, Hammond-Orgel
· · ·   Polydor 45 019
Orch Willy Steiner
·   Grammophon 47193 A
Berliner Symphoniker
Ltg: Gerhard Winkler
· · ·   Eurodisc 72 763 IE
· · ·   Ariola 26 149 OU
· · ·   Ariola 206 747-270
Modern TanzOrch
Ltg: Gerhard Winkler
· · ·   Fontana 701 650 WPY
· · ·   Fontana 0647 094

Neapolitan Serenade
(Neapolitanisches Ständchen)
Regent Classic Orch
·   Bosworth Record BC. 1068

Nicolo, Nicolo, Nicolino
Peter Alexander
· · ·   K-tel TG 1481
Fred Bertelmann
TanzOrch Werner Scharfenberger
·   Tempo 3759
Lou van Bourg + Orch
·   Polydor 49 700 B
Cornel-Trio
Rundfunk-TanzOrch Leipzig
Ltg: Kurt Henkels
·   Amiga 50/97 A

Fred Weyrich
mit Gesangsquartett
Orch Béla Sanders
·   Telefunken A 11 586
Modern-Tanz-Orch
Ltg: Gerhard Winkler
· · ·   Fontana 701 698 WPY

Nimm mich mit, mit, mit
Walter Müller
Münchner Rundfunk-TanzOrch
Ltg: Herbert Beckh
·   Polydor 49018 A

Nimm Platz, mein Schatz
Monika und Peter
Orch Rolf Anders
· ·   Philips 345 308 PF

Now and Forever
(O Heideröslein)
Vera Lynn + Orch
Ltg: Roland Shaw
·   Decca F 43 833

0-3-1-1 Berlin, Berlin
Fred Oldörp
und die Delle-Haensch-Rhythmiker
· ·   Jupiter Record J-45 Nr. 135

O Heideröslein
(Hvide Rose)
(Jolie bruyère)
(Now and Forever)
(Oh Heideroosje)
(Oi Villiruusu)
(Vildrosen)
Golgowsky-Quartett
Orch Will Glahé
·   Decca F 43637
· ·   Decca D 17637
Chor + Orch James Last
· · ·   Polydor 2372 106
Lehmanns Gesangssolisten + Orch
Ltg: Alfons Lehmann
·   Elite Special 9567
Dave Mackersie, Hammond-Orgel
·   Decca F 43 840
Original Moldau-Mädel
mit Orch
· · ·   Polydor 2459 192
Die Sternsinger
Ensemble Georg Rüssmann
· · ·   Odeon 1C 178-31 453
Modern-TanzOrch
Ltg: Gerhard Winkler
· · ·   Fontana 701 698 WPY

Oh Heideroosje
(O Heideröslein)
Ray Franky · Jetty Gitari
Orch Harry Frekin
·   Decca 22.326

Oi Villiruusu
(O Heideröslein)
Juha Eirto + Orch
·   Decca SD 5265

O mia bella Napoli
(Mia bella Napoli)
(Straßensänger von Neapel)
Werner Baumgarts Music Mixer
··   Jupiter Record J-45 Nr. 134
TanzOrch Hans Busch
·   Grammophon 47 151 A
Herbert Ernst Groh
Metropol-Vokalisten + Orch
Ltg: Otto Dobrindt
·   Odeon 0-26 319 a
Berolina Sound Orch Siegfried Mai
···   Monopol M 2030
Orch Igor Rosenow
···   Europhon ELP 596
Tino Rossi + Orch
Ltg: Louis Poterat
·   Columbia DW. 4617
Rudolf Schock
Günther-Arndt-Chor
Berliner Symphoniker
Ltg: Gerhard Winkler
···   Eurodisc 72 763 IE
···   Ariola 26 149 OU
···   Ariola 206 747-270
Rudi Schuricke + Orch
···   Odeon 1C 148-31 174 M
          (Der Goldene Trichter)
Rudi Schuricke mit Chor
Orch Alfred Hause
··   Polydor NH 22 381
···   Polydor 46 786
···   Polystar 60 295
Schuricke-Terzett
Orch William Greihs
···   Philips 6499337

Modern-TanzOrch
Ltg: Gerhard Winkler
···   Fontana 701 650 WPY

O Mona, Mona Lisa
(Mona-Mona-Lisa)

Optimismus ist die beste Medizin
Rudi Schuricke
Orch Kurt Widmann
·   Tempo 5024

O Rosemarie
(Wenn die Heide schlafen geht)
Die Heidesänger + Orch
··   Polydor 23 086 B

Perdoname
(Vergib)
Orch Robert Gaden
·   Electrola EG 6658
···   Odeon 1C 134-46 446 M
        (Der Goldene Trichter)

Peter-Tango
Bully Buhlan
Kölner Tanz- und UnterhaltungsOrch
Ltg: Adalbert Luczkowski
·   Polydor 48895 A

Der Pinguin
Margret Führer + Orch
··   Odeon 0 22 366

Portugiesischer Fischertanz
Orch Igor Rosenow
···   Europhon ELP 596

Premiere in Mailand (Bw)
(Ich hab' Musik im Blut)
(Musik im Blut)

Près de tois
(Nah bei dir)
Caravelli
et ses Violons Magiques
··   Versailles 45 S 680

Prinzessin Sonnenschein
René Carol
Orch Kurt Edelhagen
··   Polydor 52 070 A

Puppen-Parade
Carmen Lahrmann
Orch Erhard Bauschke
·   Grammophon 47 148 A
Rudi Schuricke
Orch Will Glahé
·   Electrola EG 6215
Rudi Schuricke
Orch Hans Bund
·   Imperial 17 170

Rätsel der Liebe
Orch Robert Gaden
··   Electrola EG 6268
Grammophon-TanzOrch
·   Grammophon 2818 B

Rendezvous im Regen
Modern-TanzOrch
Ltg: Gerhard Winkler
···   Fontana 701 698 WPY

Romantica
Modern-TanzOrch
Ltg: Gerhard Winkler
···   Fontana 701 698 WPY

The Romantic Huntsman
(Der romantische Jäger)
Crawford Light Orch
·   Theme Music JW 122 A

Der romantische Jäger
(The Romantic Huntsman)
Großes UnterhaltungsOrch
Ltg: Gerhard Winkler
·   Elite Special 80 145

Rosen erblühten, als wir uns fanden
Erni Bieler · Rudi Hofstetter
mit Chor + Orch
·   Austroton 8766 V
Willy Schneider
Kölner Tanz- und UnterhaltungsOrch
Ltg: Adalbert Luczkowski
·   Polydor 49 017 A

Rosmarie
Rudi Schuricke + Orch
Ltg: Hellfried Schroll
·   Polydor 47971 A

Rot-Weiß-Grün
Herbert Ernst Groh + Orch
Ltg: Otto Dobrindt
·   Odeon 0-26 426 a

Scampolo
Orch Hans Carste
·   Electrola EG 7031

Orch Frederick Hippmann
·   Odeon O-26 371 a
Berolina Sound Orch Siegfried Mai
···   Monopol M 2030
Orch Igor Rosenow
···   Europhon ELP 596
Berliner Symphoniker
Ltg: Gerhard Winkler
···   Eurodisc 72 763 IE
···   Ariola 26 149 OU
···   Ariola 206 747-270

Schäferliebe
(Schäferlied)
Rosi Rohr
Münchner RundfunkOrch
Ltg: Werner Schmidt-Boelcke
··   Marcato 42 241

Schäferlied
(Schäferliebe)
Magda Hain + Orch
Ltg: Gerhard Winkler
·   Telefunken A 10 987

Schenk mir deine Liebe, Signorina
Rudi Schuricke + Orch
·   Polydor 47990 A

Schenk mir dein Herz, Lucia
Rudolf Schock
FFB-Orch
Ltg: Gerhard Winkler
··   Electrola 7 MW 17-8610
s. Sampler:
Die Stimme der Sehnsucht (F)

Schenk mir ein Bild von dir
Peter Alexander
Orch Erich Werner
··   Polydor 52 416 S

Schlittenfahrt
Orch Erhard Bauschke
·   Grammophon 11014 A

Schlittenglocken
(Snow-Bells)
Erni Bieler · Rudi Hofstetter
Die Sängerknaben vom Wienerwald
Orch Karl Loubé
·   Austroton 8701 V
Rudi Schuricke
Orch Corny Ostermann
·   Kristall 3759

Der Schmetterling
Magda Hain + Orch
Ltg: Gerhard Winkler
·   Telefunken A 10 987

Schütt die Sorgen in ein Gläschen Wein
Peter Alexander
Ltg: Johannes Fehring
···   Ariola 77 595 IU
Max Hansen + Orch
·   Austroton 55135
Paul Henckels
mit Chor + Orch
Ltg: Rolf Granderath
··   Electrola E 22 969

Hanns Petersen
Rundfunk-TanzOrch Leipzig
Ltg: Kurt Henkels
·   Amiga 50/69 A
Willy Schneider
Orch Hermann Hagestedt
·   Polydor 48620 B
Willy Schneider + Orch
Ltg: Carl Friedrich von Sanders
· · ·   Telefunken 6.28496-1
Modern-TanzOrch
Ltg: Gerhard Winkler
· · ·   Fontana 701 650 WPY
· · ·   Fontana 0647 094

Schützenliesel
(Schützenliesl-Polka)
Orch James Last
· · ·   Polydor 2347 865
· · ·   Polydor 2347 990

Schützenliesel-Polka
(Schützenliesl-Polka)
Orch Will Glahé
· · ·   Telefunken 6.28122 DP

Schützenliesl
(Schützenliesl-Polka)
Die fidelen Schützenbrüder + Orch
· · ·   Arcade ADE G 102
Hansl Krönauer
Die Wendelsteiner Musikanten
· · ·   Telefunken 6.26206
· · ·   Telefunken 6.28083 DP
Leni und Ludwig
mit Orch
· ·   Telstar TS 1672 TL

Willy Millowitsch
mit Chor + Orch
· ·   Polydor 52 535 S
Modern-TanzOrch
Ltg: Gerhard Winkler
· · ·   Fontana 701 698 WPY

Schützenliesl-Polka
(Schützenliesel)
(Schützenliesel-Polka)
(Schützenliesl)
BlasOrch Otto Ebner
·   Polydor 48958 A
Maria und Margot Hellwig · Heino
Botho-Lucas-Chor + Orch
· · ·   Turicaphon LP 30-848

Schwarzwälder Schlittenfahrt
UnterhaltungsOrch des Südwestfunks
Ltg: Willi Stech
· ·   Fono-Ring FV 577

Schwarzwaldmelodie (F)
s. Sampler

Schwarzwaldmelodie
(Abschiedsmelodie)

Schwarzwald, mein Schwarzwald
s. Sampler: Schwarzwaldmelodie (F)

Schwarzwald-, Schwarzwald-Mädele
s. Sampler: Schwarzwaldmelodie (F)

Sehnsuchtsmelodie
(Melodie d'amore)
(Warum läßt du mich so allein)

Sei gegrüßt, mein Zillertal
Magda Hain + Orch
Ltg: Gerhard Winkler
·   Odeon O-26 628 a

Senkt sich die Nacht übers Tal
Eric Helgar
TanzOrch Adalbert Lutter
·   Telefunken A 2512

Serenade der Liebe
(Kerzen-Serenade)

Sizilianisches Ständchen
Orch Igor Rosenow
···   Europhon ELP 596
Großes Orch
Ltg: Hanns Steinkopf
·   Clangor M 1727

Skandal im Harem
Baldo Maestri, Klarinette
TanzOrch des Berliner Rundfunks
Ltg: Walter Dobschinski
·   Amiga B 1145
Peter Igelhoff
mit seinem Ensemble
·   Union 2567
Peter Igelhoff
···   Ariola 76 207 IU
Die Jupiter Serenaders
Ltg: Delle Haensch
··   Jupiter Record J-45 Nr. 117
···   Jupiter Record J-33 Nr. 5

Snow-Bells
(Schlittenglocken)

So allein, schöne Frau
Horst Winter
Orch Ernest van't Hoff
·   Polydor 47749 A

So gut wie verlobt (Bw)
(Endlich allein)

Der Sommer ging vorbei
(Ein Sommer ging vorbei)

Sonne Italiens
Rudolf Schock
FFB-Orch
Ltg: Gerhard Winkler
··   Electrola 7 PW 18-559
s. Sampler:
Die Stimme der Sehnsucht (F)

Der Sonntagsjäger
(Horrido)

Sous le ciel bleu de Catari
(Frühling in Sorrent)
Teddy Reno
Orch Boris Sarbeck
·   Polydor 560.212
Tino Rossi + Orch
Ltg: Albert Lasry
·   Columbia CL 8813

So wird's nie wieder sein
(Liebeserinnerung)
Orch Bernhard Etté
Claire Bäuerle, RfGesang
·   Tempo 5090

Lolita
Orch Richard Österreicher
···   RCA PL 28 447
Berolina Sound Orch Siegfried Mai
···   Monopol M 2030
Rudi Schuricke + Orch
·   Grammophon 47487 B
Rudi Schuricke + Orch
Ltg: Hans Carste
·   Electrola EG 7121
Rudi Schuricke
Orch William Greihs
···   Philips 6499337
Ilse Werner + Orch
Ltg: Werner Bochmann
·   Odeon 0-26 447 b
···   HÖRZU 1C 134-31 780 M
             (Der Goldene Trichter)
Modern-TanzOrch
Ltg: Gerhard Winkler
···   Fontana 701 650 WPY
···   Fontana 0647 094
Horst Winter
Orch Ernest van't Hoff
·   Polydor 47749 B

Spanisches Blut
Orch Adalbert Lutter
·   Telefunken M 6114

Starfighter-Marsch
Musikkorps 4 der Luftwaffe
Ltg: Oberstleutnant Wilhelm Stephan
Musikinspizient der Bundeswehr
··   Philips 345 443 PF
··   Philips 423 398 PE

Sternennacht
Orch Barnabás von Géczy
·   Electrola EG 3472
TanzOrch Egon Kaiser
mit RfGesang
·   Grammophon 2069 A

Die Stimme der Sehnsucht (F)
s. Sampler

Straßensänger von Neapel
(O mia bella Napoli)
Schuricke-Terzett + Orch
·   Grammophon 10940 B
Tempo-Gesangsquartett
Orch Walter Raatzke
·   Tempo 599

Südseenächte
Grammophon-Elite-Orch
·   Grammophon 1574 A

Süße kleine Henriett'
Bimbo, der Tricktrommler
der Berliner Scala
mit seinem TanzOrch
·   Odeon 0-31 508 b

Svara mej
(Mütterlein)
Wigglers + Orch
··   Metronome J 45-720

Der Tag geht zur Ruh
Orch Adalbert Lutter
·   Telefunken A 2138

Rudi Schuricke
TanzOrch Willy Steiner
·   Grammophon 10547 B

Tante Frieda macht das schon
Heidi Kabel · Gitta Zeidler
Orch Walter Stock
· · ·   Elite Special PLPS 30114

Tanze und sing
Carmen Lahrmann
Orch Erhard Bauschke
·   Grammophon 47 148 B
Rudi Schuricke
Orch Will Glahé
·   Electrola EG 6215
Rudi Schuricke
Orch Hans Bund
·   Imperial 17 170

Tausend Märchen in einer Nacht
Klaus Gross
Das Sunshine-Quartett + Orch
Ltg: Gerhard Winkler
·   Columbia DW 5191
Willy Schneider mit Chor
Orch Hermann Hagestedt
·   Polydor 48799 A

Toulouse
Orch Igor Rosenow
· · ·   Europhon ELP 596

Trinklied
(Der Fürst von Monterosso)
Josef Traxel
FFB-Orch
Ltg: Gerhard Winkler
· ·   Electrola E 21 118

Der Turnierreiter
Großes UnterhaltungsOrch
Ltg: Gerhard Winkler
·   Elite Special 80140

Turnier-Tango
Orch Robert Gaden
·   Electrola EG 6658
· · ·   Odeon 1C 038 1467361
Orch Alfred Hause
·   Polydor 49 240 A

Und wieder geht ein schöner Tag zu Ende
Lale Andersen + Orch
· · ·   Odeon 1C 178-31 341 M
               (Der Goldene Trichter)
Syd Dale Orch
· · ·   UFA 330
Hans und Heidi + Orch
· ·   Decca D 19 248
Berolina Sound Orch Siegfried Mai
· · ·   Monopol M 2030
Freddy Quinn + Orch
· · ·   Polydor 2371 081
Sven Olof Sandberg + Orch
Ltg: Adolf Steimel
·   Odeon 0-26 508 b
· · ·   Odeon 1C 178-31 761
               (Der Goldene Trichter)

Karl Schmitt-Walter
mit Chor + Orch
Ltg: Adalbert Lutter
·   Telefunken E 3254
Rudolf Schock mit Frauenchor
Berliner Symphoniker
Ltg: Gerhard Winkler
· · ·   Eurodisc 72 763 IE
· · ·   Ariola 26 149 OU
· · ·   Ariola 206 747-270
Rudi Schuricke + Orch
·   Polydor 47595 B
Nina Tscharowa + Orch
· · ·   Polydor 46 805
Modern-TanzOrch
Ltg: Gerhard Winkler
· · ·   Fontana 701 698 WPY
Horst Winter + Orch
·   Tempo 5117

Und wieder wird es Frühling sein
Magda Hain
Orch Kurt Graunke
Ltg: Gerhard Winkler
·   Polydor 48 380 A

Ungarland
Orch Igor Rosenow
· · ·   Europhon ELP 596

Våren i Sorrent
(Frühling in Sorrent)
Bertil Boo
Åke Jelvings Orch
·   Sonora 7568
Harmony Sisters + Orch
Ltg: Jerry Högstedt
·   Cupol 2081

Lars Kåge
Einar Groths Orch
·   SD-5584 a

Vergib
(Perdoname)
Orch Oscar Joost
·   Polydor 47380 B

Die verrückte Blasmusik
Die fröhlichen Straßensänger + Orch
· ·   Odeon OBL 37-29056

Vildrosen
(O Heideröslein)
Ingalill Gahn
Thorsten Sjögrens Orch
·   His Master's Voice HMV X 8504
Lars Klintorph
Åke Jelvings Orch
·   Odeon SD-5806
Marion Sundh
Nils Kyndels Orch
·   Columbia OS 2143

Vive le bon vin
(Chianti-Lied)
Orch Jacques Helian
Gesangs-Ensemble und Chor
·   Pathé PG 378
Luis Mariano + Orch
Ltg: Jacques Henri Rys
·   La voix de son maître SG 212
Tomaha, Jil & Jan · André Sanchez
Orch Fred Adison
·   Decca MB 21203

Die Vöglein im Prater
Magda Hain + Orch
Ltg: Gerhard Winkler
·   Odeon O-3617 a
···   Dacapo VP 8068
Erika Köth
Berliner Symphoniker
Ltg: Gerhard Winkler
···   Eurodisc 72 763 IE
···   Ariola 26 149 OU
···   Ariola 206 747-270

Von der Nachtigall hab' ich das Jodeln gelernt
(Nachtigall)
Freddy Breck + Orch
··   BASF 06 19260-6

Vorhang auf
(Artisten-Ballade)
Rudolf Schock
mit Chor + Orch
Ltg: Hans Carste
·   Electrola EG 8120

Warum läßt du mich so allein
(Melodie d'amore)
(Sehnsuchtsmelodie)
Kurt Reimann + Orch
Ltg: Gerhard Winkler
·   Imperial 19 254 b

Wenn der Willi mit der Lilli sonntags tanzen geht
TanzOrch James Kok
mit RfGesang
·   Grammophon 10262 A

Wenn die Geigen singen
Magda Hain · Herbert Ernst Groh
Ltg: Gerhard Winkler
·   Odeon O-3660 b

Wenn die Großmama erzählt von alten Zeiten
Klaus Gross + Orch
Ltg: Gerhard Winkler
·   Columbia DV 1673

Wenn die Heide schlafen geht
(O Rosemarie)

Wenn die Schiffe den Hafen verlassen
Liselotte Malkowsky
Orch Benny de Weille
·   Polydor 49 345 B

Wenn die Schwalben ziehn
Herbert Ernst Groh + Orch
Ltg: Otto Dobrindt
·   Odeon O-26 696 a
Magda Hain · Rudi Schuricke
Orch Kurt Graunke
Ltg: Gerhard Winkler
·   Polydor 48 249 B
Kurt Reimann
Orch Egon Kaiser
·   Imperial 19 249

Wenn du auch nicht mehr der Jüngste bist
Benno Kusche + Orch
·   Decca F 43 665
Willy Schneider + Orch
···   Telefunken 6.25585

Wenn ich mit dir im Kino bin
Cornel-Trio + Orch
Ltg: Gerhard Winkler
·   Regina R 70 130

Wenn ich Urlaub hab'
Schuricke-Terzett + Orch
·   Grammophon 11367 A
Wilfried Sommer
TanzOrch Joe Bund
·   Gloria GO 41 346 b

Wenn im Tanzcafé Musik erklingt
Orch Erhard Bauschke
·   Grammophon 10943 A

Wenn in Florenz die Rosen blühn
Herbert Ernst Groh + Orch
Ltg: Otto Dobrindt
·   Odeon 0-26 369 b
Sándor Kónya + Orch
Ltg:Franz Marszalek
··   Polydor 21 351 A
Erika Köth
Günther-Arndt-Chor
Berliner Symphoniker
Ltg: Gerhard Winkler
···   Eurodisc 72 763 IE
···   Ariola 26 149 OU
···   Ariola 206 747-270
Rudolf Schock
FFB-Orch
Ltg: Gerhard Winkler
··   Electrola E 21 209
Modern-TanzOrch
Ltg: Gerhard Winkler
···   Fontana 701 698 WPY
···   Fontana 0647 094

Wenn nur besser eing'schenkt wär'
Georg Blädel
Obermenzinger Blasmusik
··   Polydor 23 278 B

Wer weiß von uns, was morgen ist
Mimi Thoma + Orch
Ltg: Werner Schmidt-Boelcke
·   Polydor 47765 B

Wilde Rose von Arizona
Bruce Low
und das Hansen-Quartett
Orch Adalbert Luczkowski
··   Electrola 7 MW 17-8599

Wir sind füreinander bestimmt
Irma Baltuttis · Hanns Petersen
TanzOrch Kurt Henkels
·   Amiga A 1365
Ilse Hübener · Klaus Gross
mit Orch
Ltg: Gerhard Winkler
·   Columbia DW 5089
Willy Schneider
Rosemarie Bergson
und das Comedien-Quartett
Orch Hermann Hagestedt
·   Grammophon 2994

Wo, wo, wo liegt Dixieland
Bibi Johns und das Hansen-Quartett
Orch Adalbert Luczkowski
··   Electrola 7 MW 17-8544

Zärtlich klingt ein Liebeslied
TanzOrch Bernhard Etté
·   Gloria GO 41 081 a

Zigeuner, laß die Geige weinen
Renate Holm
Noucha Doina, Violine
Tanz-StreichOrch Béla Sanders
·   Telefunken A 11 565

Zwei blaue Sterne
Lale Andersen
Orch Benny de Weille
·   Polydor 49 346 A

Zwei Spuren im Schnee
Toni Sailer + Orch
···   K-tel TG 1375
Vico Torriani
und das Sunshine-Quartett
Tanz-StreichOrch Hans Carste
·   Decca F 46063

Zwei verliebte Italiener
Golgowsky-Quartett
Orch Will Glahé
··   Decca D 17 974
Rudi Schuricke
RIAS-TanzOrch Berlin
Ltg: Werner Müller
·   Polydor 49 468 B

Zwischen Heidekraut und Heiderosen
(Heidekraut und Heiderosen)

Verlagsverzeichnis

Das Verlagsverzeichnis wurde von Gerhard Riethmüller zusammengestellt, der darüber hinaus mit seiner aus langjähriger Praxis gewonnenen Sachkenntnis zum Gelingen dieses Buches beigetragen hat. Ihm sei dafür an dieser Stelle gedankt.

Edition Accord
Stolberger Straße 90
5000 Köln 41

Eduard Alert's Musikverlage
Bergstraße 204
5068 Odenthal

AME Musikverlag
Edward Kassner GmbH
Brahmsstraße 3
3000 Hannover 1

Edition Annabella
CH-8616 Riedikon

Apollo-Verlag Paul Lincke
Ostpreußendamm 26
1000 Berlin 45

Arcadia-Verlag
s. Sikorski

Artus Verlag GmbH
s. Europaton

Astoria Bühnen- und Musikverlag
Brandenburgische Straße 22
1000 Berlin 31

Atrium Musikverlag
Alsterkehre 6
2000 Hamburg 65

Edition Badenia
(Willi Sommer)
Schwetzinger Straße 21
6834 Ketsch am Rhein

Beboton-Verlag
s. Sikorski

Musikverlag Albert Bennefeld
Schopenhauerstraße 23
1000 Berlin 38

Richard Birnbach Musikverlag
Aubinger Straße 9
8032 Lochham bei München

Boccaccio-Verlag
s. Birnbach

Brillant-Musik
s. Gerig

Rolf Budde Musikverlage
Hohenzollerndamm 54 A
1000 Berlin 33

Eddition Cadenza
s. Mondiamusic

Edition Capella
s. Gerig

Capriccio-Musikverlag GmbH
Hallerstraße 40
2000 Hamburg 13

Carlton Musikverlag
s. Gerig

Celesta Musikverlag
Artur Koschke
Postfach 301763
1000 Berlin 30

Cineton-Verlag
s. Sikorski

Edition Continent
s. Seith

Edition Corso
s. UFA-Musikverlage

Crescendo Theater- und Musikverlag
s. UFA-Musikverlage

Ludwig Doblinger Musikverlag
Dorotheergasse 10
A-1011 Wien

Musikedition Dominante
s. Trumpf

Dreiklang-Dreimasken
Bühnen- und Musikverlag
s. UFA-Musikverlage

Echo Musikverlag GmbH
s. Meisel

Efi-Ton-Verlag
s. Weinberger

Edition Eichler & Tetzlaff
s. Alert

Musik-Edition Europaton
(Peter Schaeffers)
Ringseisstraße 10 A
8000 München 2

Edition Fortuna
s. Europaton

Francis, Day & Hunter GmbH
Musikverlag
Harvestehuder Weg 21
2000 Hamburg 13

Froboess & Schlag
s. Budde

Heinz Funke Musikverlag
s. Budde

Edition Gabriel
Hahnenkampstraße 88
4970 Bad Oeynhausen 2

Hans Gerig Musikverlage
Drususgasse 7-11
5000 Köln 1

Wilhelm Halter Musikverlag
Gablonzer Straße 24
7500 Karlsruhe 21

Helvetia-Verlag
(Gerhard Zießnitz)
Kreuzbergstraße 7
1000 Berlin 61

Musikverlag Hans Felix Husadel
Alpenblickstraße 36
7981 Vogt im Allgäu

Edition Imperial
s. Plessow

Edition Insel-Ton
s. Budde

Iris Musik- und Theaterverlag
(August Mallmann)
Herner Straße 64 a
4350 Recklinghausen

Otto Junne GmbH
Musikverlag
Sendlinger-Tor-Platz 10
8000 München 2

Edition Kasparek
s. Siegel

Edward Kassner
s. AME Musikverlag

Richard Kaun Musikverlag
s. Siegel

Edition Majestic
(Erwin Paesike)
s. Meisel

Edition Marbot
s. Peer

Alfred Mehner Musikverlag
(Hedwig Reling)
Sternstraße 25
6000 Frankfurt am Main

Will Meisel Musikverlage
Edition Meisel & Co.
Wittelsbacherstraße 18
1000 Berlin 31

Edition Melodia
s. Gerig

Melodie der Welt
(J. Michel KG)
Große Friedberger Straße 23-27
6000 Frankfurt am Main

Edition Metropol
(M. Czichon)
Häuschensweg 23
5000 Köln 30

Mondial Verlag
s. Gerig

Mondiamusic
8, Rue de Hesse
CH-1211 Genève 11

Monopol-Verlag
(Monopol-Liederverlag)
s. Meisel

Norddeutscher Musikverlag Hamburg
(Lilo Grabau)
Sachsenwaldstraße 7
1000 Berlin 41

Papageno-Verlag
s. Sikorski

Peer Musikverlag GmbH
Mühlenkamp 43
2000 Hamburg 60

Erich Plessow Musik-Edition
(Dieter Stelter)
Nürnberger Straße 17
1000 Berlin 30

Edition Primus
s. Budde

Prisma Musikverlag
s. Budde

Edition Rialto
s. Gerig

Ries & Erler
Charlottenbrunner Straße 42
1000 Berlin 33

Risi-Ton-Verlag
Caspar-Theyss-Straße 20
1000 Berlin 33

Edition Riva
s. Seith

Adolf Robitschek Musikverlag
Graben 14
A-1014 Wien

Peter Schaeffers Musikverlag
s. Europaton

Hermann Schneider Musikverlage
Schellinggasse 7
A-1015 Wien

Musikverlag B. Schott's Söhne
Weihergarten 5
6500 Mainz 1

August Seith Musikverlage
Haydnstraße 2
8000 München 2

Sidemton Verlag GmbH
s. Gerig

Ralph Maria Siegel Musikedition
Höchlstraße 2
8000 München 80

Hans Sikorski Musikverlage
Johnsallee 23
2000 Hamburg 13

N. Simrock Musikverlag
Werderstraße 44
2000 Hamburg 13

Simton-Musikverlag
(Waltraud Simon)
Bergweg 2
8170 Bad Tölz

Edition Standard
s. Meisel

Edition Supra
s. Melodie der Welt

Edition Tanzmelodie
s. Europaton

Tauentzien Musikverlag
s. Budde

Taunus-Verlag
(Hans-Lothar Grahl)
Am Lohrberg 2
6000 Frankfurt am Main 60

Tempoton-Verlag
  s. Sikorski

Teoton-Verlag
  s. Siegel

Edition Trumpf
Paul C. Arends Verlag
Höhenweg 36
8211 Rimsting am Chiemsee

Edition Turicaphon AG
CH-8616 Riedikon

UFA-Musikverlage
Sonnenstraße 19
8000 München 2

Vineta Musikverlag
(Klaus R. Nagel)
Ziethenstraße 59
6800 Mannheim 51

Musikverlag Josef Weinberger
Oederweg 26
6000 Frankfurt am Main

West Ton Verlag
  s. Melodie der Welt

Wiener Bohème Verlag
  s. UFA-Musikverlage

Otto Wrede
Schumannstraße 35
6200 Wiesbaden 1

Gerhard-Winkler-Archiv

Traudl Winkler, Breitackerstraße 11, CH-8702 Zollikon
Telefon (Vorwahl Schweiz 0041-1) 391 55 93

Gerhard Riethmüller, Frahmredder 98, 2000 Hamburg 65 (Sasel)
Telefon 040 / 601 17 00

Abkürzungen und Zeichen

Anm.	Anmerkung
(Bw)	Bühnenwerk
dän.	dänisch
engl.	englisch
(F)	Film, Filmmusik
finn.	finnisch
frz.	französisch
f.	und das folgende Jahr
ff.	und die folgenden Jahre
ital.	italienisch
Klav	Klavier
LC	Label-Code
Ltg	Leitung
niederl.	niederländisch
norweg.	norwegisch
o. J.	ohne Jahresangabe
o. O.	ohne Ortsangabe
Orch	Orchester, Orchestra
(Ouv)	Ouvertüre
port.	portugiesisch
(Rf)	Refrain, Chorus, Kehrreim
s.	sieh(e)!
schwed.	schwedisch
SO	Salonorchester
span.	spanisch
tsch.	tschechisch
(TV)	Fernsehfilm
UA	Uraufführung
(V)	Vers, Verse, Strophe

Personenregister

Textautoren kursiv
Halbfette Ziffern beziehen sich auf das Werkverzeichnis

Abel, Ilse 362
Adenauer, Konrad 52, 180
Adison, Fred 405
Albach-Retty, Wolf 368
Alexander, Hilde 160
Alexander, Peter 56, 160, 181, **305**, 396, 400
Ahlisch, Heinz 379
Alder, Thomas 370
Ambros, August Wilhelm 79
Andergast, Maria 362
Anders, Peter **280**, 393
Anders, Rolf 397
Andersen, Lale 27, 77, 165, **280**, **348**, 404, 408
Andrew Sisters 379
Apelt, Adi 193
Arlt, Hans-Georg 391
Arndt-Chor, Günther- 372, 374, 382, 383, 398, 407
Arzdorf, Franz 364
Auer, Erich 365
Auer, Hannelore 370
Augustin, Virpi 377

Bach, Johann Sebastian 100
Bach, Vivi 370
Backus, Gus **219**, 370, 381
Bahn, Roma 363
Balanchine, George 75
Baltuttis, Irma 407
Balz, Bruno 26, 87, 88, **205**, **228**, **229**, **236**, **249**, **253**, **268**, **300**, **313**, **316**, **326**, **348**
Banter, Harald 136
Barabás, Sári 142
Bartels, Jonny **250**
Barthel, Karl 380

Bäuerle, Claire 402
Baumgart, Werner 382, 398
Bauschke, Erhard 379, 383, 399, 400, 404, 407
Bautzmann, Helmut 364
Bay, Carl 388
Beatles, The 78
Becce, Giuseppe 16
Bechmann, Walter 362
Becker, Heinz 383
Beckers, Paul 361
Beckh, Herbert 387, 390, 397
Beckmann, Hans Fritz 30, 58, 139, 155, **341**
Beer, Erica 366
Beethoven, Ludwig van 106
Behmer, Ernst 361
Behnke, Rolf 106, 107
Beiswanger, Rudolf 369
Beling, Maria 193
Bendow, Wilhelm 362
Berendt, Willy 380
Berglund, Lily 392
Bergqvist, Gunwer 390
Bergson, Rosemarie 407
Bergströmin, Harry 391
Berking, Willy 160, 379, 393, 396
Berlé, Ruth 393
Berlioz, Hector 74
Bern, Ben (Gerhard Winkler) **202**, **205**, **224**, **225**, **227**, **239**, **246**, **247**, **248**, **255**, **274**, **289**, **308**, **311**, **325**, **338**, **341**, **344**, **346**
Bern, Ben (Gerhard Winkler) 325, 341, 344
Berndt-König, Hilde **231**
Bernhard, Nikolaus 190
Bernstein, Leonard 75

Bertelmann, Fred 396
Bertram, Hans **210**, **233**, **315**, **346**
Bessen, Edgar 369
Biederstaedt, Claus 366, 370
Biegel, Erwin 362
Bieler, Ernie 384, 399, 400
Bilse, Benjamin 72, 73
Bimbo 403
Biri **242**
Birnbach, Richard (Vater) 15, 98, 124, 181
Birnbach, Richard (Sohn) 124
Björklund, Söstrene 387
Blädel, Georg 407
Bobbejaan 392
Boccherini, Luigi 124
Bochmann, Werner 162, 403
Bohm, Emil 12
Bohm, Karl 99
Bohnen, Michael 85
Bollmann, Hannelore 362
Bolvary, Geza von 44, 45, 48, 366, 369
Boo, Bertil 392, 405
Bootz, Erwin 26
Borchers, Edith 369
Borns-Singers, Uwe- 375, 390
Boerry 108
Börschel, Erich 36, 165
Boese, Carl 18, 34, 361, 363
Bösiger, Paul 368
Boulanger, Georges 116
Bourg, Lou van 396
Bracchi, A. **296**
Bradtke, Hans 154, 165, 197, **202**, **222**, **338**
Bradtke, Renate 154
Brahms, Johannes 75
Brandin, Walter 155, **267**, **346**
Brandt, Willy 52
Breck, Freddy 406
Breiderhoff, Gisela 363
Breiten, Leo 162, 186, **230**, **234**, **239**, **241**, **245**, **251**, **275**, **303**, **339**

Breuer, Franz Josef 389
Breuer, Siegfried (jun.) 366
Breughel, Pieter d. Ä. 67
Bri, G. 195
Bruhn, Christian (Chris) 144, 385
Buhlan, Bully 390, 393, 398
Bumcke, Gustav 18
Bund, Hans 16, 86, 108, **319**, 377, 386, 399, 404
Bund, Joe 407
Busch, Eva 167
Busch, Fini 38, **214**, **246**, **247** **294**, **308**, **341**
Busch, Hans 382, 385, 395, 398
Busch, Richard 51, **226**, **228**, **238**, **262**, **282**, **307**, **317**, 358

Camarata 393
Canthal 73
Caravelli 399
Carlos, Walter **240**, **330**
Carol, René **300**, 364, 393, 395, 399
Carste, Hans 35, 52, 158, 377, 378, 380, 388, 399, 403, 406, 408
Carste, Hans 305
Carsten, Wilhelm **298**
Casals, Pablo 116
Chacksfield, Frank 378
Cigoli, Giovanna 364
Clark, Petula 378
Clay, Lucius 66
Clemens, Paul (Kurt Feltz) **246**, **280**, **297**
Cole, Nat King 41, 119, 378
Colibris, Die 394
Collins, Corny 370
Comedien-Quartett 407
Condrus, Wolfgang 366
Conrads, Heinz 365
Cornel-Trio 372, 379, 380, 383, 389, 396, 407
Craft, Robert 74
Crush, Bobby 378

Cypris, Die 174, 388
Czech-Klaren, I. 363

Dale, Syd 404
Damar, Germaine 364, 365
Dammann, Gerhard 361
Danegger, Theodor 365
Dann, Peter 364
Dehmel, Willy 167
Diehl, Carl Ludwig 366
Dietrich, Marlene 77
Dikson, Julius 191
Distel, Sacha 56, **244**
Dobler, Beatrix 38, 59, 60/61, 62
Dobler, Bernd J. 59, 60/61, 62
Dobler, Natalie 62
Dobler, Tanja 59, 60/61, **331**
Dobrindt, Otto 30, 190, 382, 383, 384, 386, 398, 399, 406, 407
Dobschinski, Walter 388, 402
Dommayer, Ferdinand 70
Doina, Noucha 408
Domina, Fritz 390, 396
Donkeys, The 378
Döring, Horst 362
Doris, Delia 381
Dornbusch, Siegfried 364
Dostal, Nico 86, 106, 122, 165
Dunk, Han **280**
Dunskus, Erich 362
Dux, Claire 85

Ebeling, Edith von 168
Eberle 99
Ebermayer, Erich 362
Ebner, Otto 401
Edelhagen, Kurt 391, 399
Edgardts, Knut 392
Eggert, Almut 369
Eggerth, Marta 162
Egk, Werner 150
Eibenschütz, Lia 366

Eirto, Juha 397
Eisbrenner, Werner 79, 149
Elsner, Bruno 26, 88, **211**, **212**, **221**, **225**, **228**, **240**, **262**, **264**, **265**, **266**, **268**, **269**, **279**, **287**, **311**, **315**, **317**, **321**, **323**, **327**, **329**, **334**, **337**, **340**, **347**
Engel, Jacob Karl 71
Engel, Thomas 45, 367
Engelhardt, Eva **210**, **212**, **218**, **229**, **256**, **260**, **284**, **294**, **296**, **345**, **354**
Engelmann, Heinz 364
Engler, Richard 15, 16, 85, 98
Englisch, Lucie 361
Eplinius, Werner 367, 368
Erdmann, Paul 390
Eremit, Paul (Gerhard Winkler) **282**
Erhard, Rudolf 390
Erhardt, Heinz 369, 388
Eskens, Margot **267**
Etté, Bernhard 16, 86, 87, 108, 165, 402, 407
Etzel, Roy 393
Eugénie 71
Fago, Paul **332**
Farkas, Miska 108
Favre-Chor, Waldo- 381
Fehring, Johannes 380, 381, 400
Fehringer, Franz 364
Felsing, Wolfgang **291**
Feltz, Kurt 36, 42, 87, 149, 178, **212**, **226**, **239**, **244**, **245**, **246**, **258**, **261**, **265**, **267**, **280**, **281**, **286**, **291**, **297**, **299**, **300**, **302**, **305**, **320**, **323**
Ferry **221**, **242**
fidelen Schützenbrüder, Die 401
Finck, Werner 169
Firkløveret 389
Fischer, Carl 378
Fischer, Ernst 90, 160
Fischer, Olf **325**
Fischer, Otto Gerd 393
Fischer-Köppe, Hugo 361

Flatow, Curth 32, 129, **231**, **251**, **252**, **257**, **266**, **310**, **327**, **328**, **335**, **342**, **343**, 350, 362
Florath, Albert 364
Fontes, Paulo **242**
Förster, Rudolf 122
Frank, Waldemar **299**, 352
Franke 184, 187
Franke, Horst 383
Franke, Renée 168
Frankenfeld, Peter 174
Franky, Ray 397
Fränzel, Hildegard 364
Frekin, Harry 397
Frey, Hermann 27, **261**
Frick, Gottlob 127, 128, 158
Friedauer, Harry 142, 389
Friedrich der Große 74
Friedrich, Karl 386
Friis, Børge 393
Fritsch, Ekkehard 41
Fritsch, Willy 366, 369
Fritzlar, Fred 26
Froboess, Cornelia 365
fröhlichen Straßensänger, Die 384, 405
Fučik, Julius 65
Führer, Margret 398
Funk, Franz 191
Fuhs, Julian 17, 112
Furch, Janne 368, 369
Fürstner, Adolph 17, 100
Furtner, Joe 368
Fuetterer, Werner 365

Gabriel, Wilhelm 20, 172
Gaden, Robert 398, 399, 404
Gahn, Ingalill 405
Galatis, Hagen 389
Galen, Henk Jansen van **255**
Garden, Peter 366
Gaze, Heino 156, **220**, **280**
Gećzy, Barnabaś von 403

Geiger, Rodney 369
Geiger, Walter 380
Gerchow 106
Geri, Iska 391
Gerig, Hans 150
Gilbert, Robert 90, **284**
Giller, Walter 364, 365, 366
Gillmann, Peter **299**, 352
Ginsburg, Adolf 17
Gitary, Jetty 397
Glahé, Will 169, **385**, **388**, 391, 393, **397**, **399**, **401**, **404**, **408**
Glöde, Bodo 364
Gluck, Christoph Willibald 76
Goebbels, Joseph 88
Gobert, Boy 369
Godwin, Paul 17, 87
Godzinsky, George de 377
Golgowsky-Quartett **385**, **388**, **397**, **408**
Golonsky, Bernd 393
Goethe, Johann Wolfgang von 66, 84
Gott, Karel 382
Goetze, Heinrich 99
Grabau, Kurt **203**, **214**, **228**, **231**, **246**, **249**, **319**, **330**
Grabley, Ursula 361
Grabowski, Frantz 393
Graf, Otto 363
Gralla, Dina 365
Granass, Gardy 366
Granderath, Rolf 400
Graunke, Kurt 383, 384, 386, 405, 406
Green, Philip 379
Greger, Max 377, 383, 387, 388
Gregor, Gerhard 380, 386, 391, 393, 394, 396
Greihs, William 391, 398, 403
Groh, Herbert Ernst 18, 24, 30, 87, 159, 171, **231**, **255**, **337**, **340**, 382, 383, 386, 389, 398, 399, 406, 407
Groof, Carl de 394
Gross, Klaus 395, 404, 406, 407

Gross, Walter   161, 365, 368
Groth, Einar   405
Grothe, Franz   9, 55, 79, 122, 141, 143, 145, 150
Guetary, Georges   379
Gungl, Joseph   71, 72
Günther, Michael   364
Gurm   242

Haack, Käthe   155, 368
Haagen, Margarete   364
Haas, Waltraut   364, 368
Häderich, Elka   363
Hagara, Willi   **230**, 379, 383, 393
Hagen, Carla   366
Hagestedt, Hermann   389, 401, 404, 407
Hahn, Dietmar   380
Hain, Magda   27, 28, 29, 30, 31, 33, 37, 58, 77, 88, 89, 137, 143, 152, 174, **204**, **205**, **214**, **219**, **226**, **228**, **233**, **238**, **240**, **241**, **247**, **254**, **255**, **256**, **259**, **262**, **275**, **278**, **279**, **283**, **286**, **304**, **306**, **311**, **314**, **329**, **333**, **337**, **339**, 376, 377, 378, 380, 381, 383, 384, 385, 387, 388, 389, 390, 392, 394, 395, 400, 402, 405, 406
Halletz, Erwin   388, 393, 395
Hallig, Christian   36, 364
Hancke, Edith   369
Hanell, Robert   382
Hans und Heidi   404
Haensch, Delle   393, 397, 402
Hansen (Vater Hansen)   107
Hansen-Chor, Bernd-   390
Hansen-Quartett   379, 407
Hansen, Juul   **280**
Hansen, Max   160, 400
Hansen, Peter (Gerhard Winkler)   **239**
Hansen, Peter Jan (Gerhard Winkler)   41, 120, **293**
Hanses, Friedel   361
Haentzschel, Georg   79
Hardenberg, Karl August Fürst von   72
Harell, Marte   156

Harmony Sisters   405
Hartung, Erwin   **228**, 390
Hartung, Gretel   142
Hase, Piet   345
Haselbach, Sepp (Fred Rauch)   38, **205**, **225**, **227**, **247**, **255**, **308**, **325**, **341**
Hasenpflug, Curt   386
Hasse, Clemens   364
Hasselbach (Fred Rauch)   **344**
Hatch, Tony   378
Hauck, Walter   378, 384
Hause, Alfred   381, 383, 384, 385, 393, 394, 395, 398, 404
Häußler, Richard   363, 364
Heesters, Johannes   77, 142
Heidemann, Jürgen (Gerhard Winkler)   **230**
Heidersbach, Käthe   26
Heidesänger, Die   398
Heiberg, Kirsten   26, 160
Heiler, Oscar   367
Heino   401
Heinrich, Hans   58, 369
Helbig, Heinz   22, 362
Helgar, Eric   402
Helian, Jacques   405
Hellwig, Maria und Margot   127, 401
Helsig, Hellmuth   364
Henckels, Paul   90, 400
Henkels, Kurt   90, 396, 401, 407
Henning, Gebrüder   70
Henriksen, Bruno   393
Hensch, Friedel   174, 388
Herman, G. (Gerhard Winkler)   172, **224**, **234**, **296**, **297**, **301**, **317**, **322**, **327**, **331**, **344**
Herman, Gerd (Gerhard Winkler)   314
Hermann, Harry   386
Hermecke, Hermann   210, 212, 218, 229, 243, 256, 260, 284, 294, 296, 345, 354, 356

419

Herr, Trude 370
Herrnfeld, Hedda 17
Hertha, Kurt **203, 244, 267, 291, 292, 342,**
  346
Herzberg, Hans 396
Heß 110
Heß, Willy 110
Heuser, Loni 148, 164, 365, 369
Heyde, H. A. von der 363
Hippmann, Frederick 385, 400
Höcker, Oskar 362
Hoff, André **239**
Hoff, Ernest van't 402, 403
Hofkirchner, Peter 362
Hofstedt, Willi 106
Hofstetter, Rudi 384, 394, 399, 400
Högstedt, Jerry 405
Hohenberger, Kurt 188
Höhne, Will 153
Hold, Marianne 369
Holm, Peter **228**
Holm, Renate 408
Holmson, Rick **320**
Höpfner, Otto **311**
Hoppe, Carl 390
Hoppe, Heinz 382
Hörbiger, Paul 366
Hornez, André **218**
Hoyer, Friedrich 15, 98
Høyers, Ole 378
Hübener, Ilse 407
Hübner, Karin 148
Hübner, Martha 17
Huchel, Peter 190
Huppertz, Heinz 394

Igelhoff, Peter 23, 58, 77, 152, **288, 313,**
  395, 402
Iller, Kurt 362
Imhoff, Fritz 365
Isarspatzen, Die 383, 388

Jack, Alfred 149, 381
Jacobs, Hermann **270**
Jacobs, Werner 54, 370
Jadlowker, Hermann 85, 97
Jakob, Kurt 363
Jaenke, Aranka 363
Jary, Michael 79, 122, 149, 366
Jauhiainen, Lauri **320**
Jelving, Åke 405
Jensen, Kurt 382
Jil & Jan 405
Johansen, Richard 394
Johansson, Ivar **345**
Johns, Bibi 165, 367, 380, 407
Jonsson, Eric 392
Joost, Oscar 379, 388, 391 ,405
Juhnke, Harald 369
Julien, Louis Antoine 71
Jungermann, Jimmy 143
Jussenhoven, Gerdhard 155, 175
Jussenhoven, Inge 175

Kaarøe, Mogens **280**
Kabel, Heidi **268,** 369, 375, 390, 404
Kåge, Lars 405
Kaiser, Egon 390, 403, 406
Kallmann-Chor, Günter- 380, 391, 395
Kampendonk, Gustav 369
Kampers, Fritz 364
Kaempfert, Bert 133
Kappelhoff, Ingeborg **255, 337**
Karlowa, Elma 365
Katona, Julius 140, 168
Kaufmann, Christine 368
Keindorff, Eberhard 366
Kejving, Birgit **293,** 393
Keld 378
Kerr-Singers, Anita- 378
Khun, Josef **221**
Kipparikvartetti 391
Kirchner, Doris 366
Kirsten, Peter **236**

Klarwein, Franz 143, 386
Klefer, Melita 361
Klein, Erwin 363
Klinger, Paul 156, 366
Klintorph, Lars 405
Klupsch, Siegfried 106, 107
Klüsner, Karl 364
Knef, Hildegard 158
Knobel, Theo 159, 381
Koglin 179
Kok, James 214, 406
Kollo, Walter 27, 71
Kollo, Willi 132
König, H. B. (Hilde Berndt-König) **231**
Kónya, Sándor 245, 387, 407
Kopaçek, Christine 371
Korn, Heinz **224**
Körner, Ingeborg 366
Koster, Henry 59, 155
Köth, Erika 56, 141, 372, 380, 381, 385, 406, 407
Kötscher, Edmund **302**
Krahner, Karl **314**
Kranzler, Johann-Georg 72
Krapp, Simon 393
Kraus, Fred 56, **231**
Kraus, Peter 56, 380
Kreuder, Peter 79, 122, 366, 396
Kroll, Josef 70, 71, 73
Krönauer, Hansl 401
Krüger, Bum 368
Krutzinna, Franz 107
Kuhlmann, Carl 364
Kuhrt, Hermann 25, 114, **330**
Kullervo **242**
Künneke, Eduard 90
Künneke, Evelyn 384
Kunthschnigg, Inge 370
Kunz, Erich 151
Kunze, Michael 181
Kusche, Benno 90, 406
Kyndel, Nils 405

Labitzky, Joseph 71
Lahrmann, Carmen 362, 391, 399, 404
Laine, Frankie 119, 378
Lang, Franzl 127, 128, 396
Lang, Pia 387
Langton, Barry Victor 382
Lanner, Joseph 70, 71
L'Arronge, Adolf 44, 366
Larue, Jacques **220**, **242**
Larysz, Eduard 394
Lasry, Albert 402
Last, James 380, 397, 401
Latanza, Nino **285**
Leander, Zarah 58, 77, 150
Lehár, Franz 71, 77, 106
Lehmann, Alfons 397
Lehn, Erwin 138
Leibelt, Hans 366
Leininger, Maria 366
Leisner, Emmi 85
Leni und Ludwig 401
Lenz-Oswald 107
Lesco, Lisa 32, 33, 41, 59, 89, 362
Leslie, Kermit 378
Lietsch 106
Lincke, Paul 48, 71, 98, 106, 107, 126, 177
Lind, Gitta 364
Lind, William 387
Linde, Petra von der 369
Lingren, Elsy 387
Lindinger, Hugo 370
Link, Joachim 362
Linnard, Charles **341**
Liter, Monia 382
Livschakoff, Ilja 17, 87, 390
Llossas, Juan 152, 384
Lolita 380, 403
Lommel, Ruth 364
Longa, Kurt 54, **215**
Loos, Theodor 362
Loose, Rudolf-Günter **239**

Lortzing, Albert 106
Loubé, Karl 384, 400
Louis Philippe 71
Low, Bruce 407
Loewe, Carl 99
Löwinger, Guggi 56
Löwinger, Paul 368
Luber, Elena 363
Lucas-Chor, Botho- 401
Luczkowski, Adalbert 383, 391, 393, 395, 398, 399, 407
Ludwig, Richard 364
Lumbye, Hans Christian 71
Lüthge, Bobby E. **211**, **233**, **257**, **267**, **313**, **336**
Lutter, Adalbert 152, 379, 380, 395, 396, 402, 403, 405
Lynn, Vera 41, 397

Maack, Alfred 364
Mackeben, Theo 26, 90, 164
MacKenzie, Gisele 378
Mackersie, Dave 397
Maestri, Baldo 402
Mahler, Heidi 369
Mai, Siegfried 373, 378, 382, 385, 386, 387, 391, 394, 395, 396, 398, 400, 403, 404
Malkowsky, Liselotte 127, **230**, 383, 406
Mandolinos, Die 377
Mantovani 378
Manuel, Peter 380
Mariano, Luis 405
Marischka, Ernst 43, **275**, **334**, 365
Marszalek, Franz 36, 382, 387, 407
Martin, Helga 368
Martini, Giovanni Battista (Padre Martini) 69
Marvelli 168
Mathis, Johnny 377
Mattei, Paul 379
Mattes, Willy 164, 393

Maury, Ursula 383, 395
May, Johnny **293**
May, Karl 175
Meder, Erich 120, 162, **215**, **224**, **234**, **250**, **282**, **308**, **315**
Medvey, Undine von 362
Meisel, Will 131, 151, 171
Meißner, Alfred 68
Messel, Alfred 44
Metrophon-Solisten 393
Metropol-Vokalisten 391, 398
Metza, Edith 173, **246**
Metzner, Gerhard 367
Mewes, Heinz **347**
Meyerinck, Hubert von 162, 365, 370
Mielke, Rudolf 57
Milentz 73
Millöcker, Carl 71
Millowitsch, Willy 401
Minich, Peter 56
Mira, Brigitte 142, 148, 162
Moberg, Rune **242**
Moldau-Mädel 397
Möller, Vera 369
Monika und Peter 397
Monjé, Axel 363
Montesi, Tonio (Fred Rauch) **348**
Mosbacher, Peter 364
Mozart, Wolfgang Amadeus 67, 70, 75, 76, 99, 141
Mucci, Elisio 364
Müller, Walter 364, 390, 397
Müller, Werner 387, 408
Müller, Wolfgang 368, 369
Müller-Endenthum, H. 383
Müller-Lampertz, Richard 389
Müller-Winter, Hans **263**
Munsonius, Heinz 150, 385, 391
Musard, Philippe 71
Muxeneder, Franz 370

Najuch, Roman 167
Natschinski, Gerd 379, 387
Negra, Leila 40, 119, 127, 395
Neumann, Klaus Günter **290**
Neuss, Wolfgang 366, 369
Nicolai, Claudio 56
Nicklass-Kempner, Siegfried 100
Nicolas, A. 363
Nicoletti, Susi 367, 368
Nielsen, Hans 33, 362
Niessen, Charly 122, 161, 370
Niessen, Charly **203, 225, 338**
Niessen, Rinus **329**
Nikisch, Nitja 17
Nisa **288**
Noll, Inge 384
Nomen **288**
Noris, Günter 380, 382

Ode, Erik 43, 365
Offenbach, Jacques 68, 79
Oehmen, Maria 362
Oldörp, Fred 52, 397
Olias, Lotar 369
Olsen, Kai 379
Orlandi Contucci, Corrado 59
Orling, Hans G. 151, **205, 213, 259, 262, 278, 314, 329**
Osten-Sacken, Maria von der 367
Ostermann, Corny 391, 400
Österreicher, Richard 380, 403
Otten, G. V. (Georg Schröter) 35, **206, 208, 209, 234, 250, 309, 347**
Otten, G. v. (Georg Schröter) **277**
Otten, G. von (Georg Schröter) **319**

Pal, J. **220**
Parolari, Reto 382
Paesike, Erwin 23
Paul, Rita 366
Paulig, Oskar 368
Pelosi, Don **218**

Peltzer-Spitz, Gisela 167
Perry, Ida 361
Pesenti, A. J. 379
Peters, Sabine 361
Peters, Werner 368
Petersen, Hanns 401, 407
Petri, Ilse 362
Petrovich, Iwan 362
Peukert, Leo 361
Pheiffer, Knud **288**
Philipp, Gunther 370
Pillau, Horst 161
Pinelli, Aldo von 26, **205, 265, 314, 320, 329**, 364
Platen, Karl 362
Platte, Rudolf 32, 34, 89, 129, 130, 362, 368
Pongraz, Alfred 364
Poppenberg, Wolfgang **289**
Poterat, Louis **294**, 398
Pozzetto, Diego 364
Prager, Gerd **287**
Prager, Willy 363
Preuß, Eva 362
Prey, Hermann 160
Profes, Anton 365
Puccini, Giacomo 100
Püttjer, Gustav 362, 364
Putz, Hans 365
Qualtinger, Helmut 365
Quantz, Joachim 74
Quinn, Freddy 404
Raatzke, Walter 403
Raffaelli, R.U. **211**
Rahl, Mady 158, 368
Raspotnik, Hans **268, 322**
Rastelli, N. **282**
Rauch, Fred 38, 39, 42, 127, 150, 153, 178, **202, 204, 205, 207, 210, 216, 223, 225, 226, 227, 232, 234, 243, 246, 247, 249, 255, 258, 269, 283, 288, 289, 306, 308, 309, 325, 332, 334, 338, 339, 341, 343, 344, 348**, 383, 387, 388

Rauch, Irmgard 128
Ravel, Maurice 74
Raymond, Fred 89
Rehmstedt, Hans 386
Reichert, Willy 367, 369
Reimann, Kurt 30, 32, 33, 139, 140, 167, **246**, **287**, 362, 366, 374, 375, 380, 383, 386, 395, 406
Reinhold-Ensemble 379
Reiter, Fritz 20, **256**, **259**, **264**, **289**, **314**, **317**
René, Henri 394
Reno, Teddy 402
Reuter, Theo 391
Reutter, Otto 17
Reval, Else 364
Reznicek, Emil Nikolaus von 124
Richartz, Willy 156
Richter, Hans 365, 366
Richter, Klaus S. 20, 26, 158, **226**, **256**, **259**, **264**, **289**, **317**, **338**
Richter, Kurt 47
Richwald, Rolf **253**
Ricordi, Giulio 100
Riddle, Nelson 378
Ried, Marina 366
Riethmüller, Gerhard 9, 181, 409
Riethmüller, Heinrich 145
Ringstrand, Willard 392
Rittau, Günther 35, 363
Roberts, Ralph Arthur 361
Rogati, Eduard **299**, 352
Roehl 106
Rohr, Rosi 385, 392, 400
Röhrig, Lothar 390
Roland, Maria 391
Rosati, Renato **220**
Rosbaud, Hans 74
Rose, Willi 366
Rosenow, Igor 374, 378, 382, 385, 388, 390, 396, 398, 400, 402, 404, 405

Rossi, Tino 22, 23, 41, 135, 136, 390, 398, 402
Rost, Barbara 366
Rothenburg, Walter 156, **229**, **230**, **239**, **271**, **274**, **293**, **317**, **338**, **348**
Rother, Karin 390
Rotter, Fritz 159
Rottmann, Max 370
Rüdel, Hugo 13, 85, 94, 96, 131
Rühle, Robert 15, 16, 98, 102
Rupp, Claus (Fini Busch) **247**
Rüssmann, Georg 397
Rüth, Ludwig 361
Rys, Jacques Henri 405

Saad, Margit 364
Sachs, Ludwig 364
Sailer, Toni 408
Sais, Tatjana 26
Sanchez, André 405
Sandberg, Sven Olof 26, 88, 377, 379, 404
Sanden, Hans 364
Sanders, Béla 379, 397, 408
Sanders, Carl Friedrich von 401
Sängerknaben vom Wienerwald, Die 400
Saniez, Federico R. **296**
Sarbeck, Boris 402
Sascha 107
Sauer, Wolfgang 42, 387
Savina, Carlo 394
Schacht, Renate 364
Schaeffers, Peter 26, 43, 194, **228**, **254**
Schaeffers, Willi 26, 161, 183, 362
Scharfenberger, Werner 396
Scheurer, Helmut **303**
Schiller, Friedrich 66
Schilperoort, Kees **255**
Schimmelpfennig, Horst 396
Schlichting, Claire 26
Schmah, Werner 387
Schmedes, Maria von **258**, 389

Schmidseder, Ludwig 89, 122, 152, 180
Schmidt, Franz 124
Schmidt, Liselotte 142
Schmidt, Peer 156, 366, 367
Schmidt-Boelcke, Werner 142, 385, 392, 400, 407
Schmitt-Walter, Karl 405
Schmitz, Jupp 159
Schneebiegl, Rolf 396
Schneider, Hanni 155
Schneider, Helmuth 367
Schneider, Willy 27, 90, 127, 128, 138, 155, **258**, **261**, **267**, 364, 389, 399, 401, 404, 406, 407
Schock, Rudolf 43, 45, 56, 127, 128, 140, 165, 179, **223**, **243**, **249**, **275**, **305**, **315**, **334**, 365, 367, 368, 372, 375, 382, 383, 386, 388, 392, 398, 400, 402, 405, 406, 407
Scholl, Thomas 59, **283**, 394
Schollwer, Edith 167
Scholz 349
Schönauer, Leopold **322**
Schönberg, Arnold 74
Schöneberger Sängerknaben, Die 375, 388, 390
Schöner, Ingeborg 368
Schöner, Sonja 374
Schönherr, Dietmar 369
Schönherr, Max 389
Schörg, Gretl 393
Schramm, Margit 56, 383
Schreier, Peter 382
Schröder, Friedrich 26, 46, 55, 89, 142, 162
Schröder, Georg 96, 131
Schröder, Rudolf 130
Schroll, Hellfried 395, 399
Schröter, Georg **206**, **208**, **209**, **234**, **250**, **277**, **309**, **319**, **347**
Schubert, Franz 99, 106
Schüchter, Wilhelm 392
Schulze, Erich 123, 152

Schulz-Reichel, Fritz 148, 161, 376, 380, 386, 391, 394, 396
Schultz, Erik 389
Schumacher, Heinz **342**
Schumann, Robert 99
Schündler, Rudolf 45, **255**, **308**, 367, 368
Schuricke, Rudi 20, 21, 28, 33, 77, 89, 137, 138, 152, 157, 169, 174, 188, **204**, **216**, **228**, **233**, **258**, **281**, **303**, **339**, 379, 380, 381, 383, 384, 385, 386, 387, 388, 389, 390, 391, 394, 395, 398, 399, 400, 403, 404, 405, 406, 408
Schuricke, Rudi **258**
Schuricke-Terzett 23, 398, 403, 407
Schuster, Friedl 164
Schütze, Walter 390
Schwabach, Kurt 161, **338**
Schwenn, Günther 27, 28, 30, 33, 50, 125, 159, 166, **203**, **204**, **205**, **208**, **211**, **213**, **216**, **227**, **233**, **235**, **253**, **255**, **256**, **257**, **259**, **267**, **275**, **277**, **280**, **286**, **287**, **299**, **306**, **313**, **315**, **318**, **336**, **339**, **340**, **342**, **345**, **352**
Schwenzen, Per 365
Schwerkolt, Günther 168
Sebaldt, Maria 367
Seefeld, Carl (Charly Niessen) **338**
Seegers, Rosl 151, 374
Seifert, Kurt **314**, 364
Seipp, Hilde 26, 164
Seith, August 43
Sellmer, Erna 369
Seltzer, Fred (Hans Bradtke) **338**
Senden, Ernst van 107
Serda, Julia 362
Servos, Fritz 361
Seyferth, Wilfried 364
Shaw, Roland 397
Shearing, George 378
Sibelius, Johanna 366
Sieber, Josef 364
Siegel, Inge (»Sternchen«) 153

Siegel, Ralph Maria   18, 19, 22, 23, 24, 25, 27, 33, 34, 35, 37, 53, 84, 87, 88, 89, 123, 126, 130, 149, 153, 169, 171, 172, **204**, **214**, **216**, **218**, **219**, **220**, **231**, **236**, **240**, **241**, **244**, **247**, **254**, **258**, **271**, **272**, **278**, **279**, **281**, **288**, **294**, **303**, **304**, **305**, **311**, **312**, **313**, **323**, **324**, **333**, **340**
Siegel, Rudolf   84
Sigman, Carl   41, **288**
Sikorski, Hans   165
Sikorski, Hans W.   132
Sima, Oskar   361
Simlinger, Walter   **261**, 389, 391
singenden Waldmusikanten, Die   391, 392
singenden Wanderer, Die   391
Simon, Hans Arno   151, **344**
Simon, Oscar   **226**
Sixt, Harry (Fini Busch)   **308**
Sjögren, Thorsten   405
Söhnker, Hans   148
Solo, Bobby   379
Sommer   70, 73
Sommer, Wilfried   407
Sommerlatte, Ulrich   133, 155
Speelmans, Hermann   364
Spencer, Kenneth   365, 377
Spiers, Pierre   390
Spitz, Harry Hermann   168
Staal, Herta   367, 368, 389
Stahl, Lisbeth   **271**
Stani, Hanns   **219**, **268**, **322**
Starlets, Die   386, 394
Staub, Peter W.   367, 368
Staudte, Wolfgang   164
Stech, Willi   401
Steckel, Leonard   364
Steggerda   218
Steimel, Adolf   160, 377, 404
Stein, Licco   **230**
Steinbeck, Walter   362
Steinel, Roland   396
Steiner, Willy   396, 404

Steinkopf, Hanns   402
Stemmle, Robert Adolf   41, 161, **345**, 364
Stenzel, Otto   26, 135
Stephan, Ruth   369
Stephan, Wilhelm   134, 158, 403
Sternsinger, Die   397
Stock, Walter   375, 390, 404
Stolz, Robert   9, 89, 122, 177
Storr, Otto   142
Stracke, Karl-Heinz   374
Strahl, Erwin   364
Strauß, Franz Josef   52
Strauß, Johann (Vater)   70, 71
Strauß, Johann (Sohn)   70, 71, 72, 73, 76, 79, 100, 106
Strauss, Richard   100, 123, 177
Strawinsky, Igor   74
Stridde, Walter   38
Sundh, Marion   405
Sunnies, Die   372, 380
Sunshine-Quartett   381, 404, 408
Suppé, Franz von   71, 124
Swanerud, Thore   392
Symo, Margit (»Manci«)   168

Tauber, Richard   107
Tavan, Emile   99, 106
Tempo-Gesangsquartett   403
Thambert, Carl-Erik   393
Theimer, Gretl   368
Thellmann, Erika von   368
Thoma, Mimi   27, 28, 156, **334**, **342**, 377, 393, 407
Thomalla, Georg   362
Thomson, César   106
Thon, Franz   377
Tischlinger, Karl   369
Tomaha   405
Torriani, Vico   44, 127, 128, **348**, 379, 381, 408
Toselli, Enrico   102, 144
Tosi, Piero   **211**

Towers, Leo **218**
Traxel, Josef   163, 381, 404
Tschaikowsky, Peter Iljitsch   74
Tscharowa, Nina   393, 405
Tula, Mario   374

Valenti, Jean   379
Ventura, Anthony   381
Ventura, Ray   379
Verch, Ernst   **347**
Verdi, Giuseppe   99
Vespermann, Kurt   365, 366
Viellechner, Sepp   383
vier Singbirds, Die   374
Vietz, Udo   193
Vita, Helen   367, 369
Vogel, Jan   391
Völger, Werner   364

Wagner, Fritz   366
Wagner, Richard   74
Wagschal, Rolf   62
Wahl, Wolfgang   367, 368
Walch, Barbara   38, 57, 60/61
Walch, Günther   57, 60/61
Walch, Steffen   57, 60/61
Waldoff, Claire   17, 188
Waldmüller, Lizzi   26
Waldteufel, Emil   71
Wallnau, Erik   **275**, **283**
Walter, Andrew   387, 393
Waltherr (Wiener Kinderchor)   395
Warren, Billy   381
Wäscher, Aribert   361, 362
Wassermann, Walter   361
Wassi   188/189
Webber, Andrew Lloyd   181
Wedekind, Joachim   365
Weichbrodt, Fritz   377
Weille, Benny de   406, 408

Weingarten, Axel (Hans Bertram)   **210**, **233**, **315**, **346**
Weiser, Grethe   26, 151, 366
Weiss, Helmut   32, 33, 129, **251**, 350, 362
Weißbach, Herbert   364
Wemper, Heinz   361
Wendland, Gerhard   150, **203**, 380
Wengraf, Ernst   17, 86, **230**, **236**
Werkmeister, Lotte   193
Werner, Erich   381, 400
Werner, Hans   363
Werner, Hans   **209**, **274**
Werner, Ilse   26, 58, 77, 88, 118, 139, 149, 403
Werner, Walter   362
Wertheim   44
Wery, Carl   366
Wessolowski   107
Westfälischen Nachtigallen, Die   380
Weston, Paul   378
Weyrich, Fred   397
Widmann, Kurt   381, 398
Wiebe, Bert   381
Wiedoeft   107
Wieprecht, Wilhelm   71
Wiga-Gabriel (Wilhelm Gabriel)   20
Wigglers   403
Wilden, Gert   370
Wildman, Charles   379
Wilmsen, Max   361, 362
Wilson   **288**
Wilson, S. S.   **221**
Wimmer, Thomas   **325**
Winckler, Gustav   394
Winkel, Heinz   388
Winkler, Edith   23, 35
Winkler, Emma   13, 14, 15, 85, 93, 94, 97, 102, 119, 174, **288**
Winkler, Franz   13, 14, 15, 85, 93, 94, 97, 102

Winkler, Gerhard (Dirigent) 372, 373, 374, 375, 376, 377, 378, 379, 380, 381, 382, 383, 384, 385, 386, 387, 388, 389, 390, 391, 392, 393, 394, 395, 396, 397, 398, 399, 400, 401, 402, 403, 404, 405, 406, 407
Winkler, Gerhard **211, 226, 230, 252, 296, 325, 330, 341, 344**
Winkler, Hans Andreas 38, 43, 60/61, 174, **273**
Winkler, Traudl 9, 10, 35, 38, 41, 43, 46, 48, 51, 54, 56, 57, 59, 60/61, 126, 128, 133, 135, 157, 173, 174, 177, 178, 181
Winter, Horst 402, 403, 405
Winters, Lawrence 90, 386, 394
Winther, Bob (Hans Carste) **305**
Wreege, Adolf 143, 167
Würtz, Anneliese 364

Yo 192, 193

Zacharias, Helmut 149, 389
Zajontz, Brigitte 364
Zaza 381
Zehe, Kurt 366
Zeidler, Gitta 369, 375, 404
Zeller, Carl 71
Zentner, Wilhelm 123
Zibaso, Werner P. 366
Ziehrer, Carl Michael 71
Ziemann, Sonja 164, 362
Zülch, Helga 364

Herausgeber

Stephan Pflicht – 1936 in Danzig geboren; Studium der Theaterwissenschaft, Germanistik, Geschichte, Musikwissenschaft und Soziologie in München, Mainz und Köln; Dr. phil. – lebt als freischaffender Autor in München: »Kurfürst Carl Theodor und das deutsche Theater« (1976), »Phänomene der französischen Bühne: Joséphine Baker, Juliette Greco, Marcel Marceau« (1977), »Intermezzo in Schwetzingen: Kurfürst Carl Theodor und Voltaire« (1977), »Berliner Original aus Gelsenkirchen: Claire Waldoff« (1977), »Mozart und die Mannheimer Schule« (1978), »Mosaik Opern- und Konzertführer« (1979), »Hildegard Knef und das Chanson« (1980), »Musical-Führer« (1980), John Lennon und die Beatles« (1981), »Das österreichische Theater des 20. Jahrhunderts« (1981), »Robert-Stolz-Werkverzeichnis« (1981), »Mozarts 'Idomeneo', ein selten gespieltes Meisterwerk der Opernkunst« (1981), »Theater und Theaterwissenschaft: Rolf Badenhausen« (1982), »Franz-Grothe-Werkverzeichnis« (1986) sowie zahlreiche Rundfunksendungen und Schallplattendokumentationen zur Geschichte des Theaters, des Films, des Kabaretts, des Chansons und der Unterhaltungsmusik.